Z

제트코노미

당신의 고객, 직장동료가 될 Z세대의 모든 것

제트코노미

Z-Conomy

제이슨 도시, 더니스 빌라 지음 | 윤태경 옮김

서울문화사

머 리 말

이제부터 Z세대의 시대다

잭은 파인애플 케이크 광고를 언제 봤는지 정확히 기억한다.

잭은 인스타그램 피드에 올라온 새 게시물들을 스크롤하다가 파인애플 케이크 광고를 마주쳤다. 광고 영상에서는 젊은 여성이 '꼭 파인애플처럼 생긴' 케이크를 굽는 법을 보여줬다. 잭은 광고를 클릭하고 유튜브에서 영상을 시청했다. 영상이 너무 재밌었기에 해당 영상을 제작한 케이크 제조사의 다른 영상들을 스마트폰으로 몰아서 봤다.

50개 이상의 영상을 시청한 잭은 생전 처음으로 케이크를 구워보기로 했다. 결과는 실패였다. 두 번째로 케이크를 구워봤다. 또 실패했다. 세 번째로 시도해봤다. 역시 실패했다. 잭은 계속해서 시도했다. 결과는 계속 실패였다.

두 달간 시도한 끝에 괜찮아 보이는 결과물이 나왔다. 이 케이크를 인스타그램에 올려도 되겠다는 생각이 들었다. 잭이 미소를 지으며 회상한다.

"제가 인스타그램에 올린 게시물 중에서 처음으로 100만 개 이상의 '좋아요'를 받았어요!"

친구들은 이런 댓글을 달았다. "세상에!", "어디서 배웠니?"

케이크 만들기의 예술적 측면이 마음에 들었던 잭은 새로운 케이크 데코레이션 기술을 시도하고 싶었다. 이후 주말마다 케이크를 두 개씩 굽고 사진과 영상을 찍어서 그다음 주에 인스타그램에 올리기 시작했다. 사람들은 그의 인스타그램을 팔로우하고 다음과 같은 댓글을 남겼다. "브라질에서 잘 보고 있어요!", "멋진 케이크네요. 바르셀로나에서 보고 있어요!" 잭이 케이크 굽는 법을 배우고자 시청한 200개의 영상을 제작한 케이크 데코레이터는 잭을 팔로우하고 잭의 케이크를 언급하기 시작했다.

하고많은 취미와 활동 중에서 왜 케이크 굽기를 선택했냐는 질문에 잭은 이렇게 답했다.

"운동을 하려 했지만, 잘하는 운동이 없었어요. 게다가 많은 관중 앞에서 실수할까 봐 부담이 컸어요. 반면 케이크 굽기는 부엌에서 혼자 하니 실패해도 부담이 없었죠. 그래서 실패해도 계속 시도할 수 있었어요."

케이크를 구우면서 가장 좋았던 경험을 묻자 잭이 말한다.

"선생님의 결혼식과 아기 성별 확인 파티에 쓸 케이크를 구운 적이 있어요. 생각해보면 케이크는 결혼식, 생일 등 인생의 모든 중요 행사에서 빠질 수 없잖아요. 그리고 저는 그 중요 행사의 일부가 됐어요. 아기의 성별을 저만 미리 알고 있었기에 케이크 외부는 분홍색과 파란색 크림을 발랐고, 케이크 빵은 파란색으로만 만들었어요."

잭은 지금까지 유튜브에서 케이크 제작, 케이크 데코레이션 영상을 천 개 정도 시청했다. 잭은 윗세대들에게 조언한다.

"어른들은 유튜브와 함께 성장하지 않아서 아직도 뭔가를 배우려면 학원에 가야 한다고 생각해요. 할아버지는 제과제빵학원을 다니라고 하셨지만 우리 세대의 학습 방법은 달라요. 어른들은 이 사실을 알아야 해요.

요새는 수학시간에 유튜브 영상을 보며 수학을 배워요. 윗세대들은 소셜미디어가 나쁘다고 생각해요. 물론 소셜미디어에는 부작용도 있어요. 하지만 좋은 점도 있다는 사실을 깨달아야 해요. 배움의 방식은 바뀌고 있어요. 요새 우리가 무슨 일을 하고 싶은지 파악하고, 하는 법을 학습하는 장소는 유튜브, 스냅챗, 인스타그램이에요."

잭은 이어서 말한다.

"케이크를 만들었어도 소셜미디어에 올리지 않았으면 아무것도 되지 않았을 걸요. 소셜미디어에 올리지 않았으면 어땠을까요. 기껏해야 사진을 찍어서 학교에 가져갔겠죠. 저는 사진이나 영상을 소셜미디어에 올려 전 세계 사람들에게 즉시 피드백을 받았어요. 인스타그램 통계를 확인해보면 제 팔로워 중 다수는 유럽에서 접속해요. 유럽 사람들이 제 케이크를 알고 있죠."

잭이 케이크를 처음 구운 날로부터 18개월 뒤, 몇몇 업체들이 소셜미디어 계정을 통해 잭에게 연락해 자사 제품을 홍보해줄 수 있는지 문의했다. 잭은 대학에 진학하고, 이후 요리 전문 방송국, 푸드 네트워크에서 프로그램을 진행하기로 목표를 세웠다. 지금은 조금 페이스를 늦춰 주말에 케이크를 1개만 제작한다.

"나이가 들어서 요새는 어릴 적만큼 여유시간이 많지 않기 때문이죠."

잭은 15살이다. 12살 때 유튜브 광고 영상 시청을 계기로 케이크를 굽기 시작했다. 현재 그의 인스타그램 계정의 팔로워 수는 1만1천 명이 넘는다.

책은 Z세대다.

그리고 지금 Z세대는 비즈니스의 미래를 영원히 바꾸려 하고 있다.

• • •

책은 우리가 이 책을 집필할 수 있게 도와준, 그리고 이 책의 독자가 Z세대를 새롭게 이해하게 도울 수천 명의 Z세대 구성원 중 한 명이다.

그들은 직원 채용 방법부터, 직원들이 기업에서 능력을 발휘하도록 돕는 방법, 고객에게 마케팅하고 판매하고 새로운 소비자 경험을 구축하기 위한 전략까지 모든 비즈니스 활동을 Z세대가 어떻게 바꿔놓을지 독자에게 보여줄 것이다.

박사학위를 보유한 연구자들과 세대 컨설턴트들로 구성된 우리 팀은 Z세대 구성원들을 면담하거나 해외 영상 통화로 인터뷰하고, 그들이 (그룹 스냅채팅을 하면서) 혼자 또는 집단으로 쇼핑하는 과정을 추적하고, 그들이 화장법부터 게임 플레이법, '저와 함께 공부해요'라는 제목을 단 다른 사람들의 공부 모습을 담은 영상까지, 다양한 유튜브 영상을 시청하는 모습을 관찰했다.

우리가 연구, 컨설팅, 기조연설을 위해 설립한 회사인 CGK Center for Generational Kinetics(세대동역학연구소)는 미국과 세계 여러 나라에서 65회 이상의 양적 연구와 질적 연구를 진행했다. 이 연구들은 북미, 서유럽, 인도, 필리핀, 호주의 Z세대 구성원들을 대상으로 진행됐다. 이 책에 쓰인 데이터는 주로 미국 Z세대 조사를 바탕으로 한다. 하지만 우리는 매년 여러 글로

벌 조직을 위해 싱가포르, 칠레, 인도, 프랑스 등지에서 진행한 조사를 토대로, 다른 나라 Z세대에게서도 발견되는 특징에 초점을 맞추어 기술하고자 했다.

우리는 Z세대와 상호작용한 끝에, 비즈니스 리더들이 이전 세대들에게 적용한 직원 채용, 직원 관리, 마케팅 방식은 Z세대에게 통하지 않을 것이라는 핵심 결론에 도달했다.

하지만 겁먹을 필요는 없다. Z세대는 일하고 싶어 한다. 그들은 좋아할 만한 브랜드를 찾고 있다. 그들은 직원으로서 가치를 더하고 싶어 하고, 자신이 좋아하는 제품과 서비스를 공유하려 한다. 자신과 브랜드, 잠재적 고용주를 연결하는 방식에 관한 Z세대의 기대가 이전 세대들과 완전히 다를 뿐이다. 소통 전략과 플랫폼이 바뀌었다. 그들이 고용주에게 기대하는 바가 바뀌었다. 그들은 기업이 말하는 바를 들을 자세가 되어 있다. 기업이 그들의 말에 귀를 기울이는 한 말이다.

Z세대에게 적응할 필요가 있다고 생각하지만, 적응하려면 어찌해야 할지 모르는 리더들이 많다. 리더들은 무엇을 어떻게 바꿔야 할지, 어디서부터 시작해야 할지 모른다. 이 책은 어디에 있는 리더든 지금 위치에서 시작할 수 있는 도구들을 제공할 것이다.

CGK에게 Z세대 연구를 의뢰한 세계 각국의 기업들은 다음과 같은 질문을 던졌다.

- Z세대는 누구인가?
- 현재 그들에게 마케팅하고 판매하려면, 그리고 그들이 친구들에게 입소문을 내

게 하려면 어떻게 해야 하는가?

- 그들을 직원으로 채용하고 유지하고 관리하려면 어떻게 해야 하는가?
- Z세대는 비즈니스의 미래를 어떻게 바꿀 것인가?

CGK 팀은 Z세대를 이해하고, 비즈니스 리더들이 Z세대의 부상에 발맞춰 알아야 하고 미리 해야 하는 일들을 파악하기 위해 연구를 계속하고 있다. 우리는 4개 대륙의 여러 언어권에서 브랜드, 마케팅, 고객 충성도부터 구직, 채용, 동기부여, 은퇴까지 온갖 주제에 대한, 그리고 세상과 다른 세대들에 대한 Z세대의 생각을 조사했다. Z세대와 쇼핑, 뱅킹, 지출, 저축, 운전, 투자, 소통, 관리, 신뢰, 영향력 등에 관한 새로운 사실을 발견하기 위해 Z세대를 깊이 관찰했다.

CGK는 Z세대를 더 심도 깊게 관찰해 그들의 시각, 행동, 신념, 동기, 공포, 꿈 뒤에 있는 '이유'에 해당하는 심리를 파악하고자, 최근 4년간 해마다 'Z세대 현황 조사'를 실시했다(조사 결과는 StateofGenZ.com에서 확인 가능하다).

Z세대와 다른 세대의 비교 연구를 수십 차례 진행한 끝에 발견한 가장 두드러진 특징은 Z세대의 기대수준이 너무도 다르다는 점이다. 그들은 다른 세대와 너무도 다른 환경에서 성장했기 때문이다. 그들은 완전한 디지털 생활을 영위하는 첫 세대다. 그들은 9.11 테러, 2008년 금융위기로 인한 대침체 같은 과거 사건들과 코로나19 팬데믹, 온라인 게임, 브렉시트, 대통령 정책 같은 현재 사건들에 영향 받은 부모 밑에서 성장하고 있다.

Z세대는 어릴 적부터 언제나 사용 가능했던 정보통신기술을 사용해 도

시, 대륙, 지리적 경계를 넘어 세상과 연결된다. 그들은 학자금 대출, 총기 규제, 평등, 기후변화 같은 사회 이슈들에 적극적으로 목소리를 낸다. 그리고 디지털 미디어의 대중화 덕분에, 역사상 최초로 이도록 이린 세대가 글로벌 브랜드를 순식간에 흥하게(또는 망하게) 하고, 활동가가 되고, 기업들의 비즈니스 방식에 영향을 미칠 힘을 갖게 됐다. 단 하나의 트윗, 게시물, 스마트폰 영상을 디지털 미디어에 올리는 것만으로도 말이다.

우리는 Z세대 연구를 통해 이 점을 발견했고, 독자들도 발견했을 것이다. 2019년 9월 UN 기후행동 정상회담에서 16세 소녀 그레타 툰베리는 각국의 정치 리더들에게 이산화탄소 배출량 감축을 위해 더 많은 조치를 취할 것을 촉구했다. 2018년 미국 국민은 총기규제운동 활동가 엠마 곤잘레스, 데이비드 호그가 마조리 스톤맨 더글러스 고교 총기 난사 사건 생존자들과 함께 '우리의 생명을 위한 행진March For Our Lives'을 조직해 총기규제 법안을 촉구하는 모습을 목격했다. 크리스티나(21세)는 말한다.

"우리는 세대이자 운동이에요. 우리는 무엇이 잘못됐고, 무엇을 지지하는지, 의견을 소리 높여 말할 때가 많죠."

우리는 쇼핑몰에 가는 대신 'G덥G-Dub'이라는 약자로 불리는 중고제품 체인, 굿윌Goodwill 매장을 찾는 Z세대 구성원들의 이야기를 들었다. 그리고 본인이 좋아하는 e스포츠 선수들의 영상을 유튜브와 트위치에서 시청하는 Z세대 구성원들의 모습을 관찰했다. 또한 그들이 몇 시간이고 포트나이트 게임을 하고, 한정판 운동화 사진을 46장 찍은 뒤 그중 가장 잘 나온 사진 1장을 인스타그램 계정에 올리는 (가까운 친구들에게만 공개되는 핀스타 계정에는 올리지 않는) 모습을 지켜봤다.

우리는 코로나19의 충격, 그리고 학교나 직장에 가지 않고 자가격리하는 방역활동에 관한 Z세대의 이야기에 귀를 기울였다. 그리고 그들이 지속적인 소셜미디어 압박으로 인한 초조감, 근로·돈·환경·미래에 대해 느끼는 불안감을 토로하는 내용을 기록했다. 케이트(16세)는 말한다.

"어른들은 제 나이가 너무 어리고 취약한 나이라고, 그래서 참가상이라도 받지 못하면 눈물을 흘릴 것이라 말해요. 저는 그 말에 동의하지 않아요. 특히 우리 아빠는 참가상이 의미 없다고 조롱해요. 하지만 저는 '바로 아빠 세대가 그 상을 우리에게 주는데' 하는 생각이 들어요."

우리는 밀레니얼 세대와 다른 Z세대의 목소리를 크고 명확하게 들었다. 크리스(22세)는 말한다.

"엄마 세대와 할머니 세대 어른들을 보면, 우리 세대가 어디로 가고 있는지 전혀 모르는 것 같아요. 엄마와 할머니는 '너희 세대는 너무 이상해. 미친 것 같아'란 반응을 보여요. 우리는 윗세대들이 이해하지 못하는 일들을 하죠.

각 세대가 제각각 다르다는 사실은 저도 알아요. 우리 세대에 관해서도 그렇게 말할 수 있겠죠. 우리가 다른 세대와 다른 이유는 우리가 성장한 배경과 우리가 경험한 물건들 때문이에요."

크리스처럼 생각하는 이가 적지 않다. 2019년 Z세대 현황 조사[1]에서 Z세대 구성원 79퍼센트가 다른 세대들이 Z세대를 잘 이해하지 못하는 듯 느껴진다고 답했다.

Z세대는 대다수 사람들이 막연히 생각하는 것보다 나이가 들었다. Z세대 최연장자들은 2020년에 24세에 도달했다. 거대하고, 다양하고, 태어날

때부터 정보통신기술로 연결된 Z세대는 직장에서(독자의 직장에서도) 가장 빠르게 성장하는 세대로 곧 부상할 것이다.

Z세대는 이미 소비자 트렌드세터로서 가장 중요한 세대가 됐고, 기업의 비즈니스에 영향을 미치려는 의지가 강하다. 그들을 이해하고, 그들에게 마케팅하고, 그들을 채용하고, 그들과 같은 방식으로 성장하기 위해 알아야 할 점들을 이 책에서 설명하고자 한다.

이 책을 쓰기 위해, 우리는 13세부터 24세까지 Z세대 구성원들에 대한 자체적인 조사를 실시했다. 또한 밀레니얼 세대, X세대, 베이비붐 세대와 비교하고, 9세 이상 Z세대 구성원 다수를 인터뷰했다. 이를 통해 Z세대에게서 발견한 바에 놀랐고, Z세대 구성원들 간의 차이도 놀라웠다. 기술 변화 속도가 너무도 빠른 나머지, 9세 아동과 19세 아동의 정보통신기술 사용 양상이 달랐기 때문이다.

Z세대의 세계관이 밀레니얼 세대의 세계관과 얼마나 다른지 이해하는 데 도움이 될 두 사례를 소개한다.

1 Z세대는 9.11 테러를 회상하지 못한다. 이는 엄청난 차이이기에 거듭 언급할 가치가 있는 대목이다. Z세대는 9.11 테러를 회상하지 못한다. 그들은 9.11 테러를 역사 수업, 부모의 회상, 유튜브 영상을 통해 배웠다. 그러니 Z세대는 해당 사건이 진행됨에 따라 사람들이 느꼈던 공포와 불확실성(9.11 테러가 미국의 밀레니얼 세대를 규정하는 결정적인 순간이 된 이유)을 기억하지 못한다. 이러한 세대 차이는 다른 나라의 Z세대 구성원들에 대한 인터뷰에서 더 두드러진다. 그들은 9.11 테러를 수업시간에 배웠고, 지리적으로 다른 관점에서 바라봤기 때문이다.

2 Z세대는 코로나19 팬데믹이 공포, 불확실성, 취약성, 혼란을 야기하는 시대에 20대로 진입 중인 세대다. 팬데믹은 학교, 직장, 여행업, 정치권, 가정 등에 엄청난 변화를 일으켰다. 코로나19 팬데믹의 장기적 영향은 더 두고 봐야 알 수 있겠지만, 이 사태가 Z세대를 규정하는 사건이라는 점은 이미 명백하다.

클로이(14세)가 말한다.

"캠핑장에서 제 또래 아이들이 룰루레몬Lululemon 반바지를 입은 모습을 보고, 저도 40달러를 저축해서 한 벌 샀어요. 괜찮은 반바지였지만 아주 좋지는 않았죠. 그러다가 아마존에서 거의 똑같은 반바지를 15달러에 파는 것을 알게 됐어요. 그래서 저는 돈을 아끼기 위해 아마존에서 반바지를 샀어요."

대체 이들은 누구인가?! 우리는 이후 이어지는 챕터들에서 이런 질문들의 답을 탐구해보고자 한다.

Z세대가 제시하는 기회

우리는 Z세대에, 여러분의 비즈니스에 Z세대가 어떤 의미가 있는지에 대한 통찰을 공유하려는 열망으로 연구를 계속한다.

우리는 Z세대와 각 세대의 현황 조사를 토대로, Z세대가 비즈니스, 공동체, 세계를 어떻게 바꿀지에 대한 통찰과 대응 전략을 모색하는 세대 연구원, 컨설턴트이자 강연가(못 말리는 세대 덕후)다. 우리는 고용주, 마케터, 가족, 이웃주민의 관점을 통해 Z세대를 조사한 다음, Z세대의 입장에서 접근해 Z세대의 시각을 이해하고자 한다.

《제트코노미》는 우리가 자체적인 Z세대 조사와 컨설팅을 통해 발견한 내용 중 리더들이 알아둘 가치가 있는 내용을 정리해놓은 책이다. Z세대는 아직 대다수가 미성년자일 정도로 어린 세대다. 우리는 Z세대의 부상에 발맞춰 세계 각국의 리더, 조직과 함께 연구를 계속할 것이다. 특정 세대를 설명하는 모든 책은 순간의 모습을 포착한 스냅사진일 뿐이다. 세대는 계속해서 나이를 먹고 적응해 나가기 때문이다. 특히 Z세대를 설명하는 책은 그들의 현재 연령과 인생단계 때문에 더더욱 그러하다. 지금 Z세대는 해마다 다수가 성인기(成人期)로 진입 중이고, 이미 우리에게 상당한 통찰, 잊을 수 없는 이야기, 예상치 못한 전략을 제공해주었다.

Z세대가 세상에 가하는 충격은 이미 막대하지만 이는 이제 시작일 뿐이다. Z세대를 제대로 이해하기 위해, 이 책에서는 Z세대 형성에 중요한 영향을 미친 사건, 그들이 비즈니스와 미래에 미칠 영향, 기업이 그들의 재능·영향력·에너지·잠재력을 이용하기 위한 방안을 탐구하는 여정을 떠나고자 한다.

Z세대에게 새로운 뱅킹앱, 운동복, 자동차, 밀크셰이크를 홍보하려는 입장이든, 이들을 식당, 회계법인, 스타트업, 대기업 직원으로 채용하려는 입장이든, 이전 세대에게 통했던 방식은 Z세대에게 통하지 않는다. 리더들은 이를 극복해야 할 문제 또는 새로운 기회로 인식할 수 있다. 지금 리더들은 갈림길에 서 있다. 한쪽 길은 Z세대의 목소리에 귀를 기울이고 그들을 이해하고 그들과 함께 진화하는 길이다. 또 다른 길은 현 상태에 안주하고 태풍이 지나가길 기다리는 길이다. 살짝 스포일러를 하자면, Z세대가 그냥 지나가길 기다리는 것은 불가능하다. Z세대는 뉴노멀new normal이다. 그리

고 Z세대에 적응해 그들의 거대한 잠재력을 이용할 수도 있다.

여러분은 이 책에서 세계 각국의 다양한 Z세대 구성원들에게서 수집한 데이터, 경험, 이야기, 시각을 접하고, 직원·고객으로서 Z세대의 잠재력을 이용하는 새로운 전략을 얻게 될 것이다.

Z세대는 모바일 기술을 값싸게 이용할 수 있다. 이 점이 Z세대가 현재나 미래의 직원 또는 고객으로서 기업과 중요한 관계를 형성하는 데 어떤 영향을 미치는지 이 책에서 살펴보고자 한다.

소통은 각 세대를 연결하는 접착제다. Z세대의 기술에 대한 기대와 의존은 팬데믹 이후 세계의 비즈니스를 극적으로 바꿀 것이다. 그렇기에 그들과 소통하고 그들을 이해할 필요가 있다.

또한, Z세대의 행동을 유발하는 동인(動因), 돈, 교육, 소비, 근로, 커리어에 대한 Z세대의 시각 뒤에 있는 '이유'를 탐구할 것이다. 이러한 동인이 그들의 세계관, 그리고 모든 행동·상호작용의 결정 과정을 형성한다.

끝으로, Z세대에 대한 이해를 토대로, 조직과 리더에게 중요한 두 가지 측면(고객으로서, 직원으로서)에서 Z세대를 상대하는 방법을 공유하겠다.

이 책에서는 Z세대 고객들에게 가장 영향을 미치는 동인, Z세대가 쇼핑·지출을 바라보는 관점, 디지털·모바일·리테일 기술의 융합 양상을 탐구하려 한다. 그들이 시장을 어떻게 바꿀지 전망하고자 현재의 지출 패턴을 분석하고, 그들이 나이가 들면서 점점 더 많은 영향을 미치게 될 유망한 사업 아이템들을 예측해보겠다. 그리고 Z세대 고객들 사이에서 브랜드의 신뢰성과 인지도를 높이는 방법, Z세대에게 상품을 팔지 않는 기업일지라도 이를 알아둬야 하는 이유를 살펴보겠다.

시장에 있어서 Z세대는 강력한 집단이다. 소비자로서 그들의 의견은 그들이 직원으로서 고용주에게 기대하는 바와 일맥상통하는 부분이 많다.

이 책에서는 현황 조사를 토대로, Z세대가 어떠한 고용주, 커리어, 근로 경험을 원하는지 살펴보겠다. 그리고 고용주들이 CGK에 의뢰한 과제 중 가장 중요한 과제, 즉 Z세대 직원을 채용하고 훈련시키는 방법과 그들이 입사하고 재능을 개발하고 관리자와 리더가 되기까지 그들을 붙잡아두고 동기부여하는 방법에 초점을 맞추고자 한다. 지금 Z세대를 채용할 계획이 없는 고용주일지라도 이러한 기본적인 방법을 알면, 근로, 쇼핑, 마케팅, 소통 양상에 폭발적인 영향을 미칠 세대와 이어지기 위한 장기 전략을 수립할 수 있을 것이다.

독자에게 이 책이 Z세대에 대한 영감, 이해, 깨달음의 계기가 되었으면 한다. 그들이 세상에 몰고 올 변화를 열린 자세로 받아들이는 리더는 그로 인해 아주 많은 것을 얻게 될 것이다.

Z세대 심층 탐구

Z세대를 심층 탐구하기 전에, 우리의 연구와 우리가 이 책을 쓰게 된 과정을 더 설명하고자 한다. 우리가 텍사스주 오스틴시에 설립한 CGK는 리더들이 측정 가능한 결과를 도출할 수 있도록 세대에 관한 허구와 진실을 가려낸다는 하나의 사명을 가지고 연구, 컨설팅, 기조연설을 수행하는 기업이다.

우리는 소셜미디어에 넘쳐나는 낚시성 제목을 단 글들('아보카도 토스트 때문에 밀레니얼 세대가 파산할 것이다(!)', '베이비붐 세대는 언제나 수표책을 가지고 다닌다(!)', 'X세대는 잊힌 세대다' 같은 것들)이 얼마나 진실을 담고 있는지 알고 싶었다. 그리고 부상하는 트렌드에 대해 지금까지 결여되어 있었던 데이터와 통찰, 리더들에게 필요한 실용적 솔루션을 빨리 제공하고 싶었다. 우리의 세대 연구는 큰 의미를 지닌다. 현재 미국에는 5개 세대의 소비자, 직원, 인플루언서가 있다. 이 점은 리더들에게 온갖 종류의 기회와 문제를 안겨준다. 모든 리더가 각 세대와 함께 작업하고 각 세대를 연결시켜야 한다는 압박을 점점 더 많이 받고, 그것에 얼마나 성공하느냐에 따라 평가받을 가능성이 높다. 다행히 지금은 여러분이 Z세대 담론에 관심을 가지기에 더없이 완벽한 타이밍이다.

Z세대는 계속해서 성장하고 진화할 테지만, 그들이 성인이 됨에 따라 직원, 소비자, 인터넷 사용자로서 보이는 행동들이 점점 더 측정 가능하고 설명 가능해지고 있다. 따라서 지금은 연구자, 강연가, 행동심리학자로서의 우리와 리더들에게 있어 중요한 시점이다. 우리는 Z세대의 행태를 조사할 뿐 아니라, 그들이 그렇게 행동하는 '이유'를 밝혀내고, 모든 세대의 리더들이 Z세대에 적응할 수 있는 방법을 찾고자 한다.

몇 년 전부터 Z세대가 구직활동에 나섬에 따라 Z세대가 원하는 일자리의 조건이 무엇인지 측정할 수 있게 됐다. 이제 그들이 일자리에 지원하는 이유(또는 일자리에 지원하지 않는 이유, 면접에서 합격하고도 실제로는 출근하지 않는 이유), 장기간 현재 직장에 남아 하던 일을 계속하는 이유를 탐구할 수 있다.

Z세대가 다양한 상품을 구매하고 신용카드를 만드는 과정, 마케팅 메시지와 채널, 유튜브 인플루언서, 슈퍼볼 광고에 반응하는 양상, 돈, 지출, 은

퇴 대비 저축 같은 재무계획을 바라보는 관점도 탐구 가능하다.

이는 성실히 연구를 진행할 때 으레 나타나는 현상인데, 연구자로서 우리가 발견하는 답들이 항상 만족스러운 것은 아니다. 하지만 우리는 정확한 답을 찾고자 늘 노력한다. 기업 고객들과 브랜드들의 의뢰를 받아 Z세대 연구와 포커스 그룹 인터뷰(표적집단면접)를 더 많이 진행하고, 더 많은 글로벌 Z세대 현황 조사 결과를 분석할수록, 우리는 Z세대가 세상에 몰고 올 변화, 리더들이 Z세대의 에너지와 혁신을 이용할 가능성에 대해 영감을 받고 긍정적으로 바라보게 된다. 이것이 우리가 집필하고 강연하는 원동력이다.

솔직히 말해, Z세대 연구를 시작할 때에는 무엇을 발견하게 될지 예상하지 못했다. 단지 여러 세대(특히 이미 비즈니스 리더들이 지금 해결해야 할 과제를 만들고 있고, 미래 트렌드를 주도할 어린 신세대)에 관한 전국적·세계적 데이터가 부족하다는 사실만을 인식했을 뿐이다.

더니스 빌라의 이야기

세대에 관한 연구, 컨설팅, 강연을 하고 각 세대가 직면한 문제를 해결하고자 CGK를 공동 설립한 제이슨 도시와 나(더니스 빌라)는 다른 배경에서 성장했다. 나는 히스패닉 대가족 출신의 이민 1세대로 미국에서 대학을 다녔다. 내게는 사촌이 52명 있다.

집에서 부모님은 주로 스페인어로 대화했고 나와 남동생에게는 영어로 말씀하셨다. 그러한 경험을 통해 나는 두 문화권의 다리를 놓고 있다는, 영어를 사용하지만 히스패닉 문화권의 유산 속에서 자라고 있다는 느낌이 들었다. 우리 가족은 '쓸' 돈이 별로 없었지만, 어릴 적 내 관점에서는 그리 궁핍하게 살지 않았다. 어릴 적 나는 스팸이 '진짜' 고기라 여겼고, 식료품점 계산대 직원이 근무하는 공간의 창문에 쇠창살이 달린 모습을 건축 디자인의 일부로 인식했고, 내 삶이 다른 이들과 다를 게 없다고 생각했다. 나는 사랑을 듬뿍 받고 자랐고 늘 안전하다고 느꼈다. 엄마(엘리다)는 돈을 아껴 쓰는 데 매우 능하셨고 우리는 그런 엄마의 지출에 맞춰 살았다. 엄마는 단 한 번도 매일 장시간 일해야 한다는 점을 불평하지 않았다. 엄마는 자신은 매일 감사하며 살아간다고, 그리고 나도 감사하며 살아야 한다고 말씀하셨다.

오스틴시에 위치한 텍사스 대학교에 다니고 있을 때, 예기치 않게 내 소명을 발견했다. 나는 청년들이 자신에게 닥친 도전을 극복하도록 돕는 일이 내 소명이라는 생각이 들었다. 시청각 장애와 언어 장애를 지닌 청년에게 볼링하는 법을 6주간 가르치는 과제를 받은 날이 잊히지 않는다. 청년은 차기 장애인올림픽 출전을 노리고 있었고, 나는 그에게 볼링 레인까지 걸어가 볼링핀이 놓인 방향으로 공을 굴리는 방법을 가르쳤다. 대다수 사람에게 대수로울 것이 없는 기술을 배우게 돼 너무도 기뻐하는 청년의 모습이 내 인생을 바꾸었다. 나는 대학을 졸업하고 오스틴 도심에 위치한 중학교의 과학 교사가 됐다. 나는 12년간 교육계에 재직하면서, '말썽' 많은 학교로 알려졌지만 나와 같은 환경에서 자란 아이들이 다니는 학교들에서도 근무했다. 나는 힘든 시기에도 교사로 재직한 모든 순간이 즐거웠다.

교사로 8년간 재직하고 석사학위를 받은 나는, 다양한 학생들이 다니는 큰 학교들에서 학교행정가로 일했다. 이른 아침부터 저녁까지 무수히 많은 학부모-교사 회의를 진행했고, 가끔 학교 주차장에서 지역 뉴스 컨퍼런스 회의도 열었다. 하지만 나는 이 일들을 통해 많은 영감을 받았다. 나는 학생들을 믿었다. 나는 어린 학생들을 돕는 일을 좋아한다. 이것이 내가 열정을 느끼는 일이다.

학교행정가로 근무하는 동안 나는 박사과정을 밟았고 박사학위를 받았다. 다양한 청소년들을 도우면서 박사학위를 받은 덕에 나는 현장에서 어린 학생들의 행동을 이해하고 바꾸려 노력한 경험과 연구를 결합할 수 있었다. 당시 나는 이러한 결합이 다음 소명을 발견하는 계기로 이어지리라고 생각하지 못했다.

10년 전, 제이슨과 나는 밀레니얼 세대와 그보다 어린 세대에 관한 정확한 데이터에 기반을 둔 정성적 연구가 부족한 점이 아쉬웠다. 제이슨은 세계 각국 기업들의 초청을 받아 강연을 했다. 기업 리더들은 신세대의 부상에 따른 문제에 직면해 있다고 확신에 차서 말했지만, 정작 그렇게 말하는 근거가 되는 데이터를 보여달라고 제이슨이 요청하면, 주장과 무관한 데이터만 제시할 뿐이었다.

소매업부터 요식업, 자동차, 정보통신기술, 우주항공, 소프트웨어, 금융서비스까지 모든 산업 리더들에게 똑같은 이야기를 들은 제이슨은 리더, 관리자, 마케터, 의사결정자들이 참고할 만한, 정확한 신세대 현황 데이터, 신세대 연구자의 통찰이 부족하다고 느꼈다. 부모들조차도 신세대에 관해 떠도는 이야기 중 무엇이 참이고 거짓인지 알고 싶어 했다.

제이슨이 만난 고용주들은 모두 황당한 '밀레니얼 세대' 직원 사례(입사 1주일 만에 승진시켜달라고 요청한 직원, 생일이라서 출근할 수 없다고 밝힌 직원 등)를 들려줬다. 하지만 그 고용주에게는 매일 묵묵히 출근해 열심히 일하고 본인의 직장(그리고 고용주)을 자랑스러워하지만 관심을 받지는 못하는 밀레니얼 세대 직원이 수천 명 있을 수 있다. 황당한 직원들에 관한 이야기는 소셜미디어와 임원회의에서 농담처럼 회자됐지만, 정작 밀레니얼 세대 전체를 대변하지도 않고, 모든 세대 내의 복합적인 특성에 대한 통찰을 제공하지도 않았다.

종종 게으르고 '일 못하는' 직원이라는 딱지가 붙는 밀레니얼 세대는 사실, 직장에서 가장 인원수가 많은 세대였다. 한편 X세대는 지금도 마찬가지로 충분히 거론되지 않았고, 직장 내에서 접착제 같은 기능을 수행했다. 사실 밀레니얼 세대가 아니라 X세대야말로 하드웨어와 소프트웨어가 함께 쏟아지는 시대에 근무해온, 기술에 능통한 세대다. 그들은 MTV 방송국이 개국하고 뮤직비디오를 처음으로 방영한 날을 경험하고 1980년대의 기술변화를 거쳐 온 세대다.

세대 인식과 세대 현실의 크나큰 간극을 수없이 목격한 나는 이 도전을 해결할 방법이 있다고 제이슨에게 말했다. 그 방법이란, 각 세대의 행동을 분석하는 데 더해 각 세대의 행동, 세계관, 사고방식 뒤에 있는 '이유'까지 분석해, 그들의 행동을 이해하고 그것에 영향을 미칠 방법을 모색하는 연구소를 설립하는 것이었다. 그리하여 제이슨과 나는 CGK를 공동 설립했고, 현재 국내외를 통틀어 100곳 이상의 기업을 고객으로 두고 있다. 나는 연구소의 CEO이자 연구의 총괄책임자다. 지금까지 우리는 뱅킹과 금융 서비스부터 자동차, 여행, 의류, 정보통신기술, 제과제빵까지 다양한 분야에서 나타나는 신세대의 특징을 파악하고자 65차례 이상의 연구를 수행했다.

제이슨 도시의 이야기

지금까지 언급했듯, 더니스와 나(제이슨 도시)는 다른 환경에서 성장했고, 다른 시각과 경로를 통해 세대적 문제를 해결하기 위한 연구에 집중하게 됐다. 더니스와 나는 배경, 민족, 교육, 세대(더니스는 X세대, 나는 밀레니얼 세대), 학력, 지리적 환경 등, 여러 가지 차이로 인해, 세대적 문제해결을 다르게 바라보고 접근한다. 이것이 우리가 공동 연구의 팀원으로 서로 잘 맞는 이유이기도 하다.

나는 시골에서 자랐다. 나는 주변 환경에 잘 어울리지 못했고, 고등학교를 자퇴한 뒤 대학에 일찍 들어갔다. 나는 18살 때 대학교 3학년생이었고, 내 또래 밀레니얼 세대를 돕고자 어렵게 노력해서 알아낸, 멘토를 얻고 인턴십에 합격하고 취업 기회를 얻는 방법을 소개하는 책을 쓰기로 마음먹었다.

나는 자비로 책을 출간했고, 출간 비용을 대느라 차고 위 다락방에서 잤다. 부모님은 경제적 지원을 끊었고, 친구들은 내가 인생을 허비하고 있다고 여겼다. 나는 5만 달러의 빚을 졌고 내 방에는 내가 출판한 책 5천 부를 쌓아두느라 가구도 없었다. 나는 내가 어디로 가고 있는지 알지 못했다. 그저 나와 같은 세대를 도우려는 열망뿐이었다. 나는 차고 위 다락방에서 라면과 동네 식료품점에서 무료 샘플로 받은 음식에 의존해 2년간 지냈다.

처음에는 아무도 내 책을 사지 않았다. 하지만 나는 책의 메시지와 내용을 열심히 알리고 다녔다. 이후 나는 강연자로 초대받았고 내 강연을 들은 사람들이 책을 구매해줬다. 이로 인해 더 많은 강연 기회가 생기고 언론의 주목을 받았다. 내가 18살 때 쓴 책은 10만 권 이상 팔렸고, 나는 세계를 돌아다니며 강연하기 시작했다. 그리고 나는 (마침내!) 차고 위 다락방을 탈출했다. 수백 차례의 행사에 강연자로 초대받은 뒤, 더 많은 책을 집필했고, 〈투데이〉부터 〈더 뷰〉, 〈20/20〉, 〈더 얼리 쇼〉까지 다양한 뉴스 정보 프로그램과 토크쇼에 출연하기에 이르렀다.

2007년에 탐사보도 프로그램 〈60분〉에 출연해 바로 내가 속한 세대인 밀레니얼 세대가 어떻게 고용주와 기업들에게 거대한 도전과 좌절, 숨은 기회를 낳을지 설명한 것을 계기로 커리어가 달라졌다. 해당 방송 출연 전까지 밀레니얼 세대 구성원 30만 명, 그들의 고용주, 브랜드 리더, 인플루언서들에게 강연해온 나는 다년간 생생히 관찰한 바를 토대로 방송에서 설명할 수 있었다.

방송이 나간 뒤 직원, 고객, 트렌드세터로서 밀레니얼 세대의 특징에 관해 강연해달라는 기업들의 요청이 내게 쇄도했다. 나는 이것이 밀레니얼 담론이 아니라 세대 담론이라는 사실을 곧 깨달았다. 우리는 특정 세대만이 아니라 모든 세대에 관해 이야기할 필요가 있었다. 기업들에게 필요했던 것은 밀레니얼 세대만이 아닌, 다양한 세대가 함께 직면하고 있는 도전들을 해결함으로써 각 세대의 잠재력을 표출하는 방법이었다. 하지만 당시에는 이러한 도전들을 이해하고, 접근하고, 실용적 솔루션으로 해결하기 위한 정확한 데이터와 연구가 크게 부족했다.

내가 이런 아쉬움을 토로하자, 더니스 빌라 박사는 특히 신세대를 중심으로 한 세대 연구와 (내가 계속•목격해온) 세대 인식과 데이터 기반 현실의 깊은 간극에 관심을 보였다. 나는 이러한 문제를 풀려면 자체적인 대규모 현황 조사가 필요하다고 생각했다. 더니스 빌라도 박사의 시각을 통해 같은 생각을 드러냈다. 그래서 우리는 함께 CGK를 설립했고, 이후 CGK를 통해 막대한 연구를 진행했다. 사실, 우리 둘은 세대 간에 다리를 놓는 일에 너무도 관심이 많았던 나머지 결혼까지 했고, Z세대 딸이 태어났다!

실수를 또 저지르지 말자

2000년대 초중반 밀레니얼 세대의 부상과 현재 진행 중인 Z세대의 부상의 가장 큰 차이는 지금의 리더들은 과거에 밀레니얼 세대에게 그랬듯, Z세대 직원·고객을 무방비로 맞이하길 원치 않는다는 점이다.

10년 전만 해도 밀레니얼 세대 직원·고객이 '곧 나이를 먹어서' 이전 세대 직원·고객과 같은 모습을 보이리라고 기대한 중역들이 적지 않았다. 물론 실제로 그런 일은 벌어지지 않았다. 세계 각국에서 밀레니얼 세대의 부상에 적절히 대응하지 못한 기업들이 쇠퇴했다.

Z세대는 과거의 밀레니얼 세대처럼, 거대한 변화, 도전, 기회를 낳을 것이다. 예전과 크게 다른 점은, 지금은 재빨리 행동에 나서려는 중역이 많다는 사실이다. 그들은 이번에는 앉아서 당할 수 없다고 생각한다. Z세대는 벌써 20대에 접어들고 있고, 이미 직원, 소비자로서 변화를 일으키고 있다. 관리자, 리더, 혁신가, 마케터들이 Z세대에 관한 진실을, 그리고 그것이 자신과 기업에게 시사하는 의미를 제대로 파악할수록, Z세대의 잠재력을 활용하기 위한 행동에 더 빨리 나설 수 있다. 지금 그렇게 하는 기업들은 극도로 보기 드물고, 오랫동안 방어 가능한 경쟁우위를 얻게 될 것이다. 우리는 이를 '방어 가능한 차이™'라고 명명했다.

'방어 가능한 차이™'를 만들어내는 기업에게는 어떤 이점이 있을까? 의류업체라면 자사 브랜드를 Z세대 소비자들과 깊이 연결하는 쪽으로 변화시킴으로써 그들의 신뢰와 충성을 얻을 수 있을 것이다. 은행과 금융 서비스 기업이라면 초기부터 Z세대와 대화함으로써 그들이 계좌를 개설하고, 친구에게 계좌 이체하고, 취업하자마자 은퇴 대비 저축을 시작할 때 선택받을 수 있을 것이다. 글로벌 기술 기업부터 건설 회사에 이르기까지, Z세대에게 적응하는 고용주는 경쟁사들이 높은 직원 이직률로 고민하는 동안 Z세대 직원들을 안정되게 확보할 것이다.

우리는 코로나19 팬데믹이 Z세대 구성원들에게 준 충격도 살펴보고자 한다. Z세대 초등학생들은 학교에 가지 않고 집에서 온라인 학습을 하고 가족과 함께 식사한다. Z세대 고등학생들은 학교 성적을 올리고, 다른 목표를 성취하고, 학교 축제와 졸업식에 참석할 기회를 놓쳤다. 가장 나이 많은 Z세대 구성원들은 인생에서 특히 중요한 시기에 팬데믹을 맞아 직접적인 타격을 받았다. 그들 중 다수는 일자리를 잃었거나, 대학 캠퍼스에서 집으로 돌아가 자가격리 중이며, 팬데믹으로 인해 불확실성이 높아진 현실에 부딪혀 경제적 자립이 어려워지고 있다.

Z세대에 대응하려면, 그들에 관한 데이터를 수집하고, 그들의 심리, 현실, 행동과 사고방식 이면에 숨어 있는 동인을 정확히 파악하기 위한 연구와 전략이 필요하다. 이것이 CGK를 설립해 Z세대를 연구해온 목적이자, 그렇게 얻은 통찰을 이 책을 통해 독자들과 나누고자 하는 이유다.

차 례

머리말 이제부터 Z세대의 시대다 ___ 004

1부 Z세대를 형성하는 것

1장 새로운 일상으로의 초대 ___ 030

2장 '세대'란 용어의 재정의 ___ 048

3장 Z세대를 형성시킨 사건들 ___ 062

4장 6.1인치 스크린을 통한 삶 ___ 082

5장 돈, 저축, 지출 ___ 110

2부 세계에서 가장 영향력 있는 고객들

6장 Z세대가 브랜드에 바라는 점 ___ 134

7장 Z세대가 구매하는 것들 ___ 154

8장 Z세대의 브랜드 로열티를 얻는 법 ___ 190

9장 고객 인게이지먼트와 인지도 ___ 206

3부 Z세대가 바꾸는 직장 세계

10장 Z세대 신입사원 받기 ___ **232**

11장 Z세대 직원의 장기적 잠재력을 개방하는 법 ___ **268**

향후 전망 세상을 바꿀 10대 트렌드 ___ **314**

맺음말 Z세대는 이제 시작일 뿐이다 ___ **332**

1부

Z세대를 형성하는 것

1장

새로운 일상으로의 초대

“우린 선택의 세대예요. 기업이 우릴 선택하는 것만큼이나 우리도 기업을 선택하죠.”
_브래들리(20세)

이미 Z세대는 낡은 기성 기업들을 시장에서 퇴출시키는 중이다.

요즘 크고 작은 여러 도시의 쇼핑몰이 얼마나 한산한지는 직접 방문해 눈으로 확인해보라. 이런 쇼핑몰의 쇠퇴는 밀레니얼 세대가 처음으로 일으켜 Z세대가 완성시킬 추세다. 하지만 그와 동시에 Z세대는 여러 브랜드와 기업의 극적인 성장도 이끌고 있다. Z세대의 가장 일상적인 쇼핑법은 차를 타고 쇼핑몰에 가는 대신 그냥 아마존에 접속해 클릭 한 번에, 또는 클릭 한 번 하지 않고 목소리로(!) 상품을 주문하고, 당일 무료 배송으로 상품을 받는 것이다.

Z세대는 리프트Lyft 같은 상시적 승차 공유 서비스를 줄곧 이용해온 세대다. 자동차 가격과 보험료가 오르는 속도를 보면 Z세대가 운전면허 취득을 서두르지 않는 이유를 알 수 있다. 이전 세대의 젊은이들은 운전면허

취득에 따르는 자유, 그리고 책임감을 빨리 느끼려 한 반면, Z세대는 운전면허 취득 가능 연령에 도달하고 수개월, 수년이 지나도 운전면허를 따지 않는 경우가 많다.

Z세대는 그들의 부모 세대도 요새 일상적인 여행 숙소 예약 수단으로 여기는 에어비앤비 같은 숙박 공유 서비스도 줄곧 이용해왔다. Z세대는 인터넷 결제가 대중화되는 시대에 성장했기에 수표장을 써본 적이 없고 결제계좌checking account라는 용어에 수표check란 단어가 들어가는 이유를 알지 못한다. 하지만 간편 송금 서비스인 벤모Venmo나 캐시앱Cash App으로 친구들에게 송금하고, 식당에서 더치페이하고, 인스타그램 메시지로 찾은 베이비시팅, 사진촬영 같은 부업의 보수를 입금 받는 데에는 익숙하다.

Z세대는 이미 본인 나이에 비해 괄목할 만한 변화를 이끌고 있는 세대다. Z세대는 '새로운 버전의 일상(뉴 노멀)'을 이전의 어느 세대보다도 이른 나이에 이끌고 있다. 우리 부부 또한 그런 사례를 목도한 바 있다. 바로 우리 집에서 말이다.

어느 날 일을 마치고 부엌에 들어갔는데 여섯 살배기 딸 리아가 아마존 인공지능 기기에게 이렇게 묻고 있었다.

"알렉사, 12 더하기 13은 뭐지?"

"알렉사, 무지개란 낱말은 어떻게 쓰지?"

이 광경은 영영 잊히지 않으리라.

우리는 얼굴을 마주보며 생각했다. '와, 우리 딸이 알렉사를 써서 숙제를 하고 있네.' 그때 리아는 겨우 여섯 살이었다. 이 순간에 우리 부부가 보이는 반응이 딸에게 큰 영향을 미치리란 생각이 들었다. 남편(제이슨)은

딸의 영특함에 그저 흐뭇해했다. 반면 아내(더니스)는 전직 교사였기에 이 대목에선 엄격했다. 이후 우리 집은 오후 4시부터 6시까지 알렉사의 전원을 꺼놓는다.

리아는 매일 알렉사에 의존한다. 날씨가 어떨지 묻고, 아침에 깨워달라고 부탁하고, 재미있는 농담을 해달라고 하고, 잠깐퀴즈의 정답을 묻고, 우리가 자기 목소리를 듣지 못하는 거리에 있을 때마다 온갖 숙제에 관해 도움을 청한다.

리아는 키보드를 두드리거나, 글자를 적거나(!), 정보를 검색하는 법을 몰라도 자신이 말만 하면 척척 알아듣고 정확히 대답하거나 기능을 수행하는 인공지능 기기가 집에 없었던 시기를 전혀 기억하지 못할 것이다.

리아는 주변 기기들에게 말을 걸고, 아마존 링Ring 초인종 장치를 통해 현관문 밖에 선 방문객이 누구인지 확인하고, "시리야" 하고 부르면 스마트폰 인공지능과 대화할 수 있는 환경에서 줄곧 살아왔다. 이는 Z세대가 근로자이자 소비자로 살아가면서 일상적이고 당연한 현실로 여길 변화의 일부분일 뿐이다.

1996년 이후 출생한 Z세대는 기술, 정보, 세계에 일상에 대한 완전히 새로운 기준을 제시하는 세대다. Z세대는 1990년대를 오래된 과거로 인식한다. 그들은 넷플릭스에서 드라마를 몰아서 보는 것(그리고 계정 비밀번호를 공유하는 것)을 당연시한다. 또, 소셜미디어를 단순히 인터넷 밈이나 흥미로운 짤방뿐 아니라 뉴스, 자기브랜드화, 오락, 커뮤니티, 교육, 연애 등의 보고로 여긴다.

16세 남학생 쉬언은 스페인어 선생님이 메신저 어플 스냅챗Snapchat을 통해 어떻게 학생들에게 숙제하기를 상기시키는지 설명했다.

"선생님은 제가 2학년이었던 작년에 스냅챗 계정을 활용하셨어요. 퀴즈나 시험 문제를 내거나 교과서를 읽어오라고 숙제를 낼 때마다 스냅챗으로 통보하셨죠. 마치 학생들에게 '내일 시험 있는 거 잊지 말거라' 하고 알려주시듯 사진을 올리셨어요. 스냅챗을 사용할 때마다 선생님이 올린 사진이 나타나 '앗 이런, 공부해야 하는데'란 생각이 들었어요.

아마 선생님은 효과적으로 모든 학생에게 통지하려는 의도였던 것 같아요. 선생님은 우리가 학교 공지를 확인하지 않으리란 걸 알고, 우리가 늘 스마트폰 화면을 들여다보니 스냅챗으로 메시지를 보내면 우리 눈에 띄리라 예상하셨어요. 만약 선생님이 그렇게 쪽지 같은 걸 보내주시지 않았다면, 낙제까진 아니더라도 형편없는 점수를 받았을 테죠."

Z세대는 어릴 적부터 늘 온라인에 접속해 온라인으로 학습할 수 있었다. Z세대는 늘 사이버 폭력이라는 어두운 현실에 직면해야 했고, 언젠가 '온라인 인플루언서'가 되기를 늘 꿈꿔왔다. Z세대와 기술의 복잡한 관계, 그것이 기업과 독자에게 의미하는 바를 뒷장에서 더 심도 있게 살펴보도록 하겠다.

⊙ 미래는 Z세대의 손(또는 디지털 지갑) 안에 있다

Z세대는 비즈니스의 미래에 막대한 영향을 미치고 궁극적으로 비즈니스의 형태를 완전히 바꿀 것이다. 가장 어린 성인 세대가 최대의 변화를 불

러일으키는 원동력으로 작용하는 경우가 종종 있음은 트렌드, 소비자, 근로자를 연구하는 사람이라면 누구나 아는 바다. 사실, 우리는 Z세대야말로 가장 어린 세대부터 가장 나이 든 세대까지 모든 세대의 트렌드를 이끄는 세대라고 평하고 싶다. 베이비붐 세대가 앞으로 신기술을 어떻게 활용할지 알고 싶은가? 그렇다면 지금 Z세대가 신기술을 어떻게 활용하고 있는지 관찰해보라.

Z세대를 연구하면서 발견한 한 가지 명확한 사실이 있다. 밀레니얼 세대를 직원과 고객으로 끌어들이고 붙잡아두고 고취하는 데 유용했던 방법들이 Z세대에게는 (전혀) 통하지 않는다는 사실이다.

여러 비즈니스 리더에게 있어 Z세대에게 유효한 방법들을 모색하기란 어려운 도전 과제가 아닐 수 없다. 그렇지 않아도 바쁜 비즈니스 리더들이 하필 지금 이 과제를 서둘러 수행해야 하는 이유는 대체 무엇일까?

그 이유는 2년 내에 Z세대가 노동시장에서 가장 빠르게 성장하는 세대로 부상하게 되는 인구구조에서 찾을 수 있다. 또한 Z세대는 가장 중요한 소비자이자 트렌드세터가 될 것이고 이들의 경제력과 영향력은 날로 증가하게 될 것이다.

비즈니스 리더들이 서둘러야 할 이유는 또 있다. 베이비붐 세대가 은퇴기로 접어들면서 '적게 소비할수록 좋다'는 마인드로 바뀌는 추세에 있다는 점이다. Z세대의 할아버지 세대 격인 베이비붐 세대는 지금까지 여러 장수기업을 지탱하는 믿음직한 직원이자 소비자로 간주됐다. 이런 베이비붐 세대가 노년기로 접어듦에 따라, 직원이자 소비자로서 그 공백을 채울 유일한 집단이 바로 Z세대다.

사실, Z세대는 20조에서 30조 달러에 이르는 부를 이전 세대로부터 이전받게 될 것이라고 기대된다. 이처럼 막대한 세대 변화가 여러분이 속한 업종, 기업, 공동체, 또는 여러분의 가족에게 어떠한 영향을 미칠지 생각해보았는가?

그동안 베이비붐 세대에게 의존해온 금융 서비스 업체, 은행, 로보어드바이저를 비롯한 다양한 금융사가 다음 세대로 이동하는 돈을 잡기 위해 이미 경쟁 중이다. 금융사 입장에서 까다로운 대목은 Z세대가 저축, 자산관리, 투자를 위해 직원과 얼굴을 맞대고 대화하는 것을 내키지 않아 한다는 점이다. 이들은 밀레니얼 세대와도 다르게 어릴 적부터 인터넷 뱅킹 서비스를 이용해와, 은행 지점을 방문할 필요가 없었기 때문이다.

Z세대는 이동 중에도 쉽게 이용 가능하고, 직관적으로 이해되며, 본인의 필요를 딱 충족해주는 고도의 맞춤형 금융 서비스가 나오길 기대한다. 그리고 이런 기대는 직장은 물론, 인생 전반에 걸쳐 이어진다. 이런 개인화에 대한 기대를 금융업 외의 업종이 충족하려면 어떻게 해야 할까?

Z세대를 잡으려고 애쓰고 있는 기업은 이미 한둘이 아니다. 비즈니스 리더들이 서둘러야 할 이유는 날로 늘 따름이다.

⦿ 바로 지금이 적기다

e스포츠를 시청한 적이 있는가?

e스포츠란 전 세계의 개인, 팀과 플레이하고 경쟁하는 멀티플레이어 게임을 말한다. e스포츠의 인기는 해가 다르게 높아지는 중이다. 정상급 선수와 팀들의 경기 영상은 수십억 분에 달하는 월간 시청 시간을 기록할 정도다. 다시 말해, 남이 게임하는 모습을 본 시간을 다 합치면 수십억 분에 달한다는 뜻으로, 이는 라이브 시청뿐 아니라 과거에 녹화된 영상을 재생한 시간까지 합친 수치다.

여러분에게는 e스포츠가 생소하더라도, e스포츠를 보려는 사람은 이미 너무도 많다. 미식축구 경기장에서 e스포츠 경기가 열리면, 몇 분 만에 입장권이 매진될 정도다. "요새 애들은 왜 남이 게임하는 모습을 구경하려는지 모르겠어. 그냥 본인이 직접 게임을 하는 편이 더 재밌잖아?" 하고 말하는 부모들도 있다. 하지만 e스포츠는 일시적 유행에 그치지 않고 거대한 바람을 일으키고 있다. 세계 최대 e스포츠 리그는 3천400만 달러가 넘는 상금 규모를 자랑한다. 이 리그의 상금은 팬들의 온라인 '배틀 패스' 구매를 통해 크라우드펀딩된다.

이는 시작일 뿐이다. 전통적 유명 브랜드를 비롯한 기업들이 앞다투어 e스포츠 팀, 선수, 대회를 후원하는 추세다. e스포츠 팀의 '프랜차이즈' 가격은 2천만 달러가 넘는다.

e스포츠는 아직도 적지 않은 사람들에게 생소하다. '요새 가장 인기 있지만 아무도 모르는 스포츠'라고 언론이 언급할 정도다. 언론의 관심권 밖에서 늘고 있는 e스포츠의 인기는 향후 Z세대가 기업들이 알아채지 못하는 사이에 비즈니스 세계를 바꾸어버릴 거란 점을 예고하는 듯하다. 이미 Z세대는 자신들의 관심이 집중된 분야의 마케팅 방식을 혁명적으로 바꾸

고 있다. Z세대는 여러 기업이 아직 완전히 적응하지 못한 (일부 중역은 이해하지도 못한) 플랫폼과 관심사, 이를테면 e스포츠, 스냅챗, 유튜브, 포트나이트, 틱톡에 많은 시간을 할애한다. 세대 차이를 뛰어넘는 데 실패한 기업은 위기에 처하고, Z세대에 적응하는 기업은 향후 수십 년간 막대한 우위를 누리리라.

현재 어린이부터 청소년, 대학생까지의 연령대에 걸친 Z세대가 이끄는 트렌드는 분명 가속화될 것이다. 몇 년 뒤에는 기업 이사회가 경영진에게 Z세대를 끌어안을 기업 전략이 있는지 묻고, 최고마케팅경영자CMO가 Z세대 컨설턴트를 채용하고, 미팅 플래너들이 Z세대 연사들을 섭외하고, 비즈니스 리더들이 가족 중에 Z세대가 있어도 본인이 이 세대를 제대로 알지 못함을 실감하고 공부할 필요를 느끼게 될 것이다. 향후 5년간, B2B(기업 간 거래) 실무직이 Z세대로 채워짐에 따라 B2B기업의 매출도 Z세대에게 영향을 받을 것이다.

이미 기업들은 메신저 플랫폼을 이용해 Z세대 직원을 모집하고, 급여를 지급하고, 근무 선택지를 제시할 필요를 느끼고 있다. Z세대는 고용주가 더 나은 세상을 만들고, 신속하고 빈번한 피드백을 요청·제공하고, 기업의 다양성 정책과 사회적 대의를 명쾌히 제시하고자 노력해야 한다고 믿는다.

Z세대는 이미 지금 눈앞에 당도했다. 그리고 Z세대는 향후 다른 세대들에게 무엇이 새로운 표준이 될지 알려주는 대리인이다. 지금 Z세대에 맞춰 변화하는 것이야말로 향후 기업 발전의 토대와 모멘텀이 될 것이다.

Z세대라는 조류는 이미 소매업, 식당부터 직원 채용까지 다양한 부분에 영향을 미치고 있다. 이런 현실을 감안하건대, Z세대에 대한 적응을 너무

서두르다가 손해를 보는 것 아닌가 하고 걱정할 시점은 지나갔다.

Z세대가 20대 후반에 접어든 시점에야 그들의 특성을 분석하고 적응하려고 하면 너무 늦다. 너무도 많은 소매업자, 식당, 브랜드, 기업들이 밀레니얼 세대에게 제대로 적응하지 못해 고전했고, 아직도 적응하지 못했거나 적응하려고 열심히 노력 중인데, Z세대에게도 그럴 셈인가. 그리고 본인이 속한 조직이 예기치 않은 이유로 Z세대가 보는 뉴스 피드에 오르길 원할 사람은 없을 것이다. 테일러(16세)는 말한다.

"전 평소 누가 죽었단 소식을 소셜미디어를 통해 알게 돼요. 소셜미디어가 누굴 죽이는 건 아니지만, 누가 죽었단 사실을 제가 알게 되는 건 소셜미디어를 통해서죠."

Z세대에 적응하는 기업은 Z세대의 초연결성 덕분에 즉각 성장할 수 있다. Z세대는 현실에서 만나는 사람들뿐 아니라 인터넷 공간에서 익명의 사람들에게도 영향을 미치기에 갈수록 더 많은 영향력을 행사한다. 사실, Z세대의 생애주기를 감안하면 지금이야말로 이 거대한 글로벌 신세대를 파악하기에, 그래서 향후 수십 년간 기업의 성장을 이끄는 데 필요한 정보를 얻고, 필요한 조치를 취하기에 최적의 시점이 아닐 수 없다.

⊙ Z세대의 관심을 끌 준비가 됐는가?

2017년 16세 고교생 카터 윌커슨은 거대 패스트푸드 체인점 웬디스의 트위터에 이런 글을 남겼다.

"1년 동안 치킨 너깃을 공짜로 먹으려면 리트윗을 몇 번 받아야 하나요?"

웬디스의 트위터 담당자는 '1,800만 번'이라는 장난 섞인 답글을 달았다.

카터는 이에 도전했고, 웬디스도 카터의 도전을 홍보하도록 광고업체에 의뢰했다. 이리하여 '#카터에게너깃을'이라는 캠페인이 탄생했다. 이 캠페인은 곧 국제적 뉴스가 됐고, 2014년 오스카상 시상식에서 찍은 셀카 사진으로 역사상 가장 많은 리트윗을 받은 엘런 드제너러스의 관심을 끌었다. 엘런은 자신이 진행하는 토크쇼에 카터를 게스트로 초대하고, 사상 최다 리트윗 기록을 놓고 장난기 어린 표정으로 라이벌 의식을 보였다. 구글, 아마존, 애플, 마이크로소프트 같은 대기업들도 '#카터에게너깃을'을 리트윗했다.

카터는 당초 목표한 1,800만 리트윗 기록을 달성하지는 못했지만 340만 리트윗을 기록했고, 웬디스는 그가 엘런의 기록을 깼다고 연락했다.

카터는 언론의 뜨거운 관심을 이용해 더 많은 것을 얻기로 마음먹었다.[2] 네바다주 리노에서 세 형제자매와 자란 카터는 데이브 토머스 입양 재단(웬디스 창업자 데이브 토머스가 미국 입양아들을 지원하기 위해 설립한 비영리단체)과 손잡고 '#카터에게너깃을' 티셔츠를 판매하기로 했다. 카터가 그렇게 나서게 된 동기는 가정사에 있었다. 카터의 여동생은 미숙아로 태어났고, 여동생을 출산한 2주 뒤 그의 어머니는 유방암 3기 판정을 받았다. 카터는 이렇게 설명했다.

"슬플 때나 감사하는 마음을 잊었을 때 저는 어린 시절을 돌이켜 봐요. 당시 부모님이 격주로 주말에 치료를 받으러 UCSF 대학병원에 가셨던 모습이 떠올라요. 우리에게 식사거리를 가져다주신 다른 가족들의 모습도 기억납니다. 여동생이 너무 일찍 태어나 죽을 뻔했던 일도 생각납니다.

그러다 보면 제가 참 운이 좋다는 생각이 들어요. 오늘 엄마가 살아 계시니 나는 얼마나 운이 좋은가. 여동생이 또래 평균 이상으로 키가 클 정도로 건강히 자라줘서 얼마나 다행인가. 내 인생에서 그토록 많은 분들이 사랑을 베풀어주셨으니 나는 얼마나 행운아인가. 이제는 내가 지원하고픈 곳을 후원하기 위해 목소리를 낼 기회를 얻게 되었죠. 그러니 전 너무도 축복받은 사람이에요."

카터는 자신이 '운 좋게 훌륭한 가족을 만나 자란 만큼' 입양아들의 입양을 돕고 싶다고 말한다. 그는 리노시의 유방암 환자와 그 가족들을 지원하는 지역 단체를 위한 모금 페이지도 만들었다.

이러한 열정적 활동은 그가 평소 좋아하던 패스트푸드 체인점의 트위터에 장난 섞인 글을 남기는 선택에서 시작됐다. 그리고 웬디스는 카터가 트위터 플랫폼에서 나눈 대화대로 목표에 도전하게 함으로써, 작은 사회 현상을 낳았다. 웬디스 트위터 계정 관리자는 늘 하던 대로 했을 뿐인데 말이다. 웬디스는 패스트푸드점 트위터 계정들 중 가장 부지런히, 위트 있는 답변을 달기로 소문나 있다. 이는 경쟁업체보다 우위를 점할 수 있는 차이다. 아이젠버그 그룹의 마케팅 분석가들은[3] '#카터에게너깃을' 캠페인을 통해 웬디스가 670만 달러어치의 언론 노출을 기록했다고 추산한다. 그러기 위해 웬디스가 치른 비용은? 카터가 1년 내내 매일 치킨 너깃을 먹는다고 가정해도 고작 1,960.5달러다. 데이브 토머스 재단에 기부한 10만 달러까지 포함해도 얼마 안 된다.

카터와 Z세대 또래들에게 가장 기본적인 소통 도구는 소셜미디어다. 그들은 거액을 받고 기업을 홍보하는 프로모션 팀들보다 소셜미디어 플랫폼을 효과적으로, 능숙하게 활용한다. Z세대는 소셜미디어로 대화를 시작하는데 익숙하고, 소셜미디어로 인한 부작용을 그리 걱정할 필요가 없다는 이점을 가지고 있다. 반면 기업들은 소셜미디어를 꾸준히 체크해야 하고, 적절한 답변을 (신속하게) 달지 못할 경우 부작용을 초래할 수 있다는 위험이 있다.

Z세대는 변화를 이끄는 공적 담론을 만들기 위해 온라인 플랫폼을 활용하는 재능을 가졌다. 여기서 말하는 담론이란 '#카터에게너깃을' 같은 가벼운 주제에 국한되지 않는다. Z세대는 종종 기업을 공개 비판한다. Z세대가 특정 기업에 비우호적 태도를 취한다고 해서, Z세대가 옳다거나 늘 Z세대가 의도한 결과를 얻는 것은 아니다. 하지만 마케팅과 홍보 예산으로 수억 달러를 지출하는 오랜 역사를 자랑하는 레거시 브랜드legacy brand들을 Z세대가, 청소년 시기(!)에 공개 비판하는 모습은 Z세대가 자신들의 생각에 기업이 귀를 기울이길 바라며, 이런 욕구는 앞으로 더욱 커지리란 점을 암시한다.

우리는 Z세대가 좋든 나쁘든, 극도로 공적이고 외적인 영향력을 브랜드, 기업, 리더들에게 계속 행사하리라 본다. 리더 입장에서 한 가지는 확실하다. 즉, 브랜드와 브랜드를 이끄는 경영자들이 Z세대의 목소리에 귀 기울여야 한다는 압박을 앞으로 더 많이 받으리란 점이다.

바로 지금, Z세대의 의견을 적극적으로 듣는 기업은 Z세대의 의견을 듣지 않았거나 경험이 없어 뭘 모르는 아이들의 이야기쯤으로 치부한 기업들이 빠진 함정을 피할 수 있다.

아이러니하게도 이미 Z세대는 고객이나 직원이 아닌 상태에서도 소셜미디어를 통해 특정 기업에 대한 목소리를 냄으로써, 기업과 비즈니스 전략에 엄청난 영향력을 미칠 수 있음을 입증했다.

오디세이Odyssey는 Z세대 콘텐츠 크리에이터들이 쇼핑과 음식부터 학교생활과 정치 활동까지 온갖 분야의 의견을 공유하는 플랫폼이다. 방문자 수가 월 1천200만 명에 달하고, 지금까지 12만8천 명이 넘는 콘텐츠 크리에이터들이 100만 개 이상의 오리지널 콘텐츠를 등록한 오디세이는 브랜드에 대한 생각을 표현하려는 Z세대에게 특히 알맞은 플랫폼이다.

오디세이의 브렌트 블론크비스트 사장과 휘하 직원들은[4] 2019년도에 200개 브랜드와 광고대행사들을 대상으로 설문조사를 했다. 블론크비스트 사장은 이렇게 말한다.

"설문조사 결과, 응답자의 87퍼센트가 Z세대를 타깃으로 삼을 필요가 있다고 생각하지만, Z세대의 관심을 끄는 방법을 모르겠다고 답했습니다. 페이스북, 트위터, 유튜브처럼 Z세대를 공략할 도구가 너무도 많은 점을 감안하면 의외의 사실로 보일 수 있습니다. 문제는 Z세대를 타깃으로 마케팅을 펼치는 것만으로는 관심을 끌 수 없다는 거죠. 진정으로 관심을 끌지 못하면 충성심을 얻지 못합니다. 충성심을 얻지 못하면 장기적 고객을 확보하지 못합니다. Z세대는 어릴 적부터 인터넷을 하면서 자랐기에, 인터넷 광고창이 뜨면 그것을 제거하거나 그냥 지나쳐버려 무슨 광고가 떴는지도 모릅니다."

Z세대의 관심을 끌려면 1차원적인 광고를 훨씬 넘어서는 노력이 필요하다. 기업들은 Z세대가 무슨 말을 하는지 듣고 그들의 대화에 끼어 함께 소통해야 한다.

요새는 열네 살 된 중학교 3학년생이 온갖 주제의 해시태그를 붙이고, 21세 청년이 행동을 촉구하는 영상을 찍어서 올릴 수 있다. 물론 두 사람은 현실에서 만나거나 아는 사이가 아닐 수 있다. 하지만 이 두 행동이 온라인에서 상호작용을 일으켜 폭발적 확산으로 이어질 수 있다(만약 여러분이 아직 해시태그 사용법을 모른다면, 빨리 사용법을 익혀두는 편이 좋을 것이다).

Z세대는 이전 세대보다 어린 시절부터 비즈니스와 기업에 전례 없이 큰 영향력을 미칠 수 있음을 보여줬다. 직원도 고객도 아닌 상태에서 Z세대가 일으킨 이런 외적 충격은 향후 그들이 주도할 연결성과 변화상을 예고하는 효시일 뿐이다.

⦿ 답을 찾아가는 과정

CGK 설립자로서 우리는 Z세대가 부상하고 있고, 세계 각지의 Z세대를 정확히 연구할 수 있다는 점이 흥분된다. 한 세대를 진정으로 이해하려면 연구의 양뿐 아니라 연구의 질과 고유성도 중요하다. Z세대의 연령대 때문에 Z세대 연구는 아직 매우 제한적이지만, 우리의 연구는 뜻밖의 발견과 귀중한 통찰로 이어지고 있다. 이는 Z세대가 고객과 직원으로서 맞이할 생애주기의 모든 단계에서 Z세대와 효과적으로 소통하려는 리더들에게 유용한 정보, 이해, 전략, 실용적 해법의 원천이 될 것이다.

Z세대의 부상은 노동, 인생, 소비자중심주의, 더 나아가 지구의 미래에 질문을 던진다. 우리의 연구가 답하고자 하는 질문을 일부 소개하면 다음과 같다.

- 이전 세대보다 많은 정보를 가지고 돈에 대해 보수적 관점을 지닌 Z세대가 저축, 투자, 소비를 어떻게 바라볼까? 그리고 이것이 기업에게 의미하는 바는 무엇일까?
- 간단히 검색 가능한 정보가 넘치는 세계를 Z세대는 어떻게 탐색할까? 과연 그들은 무한한 정보를 활용해 중요한 이득을 취할까? 아니면, 막대한 정보를 당연시해 제대로 활용하지 않고 흘려보낼까?
- 디지털 세계에 너무도 몰입한 Z세대가 사람들과 얼굴을 마주보고 일하는 직장과 사회에 진입하기 위해 사회스킬을 어떻게 활용할까? 아니면, Z세대는 세상이 자기에게 맞춰주길 기대할까? 이 점이 기업의 채용, 직원관리, 판매 프로세스에 어떤 변화를 초래할까?
- 베이비붐 세대가 아닌 X세대와 밀레니얼 세대 부모 밑에서 자랐다는 점이 Z세대의 가치관, 우선순위, 투표, 성인으로서 행동방식에 어떤 영향을 미칠까? Z세대는 부모를 부양할까, 아니면 다른 길을 선택할까?
- 그리고 우리는 코로나19 사태와 그 파급효과가 Z세대의 노동, 재무, 교육, 미래 전망에 어떤 영향을 미칠지 이미 탐구 중이다.

소규모 집단이나 개인의 시점에서 그들을 보는 것이 아니라, 리더들에게 유용한 데이터, 일화, 인용문, 최전방 전략들을 통해 미국과 전 세계의

Z세대를 조망함으로써 더 많은 Z세대의 이야기를 발굴하고 생생히 소개할 수 있어 가슴이 뛴다.

Z세대는 업종과 국경의 경계를 넘어 '새로운 일상'을 예고하고 있다. 여러분은 이를 최대한 활용할 준비가 되어 있는가?

2장

'세대'란 용어의 재정의

“물론 저도 9.11 테러를 잘 알아요. 역사 시간에 배웠거든요.”

_Z세대 학생

⊙ 제이슨 도시의 이야기

2001년 9월 11일 아침, 뉴욕시에서 큰일이 터졌다는 뉴스를 처음 접한 때가 아직도 생생히 기억난다. 당시 나는 집필과 연설과 관련된 일을 계기로 방송에 출연하고자 로스앤젤레스에 있었다. 나는 호텔방에서 아빠와 함께 소파에 앉아 텔레비전을 보고 있었다. 텔레비전에서 흘러나온 영상은 충격적이었다. 그때 느낀 공포와 혼란을 죽을 때까지 잊지 못하리라.

내게 뉴욕은 무척 애착이 느껴지는 도시다. 우리 가족은 뉴욕 출신이고, 나는 뉴욕에서 1년간 대학을 다녔고, 지금도 뉴욕에 거주하는 친구들이 많다. 그런 뉴욕에서 이처럼 비극적인 일이 벌어졌다는 소식을 접하니 마음이 찢어지는 듯 했다. 나는 소파에 앉아 눈물을 흘리고 있었다. 하지만 아빠는 아무 감정도 드러내지 않았다. 아빠가 무슨 생각을 하고 있는지, 그의 얼굴에는 전혀 드러나지 않았다.

30분 뒤 할아버지한테서 전화가 왔다. 할아버지는 내게 구세주 같았다. 할아버지는 뉴욕 브루클린 출신이셨고, 여든 살을 바라보는 나이셨는데, 그때 해주신 말을 영영 못 잊을 것 같다.

"얘야, 우리는 괜찮을 거란다. 내가 약속하지. 우리는 괜찮을 거야. 이런 일은 전에도 벌어졌고, 우리는 그 일을 헤쳐 나갔지. 이번 일도 헤쳐 나갈 거야. 약속하마. 우리는 괜찮을 거야."

수년 뒤 나는 아빠에게 2001년 9월 11일 아침에 무슨 생각을 하셨는지 물어봤고 그 대답을 들을 수 있었다. 우리는 이 대화를 통해 세대 차이를 넘을 수 있었다.

할아버지가 하신 말씀 중 "이런 일은 전에도 벌어졌고"에서 그 일이란 진주만 기습 사건이었다. 1952년생인 아빠는 내가 군대에 징집될까 봐 걱정됐다고 말했다. 2001년 9월 11일에 벌어진 사건을 접한 아빠는 베트남전 징병검사를 받은 경험을 떠올린 것이다.

9.11 테러는 당시 20대 초반으로 접어들고 있던 내 또래 '세대를 규정하는 사건'이었다. 미국과 여러 나라의 밀레니얼 세대를 영원히 바꾼 전환점이다. 우리 밀레니얼 세대에게 9.11 테러는 "그때 넌 어디서 뭐 하고 있었어?"라고 서로 물어보는 주제가 됐다.

세대 연구가로서 지금 그때를 회상하면, 그 사건에 대한 우리 가족의 반응이 제각각이었던 이유를 이제는 말할 수 있다. 우리 가족은 동일한 사건을 목격했지만, 각각 자신이 속한 세대의 시각과 인생단계에 따라 완전히 다르게 바라보고 있었다.

할아버지, 아빠, 내가 9.11 테러에 대한 반응이 달랐던 이유는 각자가 자란 시대적 환경의 세밀한 차이들에 있었다. 각자의 연령, 전쟁과 테러와 정치적 격변에 대한 경험, 그때까지 살아왔던 환경, 미지의 사태에 대처하는 방법을 학습한 정도에 따라 9.11 테러에 대한 반응이 달랐던 것이다.

이 하나의 경험 덕분에 나는 다른 사람들보다 세대라는 개념을 더 잘 파악할 수 있었다. 그리고 이 경험이야말로 기성세대들이 신세대를 적절하게 대하는 방법을 제시하려는 내 연구의 주요 동기다. 동일한 사건일지라도 세대마다 다른 반응을 보일 수 있기 때문이다. 그것은 당연한 현상이다. Z세대에게 있어 세대를 규정하는 순간은 바로 코로나19 사태가 될 것이다.

⊙ 세대는 하나의 상자에 들어가는 개념이 아니다

CGK에서 세대의 특징을 연구하는 우리는 세대란 그저 출생년도에 따라 누가 어디에 속하는지 끼워 맞추는 상자가 아니라고 생각한다.

세대란 그런 개념이 아니라 각기 다른 연령의 사람들과 재빨리 소통하고 그들에게 영향을 미치기 위해 어디서부터 시작해야 하는지 강력한 실마리를 제시하는 사고의 틀이자 일련의 통찰이다. 이것은 각자가 자신보다 나이가 많거나 적거나 동년배인 사람들과 함께 일하고, 그들에게 마케팅하고, 신뢰를 쌓고, 영향을 미치는 데 있어서 도움이 된다.

우리는 세대를 '살아오는 과정에서 비슷한 시점에 비슷한 사회적, 기술적, 문화적 사건들을 경험해 시나리오에 따라 예측하기 쉬운, 지리적으로 연결된 일군의 사람들'이라고 정의한다. 다시 말해, 세대는 같은 시대에 태어나 같은 장소에서 자란 사람들의 집단이다.

세대명	대략적 출생년도
전통 세대 (침묵의 세대)	1945년 이전
베이비붐 세대	1946~1964년
X세대	1965~1976년
Y세대 (밀레니얼 세대)	1977~1995년
Z세대 (인터넷 세대)	1996~2012년

※ 각 세대가 처음 형성되기 시작하거나 끝날 무렵인 과도기에 태어난 세대는 앞뒤 두 세대의 특징을 모두 띠는 경향이 있다. 이러한 과도기cusp에 태어난 사람들을 '커스퍼cusper'라고 부른다. 한 세대를 다른 세대와 명확히 구분시키는 사건(이를테면, 미국 Z세대에게 있어 9.11테러)도 있을 수 있다. 하지만 대부분의 경우에는 특정 세대를 규정하는 사건보다는 과도기가 있을 뿐이다. 예를 들어, 1977년부터 1981년 사이에 태어난 미국인들은 자신이 성장한 지역, 누려온 경제수준, 부모의 연령 같은 요소들에 따라 X세대에 속할 수도 있고, 밀레니얼 세대에 속할 수도 있다.

각 세대에게는 구성원들이 (자동차 구매나 구직활동 같은) 특정 상황에서 경험하고 반응하는 양상에 관한 (엄격한 정의는 없지만) 세대 구분 지표가 있다. 세대 구분 지표는 세대 구성원들을 하나로 묶는, '비슷한 시기'에 '비슷한 장소'에서 쌓은 경험을 공유한다는 점 때문에 생긴다. 9.11 테러로 인해 자식이 군대에 징집될까 봐 걱정한 부모는 많다. 그러나 1950년대 출생자가 모두 똑같이 반응한 것은 아니다. 1950년대에 출생한 사람들 중 상당수는 아빠와 다른 반응을 보였다. 하지만 어쨌든 그들은 9.11 테러에 대한 통찰의 토대가 되는 성장환경을 공유한다.

우리가 비즈니스 리더들과 일할 때 늘 이해시키고자 강조하는 대목이지만, 너무도 자주 간과되는 핵심이 있다. 바로, 세대 형성에 지리적 요소가 무척 큰 역할을 한다는 사실이다. 같은 세대 구성원일지라도 시골에서 자란 사람인가, 도시에서 자란 사람인가에 따라 차이점이 있다. 또한 같은 Z세대라 할지라도 각자 어느 나라에서 살아왔는가에 따라 차이점이 나타난다. 예를 들어, 아칸소주 시골에서 자란 17세 청소년은 부모의 농장 일을 돕거나, 학교에 가고 직장으로 출근하기 위해 이미 2년 전에 운전면허증을 땄을 공산이 크지만, 뉴욕에 거주하는 청소년은 뉴욕을 떠나지 않는 한 굳이 운전면허증을 딸 필요를 느끼지 못할 것이다. 트렌드는 다양한 사람들이 높은 인구밀도로 거주하는 도시 지역에서 출현해 시골 지역으로 퍼져나가는 경향이 강해지고 있다(유행하는 음악만 봐도 그렇다). 우리는 미국 이외의 국가들을 포괄적으로 연구할 때 언제나 각 세대를 지역별로 분류한다. 그 세대가 우리가 연구하거나 보고하려는 국가를 정확히 대표하는지 확인하기 위해서다.

각 세대를 구분하는 요소는 타이밍, 지리적 조건 외에도 또 있다. 바로 '세대를 규정하는 사건'이다. 이것은 한 세대가 성장하는 과정 중, 보통은 유년기나 청소년기에 발생해, 그 세대 구성원들의 세계관을 영구히 바꿔 놓은 사건이나 사태를 말한다. 이를테면 테러와의 전쟁, 정치적 격변, 자연재해, 달 착륙 같은 기술적 신기원, 코로나19 팬데믹 등이 그러하다.

미국의 베이비붐 세대를 규정한 사건으로는 케네디 대통령 암살, 흑인 민권운동, 소련의 스푸트니크 인공위성 발사, 핵무기 실험, 컬러TV 방송 시작, 비틀즈 등이 있다.

미국의 X세대를 규정한 사건으로는 베트남전 종식, 워터게이트, 이란-콘트라 사건, 미국산 원유 수출 금지, 이혼율 급증, 에이즈 대유행, 챌린저호 폭발 사고, 부모가 맞벌이를 하는지라 학교를 마치고 집에 돌아가도 부모 없이 보냈던 청소년기, 워크맨 출시, 아타리 쇼크, 1981년 MTV 개국(첫 뮤직비디오 제목은 '비디오가 라디오스타를 죽였다'였다.)을 들 수 있다.

1980년대 말과 1990년대에 부상한 밀레니얼 세대를 규정한 사건으로는 개인용 컴퓨터, 인터넷, 휴대전화, 이메일의 대중화, 아날로그 시대에서 디지털 시대로 전환, 소셜미디어 사용자 급증, 스마트폰 보급, 동성결혼 허용, 교내 총기 난사로 인한 최초의 대규모 살상 사건(1999년 컬럼바인 고교 총기 난사 사건), 아마존 출범, 전자상거래 활성화, Y2K, 학생대출, 9.11 테러, 2008년 금융위기로 인한 대침체가 있다.

한 세대의 형성에 지대한 영향을 미친 결정적 사건들을 파악하는 것은 해당 세대의 관점, 우선순위, 가치관, 행동을 이해하기 위해 필요한 작업이다. 트렌드나 사건을 접한 시점의 연령(그 당시 5세였는가, 15세였는가), 지리적 환경, 사회경제적 상황, 문화, 성별 등에 따라 개인이 그 트렌드나 사건에 영향을 받는 양상이 어떻게 달라지는지 분석하는 것도 중요하다.

예를 들어, 1985년에 태어난 밀레니얼 세대라면 중학교를 다니고 있을 때 컬럼바인 고교 총기 난사 사건이 터졌을 것이다. 1985년생이 이 사건에 보인 반응(공포, 심정, 감상)은 당시 초등학교를 다녔기에 이 사건이 그리 와닿지 않는 1990년생이 보인 반응과 다를 것이다. 1990년생이라면 (불행히도) 이후에 발생한 교내 총기 난사 사건이 더 기억에 남아 있을 것이다. 사건 당시 버지니아주 시골에서 홈스쿨링을 하고 있던 3학년생이었는가, 뉴욕 학교를 다니고 있던 8학년생이었는가, 컬럼바인 인근 도시의 고등학생이었는가에 따라 제각각 다른 방식으로 컬럼바인 고교 총기 난사 사건에 영향을 받았을 것이다.

세대를 형성하는 틀을 더 명확히 이해할수록, 해당 세대의 구성원과 더 원활히 소통하고 그에게 더 많은 영향을 미칠 수 있다. 세대를 형성하는 틀을 더 명확히 이해할수록, 직원 채용, 동기부여, 직원 관리부터 마케팅, 판매, 고객 경험까지 다양한 상황에서 서로 다른 연령 집단들을 연결하기 쉬워진다.

⦿ Z세대 형성에 강력한 영향을 미친 사건들

Z세대는 대략 1996년부터 2012년 사이에 태어났다. 우리는 세대 연구가이자 강연가지만, 한 세대의 마지막 출생년도가 끝나고 한참 지나서야 해당 세대의 마지막 출생년도가 언제인지 인식할 수 있다. 경기침체가 끝나고 몇 년이 지나서야 경기침체가 끝났음을 알 수 있듯 말이다. 한 세대를 규정하는 명확하고 거대한 사건(미국은 9.11 테러, 영국은 브렉시트, 동남아는 2004년 12월 26일 쓰나미 사태, 세계적으로는 코로나19 팬데믹)

이 없는 한, 한 세대의 마지막 출생년도는 미리 예측할 수 없으며, 해당 연도가 한참 지나서야 분석할 수 있다. 게다가 각 세대 사이에는 커스퍼들이 있다. 커스퍼들은 한 세대의 끝과 다음 세대의 시작이 겹치는 시기에 태어나, 성장환경에 따라 두 세대의 특징을 동시에 띤다.

1996년 이후에 태어난 미국인들을 Z세대라고 구분하는 이유는 그들이 이전 세대를 가장 강렬하게 규정한 사건인 9.11 테러를 기억하지 못하는 연령 집단이기 때문이다. 그리고 현재 세계를 강타 중인 코로나19 팬데믹이 Z세대와 이후 세대를 구분하는 강렬한 사건이 될 것으로 보인다.

Z세대를 분석하는 과정에서 일관되게 발견되는 특징은 빠르고 값싼 이동통신 기술의 영향력이다. 이러한 이동통신 기술은 아직 모든 나라에서 보편적으로 누릴 수 없지만, Z세대를 하나로 연결해 Z세대가 기업들에게 강한 영향력을 행사하게 한다.

우리가 수행한 '2019년 Z세대 현황 조사'에 따르면, Z세대는 다음과 같이 이동통신 기술을 활용 중이다.

- Z세대의 95퍼센트가 매주 1회 이상 소셜미디어에 접속한다.
- Z세대의 74퍼센트가 놀 때 이동통신 기술에 의존한다.

Z세대는 때와 장소에 구애받지 않고 자신의 휴대전화나 태블릿PC를 통해 지구 반대편에서 일어나는 사건들을 실시간으로 지켜본다. 그들은 e스포츠 게임을 통해 낯선 외국인들과 만나 대화한다. 그들은 휴대전화로 온갖 일을 하기에, 각자 거주하는 지역의 언어와 풍습이 다를지라도 기술,

음악, 패션, 여행, 스포츠, 돈, 인터넷의 미래에 대해서는 비슷한 생각을 보인다.

Z세대는 이동통신 기술에 전례 없이 의존하는 세대다.[5] Z세대의 31퍼센트가 30분만 (또는 그 이하의 시간만이라도) 스마트폰과 떨어져 있어도 불편함을 느낀다. 14퍼센트는 한시도 스마트폰과 떨어져 있을 수 없다. 남성 26퍼센트, 여성 33퍼센트가 하루 10시간 이상을 스마트폰과 함께한다. 65퍼센트는 일주일에 며칠은 자정이 지나서도 스마트폰을 사용한다. 이 중 29퍼센트는 매일 새벽까지 스마트폰을 사용한다!

미국의 비영리 교육단체 커먼센스 미디어의 조사에 따르면,[6] 2018년을 기준으로 13세에서 17세 사이의 미국인 89퍼센트가 스마트폰을 보유 중이었다. 2012년의 41퍼센트에 비하면 6년 사이에 2배 이상 증가한 셈이다.

정보통신기술은 Z세대에게 지대한 영향을 미쳤다. Z세대 어린이들은 상호작용 완구나 아이패드를 끼고 살았기에 모든 스크린이 터치스크린이라고 생각해 TV를 켜려고 TV 화면을 만지작거린 적이 있을 정도다. 요새 어린이들에게는 앱과 비디오 등의 미디어 플랫폼들이 외국어, 산수부터 화장법, 배변훈련까지 온갖 교육을 제공한다.

Z세대는 신기술의 접촉, 수용, 보편화, 트렌드세팅을 선도하는 세대라는 면에서 밀레니얼 세대와 자주 비교된다. 이러한 비교는 중요한 의미를 지닌다. 이런 비교를 통해 신기술을 받아들이고 일체화하는 데 있어서 Z세대가 얼마나 유별난 세대인지 알 수 있기 때문이다.

최초의 진정한 인터넷 세대는 밀레니얼 세대가 아닌 Z세대다. Z세대의 유년기에 때마침 인터넷 연결 기기들이 대중화됐기에 그들은 어릴 적부터 숨 쉬듯 당연하게 인터넷을 사용해왔다. 그들은 아마존 인공지능 기기 알렉사에게 사소한 질문들을 묻고, 간편 송금 서비스 벤모에 의존해 현금 없이도 다니고, 유소년기와 청소년기에 유튜브를 시청하고 자신이 좋아하는 유튜버들이 대학을 가는 모습을 접하고, 음원 스트리밍 서비스 스포티파이Spotify를 이용해 음악을 듣는다.

Z세대의 신기술 경험은 밀레니얼 세대와 매우 다르다. Z세대를 어릴 적부터 둘러싼 디지털 환경은 우리가 지금까지 (몸소 또는 트위치를 통해!) 보아온 것과 판이하다.

⦿ 고도로 연결된 세대와 연결되기

언제 어디서나 저비용으로 이동통신 기술을 이용할 수 있다는 점이야말로 의심의 여지없이, Z세대를 가장 확실히 규정하는 트렌드다. 태어날 때부터 IT 기술 환경에서 살아온 경험은 그들의 세계관 형성에 심대한 영향을 미쳤다. 그들은 IT 기술을 활용해 학교에서, 기업과 친구, 가족과 소통할 수 있기를 기대한다. 그들은 IT 기술을 활용해 쇼핑하고, 소통하고, 협업하고, 팀으로 함께 일하고, 정보, 답변, 데이트 상대, 의료서비스, 일자리, 뉴스를 어디서 찾아야 하는지 탐색한다.

그와 동시에, Z세대는 가족여행을 갈 때나 식사를 할 때에도 늘 스마트폰을 들여다보는 부모들을 보고 자랐기에, 언제 어디서든, 심지어 가까운 사람들과 함께 있을 때도 스크린을 쳐다본다.

현재 일곱 살인 우리 딸 리아는 스마트폰으로 화상통화를 할 수 없었던 시대를 기억하지 못한다. 지금보다 더 어릴 적의 리아는 상대방의 얼굴을 볼 수 없는 전화기는 고장 난 거라고 생각했다. 이전에 호텔에서 수화기를 귀에 댄 리아가 낯선 소리가 난다고 덜컥 겁을 먹은 적이 있었다. 발신음을 그때 처음 들어본 것이었다. 이전 세대들에게는 특이할 게 없는 일도 Z세대에게는 충격일 수 있다. 이러한 아이들의 모습을 영상으로 담은 유튜브 채널들이 큰 인기를 끌고 있다(유튜브에서 '오래된 컴퓨터에 대한 아이들의 반응kids react to old computers'이라고 검색하면 재미있는 영상을 찾을 수 있다).

리아는 토요일 아침에 연속으로 방송되는 애니메이션을 시청하기 위해 일찍 일어날 필요가 없었다. 리아의 세계관에서는 애니메이션을 포함해 어떤 프로그램이든 언제 어디서나 볼 수 있기 때문이다. 비행기를 타고 있을 때도 말이다. 사실, 리아는 TV를 별로 시청하지 않는다. 오직 넷플릭스만 볼 뿐이다.

그러고 보니 리아가 넷플릭스 설정을 바꿨다는 메시지가 우리 스마트폰에 왔을 때가 기억난다. 그때 리아는 고작 일곱 살이었다! 우리는 넷플릭스가 보낸 메시지를 보고, 딸과 얼굴을 맞대고 진심 어린 대화를 나눴다. 이로써 13세 미만 시청불가 프로그램을 보려던 리아의 모험은 예기치 못한 난관에 부딪쳤다.

지리적 차이는 세대 형성에 큰 영향을 미치는 요소지만, 저렴한 이동통신 기술의 보급 덕분에 Z세대는 이전 세대들에 비해 글로벌하게 동질적인 직원이자 소비자가 될 것으로 보인다. 실제로 그럴지 확실히 알려면 몇 년이 더 지나야 한다. 하지만 이동통신 기술의 효과를 관찰해보면 그렇게 되리라고 짐작할 수 있다. 10세 미국인은 50세 미국인보다는 15세 영국인, 인도인과 더 공통 관심사가 많을 공산이 크다.

Z세대는 이미 소비자로서 막대한 영향력을 세계에 행사하고 있다. 그들은 조만간 직원으로서도 큰 영향력을 미칠 것이다. 이전의 모든 세대와 마찬가지로, 그들은 하나의 거푸집으로 찍어낸 듯 동일한 집단은 아니다. 그렇지만 그들을 하나의 세대로 규정하는 주요한 사건, 트렌드, 영향을 식별하는 것은 가능하다. 그것은 정보통신 기술뿐만이 아니다. Z세대에게 접근하는 실마리는 우리와 그들 주변에 널려 있다.

틱톡으로 춤추는 영상을 보고, e스포츠를 시청하고, 스냅챗으로 메시지를 보내는 Z세대의 모습을 일부 기성세대들은 낯설어한다. 하지만 Z세대가 세상을 바라보는 방식을 찬찬히 이해함으로써 기성세대와 Z세대 간의 간극을 좁힐 다리를 놓을 수 있다. 기성세대는 Z세대의 세계관에 동조할 필요가 없고, Z세대도 기성세대의 세계관에 동조할 필요가 없다. 그렇더라도 기업들은 시간을 내서 그들의 세계관을 이해하려고 노력함으로써, 그들에게 효과적으로 접근하고 영향을 미칠 토대와 공간을 구축할 수 있다.

다음 장에서는 정보통신 기술 외에 Z세대 형성에 큰 영향을 미친 요소들을 심도 있게 살펴보겠다.

3장

Z세대를 형성시킨 사건들

"그 전에 아프리카계 미국인 대통령을 본 적이 없었기에
오바마의 당선은 제게 큰 의미가 있었습니다.
언젠가 대통령이 되려는 열망을 지닌 소년에게
너도 그렇게 될 수 있다는 희망을 주는 인물이 눈앞에 나타난 셈이었습니다."
_크리스(22세)

2008년 버락 오바마가 미국 대통령으로 선출된 날 저녁, 조시는 11살이었다.

"TV에서 버락 오바마가 최초의 흑인 대통령이 됐다는 말을 들은 순간이 지금도 정확히 기억나요. 그때 나는 아빠의 얼굴을 쳐다봤죠. 아빠는 감정을 잘 드러내는 분은 아니지만 아빠의 눈빛에서 격앙된 감정을 느낄 수 있었죠. 나는 아빠를 응시하며 말했죠. '그가 해낸 거예요?' 아빠는 말했어요. '그래, 그가 정말로 해냈구나.'

나는 다시 TV 화면을 바라봤어요. TV에서는 오바마의 당선을 환영하는 여러 도시 주민들의 모습을 보여줬죠. 내가 다시 아빠를 봤을 때 아빠는 할머니에게 전화를 걸어 뉴스를 보고 있는지 묻고 있었어요.

할머니는 짐 크로 법이 시행되는 시대를 사신 분이고, 오바마의 당선은 할머니와 내게 문화적으로 큰 의미를 지닌다는 생각이 그때 들었죠. 미국 사회에서 흑인에 대한 편견이 완전히 사라졌다는 것은 아니지만 그 순간은 세대적으로 큰 의미가 느껴졌어요. 오바마의 당선은 우리가 그토록 짧은 기간에 얼마나 많은 성과를 이뤘는지 알려주는 사건이었어요."

Z세대는 미국에서 흑인이 대통령으로 두 번 당선된 적이 있다는 사실을 어릴 적부터 쭉 알고 지낸 세대다. 그들은 동성결혼이 시위를 거쳐 합법화된 과정을 목격했다. 그들은 교내 총기 난사 사건들, 국내 콘서트장과 나이트클럽에서 벌어진 테러 사건들, 코로나19의 급격한 확산을 직접 목격했다. 그들은 기후변화의 심각성을 보도하는 뉴스들의 홍수 속에서 '가짜뉴스'들의 부상도 지켜봤다.

Z세대가 이 모든 뉴스를 정제를 거치지 않은 소셜미디어를 통해 접했다고 생각해보라. 스냅챗의 '연속 스냅 기능(스냅스트리크Snapstreak)'을 사용하고, 가족의 생활비에 보태기 위해 아르바이트를 하고, AP과정(명문대 입학을 위한 학점 취득 시스템-옮긴이)을 이수하고, 형제자매를 돌보고, 대학에 지원하고, 인생에서 처음으로 집을 떠나 자취하는 와중에 말이다.

게다가 2008년 금융위기로 인한 경기침체로 부모들이 어려움을 겪고, 첨예한 정치 담론으로 가까운 친구와 가족들도 분열되고, 학자금 대출로 인해 학생들이 짊어지는 부채가 걷잡을 수 없이 늘어난 상황도 감안해보자. Z세대가 이전 세대들이 이해하지 못하는, 완전히 다른 환경에서 자신들이 성장했다고 느끼는 것도 이상하지 않다.

Z세대가 큰 불안감과 스트레스를 느끼지만 그 점을 털어놓기 어려워하는 것도 이상하지 않다. 미국 태생의 이민자 2세로 대학을 다니고 있는 이

셸(22세)은 말한다.

"저와 함께 고등학교를 다녔던 친구 중 몇 달 만에 인스타그램과 유튜브에서 유명해진 애들이 있어요. 자신이 관심 있는 일을 주제로 비디오를 찍어서 올리는 것만으로 돈을 벌고 있죠. 아침 9시부터 저녁 5시까지 일하던, 평범한 사람들이 지금은 소셜미디어에서 많은 팔로워를 거느리는 것만으로도 큰돈을 버는 모습이 보여요. 그러니 '나도 이러고 있을 순 없는데, 어떻게 할까' 하는 생각이 들어요.

저는 다른 사람들이 소셜미디어에서 돈을 버는 모습을 보면서 이렇게 생각해요. '나는 여전히 학교를 다니잖아. 성공하기 위한 단계를 밟고 있어. 성공하려면 이렇게 하는 거야.' 하지만 함께 고등학교를 다닌 동창생은 대학을 가는 대신 동영상을 소셜미디어에 올리기로 결정했고, 그 결과 소셜미디어에서 이름이 알려져 사회적으로 관심을 받고, 돈도 많이 벌고 있어요. 반면 저는 여전히 학교를 다니는 중이죠."

Z세대들은 이셸의 스트레스와 '유튜브로 성공한다'는 개념을 이해할 수 있다. 하지만 '유튜브로 유명해진다'는 개념이나 소셜미디어로 돈을 벌어 먹고산다는 개념은 10년 전만 해도 존재하지 않았다. 이것은 지금 Z세대가 경험하는 세계가 1990년대와 2000년대 초반에 부상한 밀레니얼 세대가 겪은 세계와 너무도 다른 부분 중 하나일 뿐이다.

우리 모두 온디맨드on-demand(정보통신기술 인프라를 통해 소비자의 수요에 맞춰 즉각적으로 맞춤형 제품을 제공하는 경제활동-옮긴이) 경제, 저렴한 이동통신 기술, 대립적인 정치 환경 등이 초래한 거대한 문화적 전환을 경험하고 있다. 하지만 지금 현실은 Z세대가 아는 유일한 세계의 모습이다. 그리고 비록 스트레스를 받고 있어도, Z세대는 지금 현실에 잘 적응하고 있다. 그들은 현실에 적응할 시간을 필요로 하지 않는다. 그들은 이전 세대들이 여전히 이해하려고 애쓰거나, 여전히 비난만 하는 신기술을 이미 마스터했다. 그들은 다양성과 포용을 자기 세대의 주요 가치로 인식하면서 수많은 이슈에서 진보를 지지한다.

이번 장에서는 지금까지 Z세대를 형성한 주요한 순간들을 탐구해보고자 한다. 이러한 사건들에 대한 경험은 그들을 하나의 세대로 묶는 요소지만, 각 개인의 반응은 다를 수 있다. 그렇더라도 어떤 사건들이 Z세대에게 깊은 영향을 미쳤는지 파악하는 작업은 그들과 소통하는 방법을 찾으려는 기업들에게 중요한 단서를 제공한다.

⊙ 대침체기와 학자금 대출

"우리는 대학에 지원할 때 학자금 대출을 받을 수 있었어요. 모든 학생이 마치 숙제를 하듯, 미국 연방정부 대학장학금 신청서FAFSA를 작성했죠. 현재 남편과 저는 대학을 졸업하고 20년이 지났는데도 여전히 학자금 대출을 다 상환하지 못했어요. 우리 부부의 은퇴자금을 모아야 할 뿐만 아니라 아직 초등학생인 아이가 대학에 갈 경우를 대비해 저축할 필요도 있죠. 대체 우리는 우선순위를 어디에 둬야 할까요?"

_ Z세대의 부모

우리는 10대 여학생들을 대상으로 한 CGK 포커스 그룹 인터뷰 중에 부모들에게 돈 이야기를 들은 적이 있는지 물었다. 그러자 여학생들은 일제히 "맞아요! 늘 그래요!" 하고 말했다. 그 자리에 있었던 모든 여학생들이 자기 부모가 부채부터 예산까지 온갖 재무적 이야기를 꺼낸다고 답했다.

Z세대의 66퍼센트가 학자금 대출이 늘거나 학자금 대출을 상환하지 못할까 봐 걱정한다. 79퍼센트는 자신의 미래를 전반적으로 걱정한다.

_ 2019년 Z세대 현황 조사

한 참가자는 이렇게 말했다.

"고등학교에서 필수로 들어야 했던 개인재무 수업에서 많은 것을 알게 됐어요. 부모님이 종종 저축에 관해 이야기하곤 했는데, 저도 그에 대해 잘 안다고 생각했어요. 수업에서는 저축액이 복리 등의 요소에 따라 어떻게 불어나는지 보여주는 시각적 학습활동을 했죠. 그래서 일찍부터 저축하고 싶은 마음이 들었어요. 지금부터 시작하고 싶어요."

Z세대는 경제활동 중에 2008년 금융위기로 인한 대침체를 경험하지 않았지만, Z세대의 부모는 경험했다. 부모가 경기침체로 힘들어하는 모습을 지켜보는 것은 고통스럽고 애잔하고 얼얼한 경험이었고, 그러한 경험은 근로, 돈, 자립, 가족 부양에 대한 Z세대의 관점에 영향을 미쳤다.

Z세대가 이야기하는, 어린 시절 목격한 대침체기의 가혹한 노동 현실, 또는 가혹한 구직 현실을 들으면, 그들에게 대침체가 어떤 영향을 미쳤는지 가늠할 수 있다. 그들은 부모가 가족을 부양하는 과정에서 늘어나는 빚

에 힘들어하고 좌절을 느끼는 모습을 목격했다. 이러한 스트레스를 부모가 식사 중에 직접 털어놓았든, 부모의 전화 통화나 대화에서 엿들었든 간에, Z세대가 느낀 감정은 명백했다.

대침체기에 자녀를 키우지 않고 있던 X세대와 밀레니얼 세대도 (특히 밀레니얼 세대는 대침체기에 결혼과 출산을 유보했다.) 대침체로 인한 교훈을 느꼈고, 그것이 자녀들에게 전달됐다. 대침체기의 경험은 임금 정체, 월세와 주택담보대출 이자 상승, 현실에서 뼈저리게 느껴지는 부의 양극화와 맞물렸다.

밀레니얼 세대의 재무 상황은 기록적인 학자금 대출 때문에 더 어려워졌다. 2019년 9월 기준으로, 1,500만 명의 밀레니얼 세대[7](25세부터 35세 사이)가 도합 5천억 달러의 학자금 대출 부채를 가지고 있었다. Z세대 부모의 상당수는 이러한 부채를 지금까지도 다 갚지 못했다. 이러한 점은 그들이 자녀를 양육하는 방식, 자녀에게 근로, 지출, 돈에 관해 이야기하는 방식에 영향을 미쳤다.

대침체의 예기치 못한 결과와 기록적으로 증가한 학자금 대출 부채를 본 Z세대는 살아가면서 이와 같은 함정에 빠지지 않으려고 한다. 설문조사에서 그러한 성향을 발견할 수 있었다. 고등학생 연령대의 Z세대 청소년 중 86퍼센트가[8] 대학에 갈 생각이라고 답했는데, 그중 절반은 1만 달러 이하의 학자금 대출만 받을 것이라고 답했다. 심지어 27퍼센트는 학자금 대출을 전혀 받지 않을 것이라고 답했다. 부모와 밀레니얼 세대의 어려움을 목격하면서 자란 경험으로 인해 Z세대는 부채에 대한 재무적 인식과 실용적 성향이 강하다. 어린 나이에 이러한 특징을 보이는 세대는 아마도 대공

황의 영향을 경험한 세대 이후로는 Z세대가 처음일 것이다.

⊙ 새로운 가치와 사회적 활동주의

"여러분은 우리를 배신하고 있습니다. 하지만 청년들은 여러분의 배신을 깨닫기 시작하고 있어요. 모든 미래세대가 여러분을 주시하고 있습니다……. 바로 지금 여기가 우리가 선을 그어야 할 곳입니다. 좋든 싫든, 세계가 깨어나고 변화가 찾아오고 있습니다."

_ **2019년 UN 기후 행동 정상회담에서 10대 환경운동가, 그레타 툰베리**

Z세대는 뉴스 보도, 가두시위, 소셜미디어를 통해 사회적 가치들의 세대 간 충돌을 지켜보며 성장했다.

그러한 사회적 가치의 충돌은 이전 세대들과 다른 것을 원하거나 기대하는 신세대들이 주도한다. Z세대의 소셜미디어, 케이블 뉴스 보도, 인터넷 뉴스 헤드라인에서는 1년 365일 24시간 사회적 가치에 관한 격렬하고 감정적인 대화가 진행된다.

Z세대는 수많은 집단이 다양성, 포용, 남녀 임금 격차, 총기 소유, 환경보호 같은 이슈에서 현 상황에 안주하길 거부한다고 선언하는 시기에 성장했다. Z세대 구성원 전부는 아닐지라도 일부는 새로운 규범을 요구하는 사회운동을 지지했고, 자신의 세대가 성년기로 접어듦에 따라 새로운 규

범이 자리 잡으리라는 기대를 품고 있다.

이러한 대중적 기대는 흑인의 목숨도 소중하다Black Lives Matter, 미투#MeToo, 동성결혼, 성직소수자LGBTQ 권리보호 등의 사회운동을 낳았다. 다른 세대들이 인식해야 할 가장 놀랍고도 중요한 사실은 Z세대 활동가들이 현 상태라고 규정하는, 자신들이 알고 있는 유일한 것을 열심히 알리고 있다는 점이다.

어린 Z세대 구성원들은 NFL 선수들이 애국가가 울리는 동안에 항의의 표시로 무릎을 꿇는 시대, 여자축구 국가대표팀이 공개적으로 임금 인상을 요구하는 시대, 여성들이 성추행, 성폭행, 성차별에 직면해온 과거사를 폭로하는 시대 이전의 시절을 겪은 적이 없다. Z세대 구성원 다수는 기후변화가 당대의 주요 이슈 중 하나로 간주되는 시대 이전의 시절을 기억하지 못한다.

다양성과 포용이라는 가치에 관한 Z세대의 지지는 특히 강한 듯 보인다. Z세대는 미국 역사상 가장 인종적으로, 민족적으로 다양한 세대로, 모든 방면에서 다양성과 포용을 기대한다는 사실을 다른 세대들도 염두에 둘 필요가 있다. 퓨 리서치 센터의 조사에 따르면,[9] 미국 베이비붐 세대의 18퍼센트, X세대의 30퍼센트, 밀레니얼 세대의 39퍼센트가 비백인non-white인 데 비해 Z세대의 경우 48퍼센트가 비백인이다.

Z세대는 고용주에게 더 많은 다양성과 포용을 기대한다. 그들은 여성과 소수민족이 기업 고위임원으로 일하고, '직장에서 자기 능력을 완전히 발휘할 기회'를 얻기를 기대한다. 이것은 일부 비즈니스 리더들에게는 익숙하지 않지만, 밀레니얼 세대들이 요구했고 지금도 계속 직장에서 요구하고 있는, 그리고 X세대와 베이비붐 세대가 청년 시절에 요구한 사회적 변

화와 투명성의 유형과 크게 다르지 않다.

Z세대가 기대하는 다양성의 일부는 사고의 다양성이라는 형태로 나타난다. 2016년 Z세대 현황 조사에서는[10] 다음과 같은 Z세대의 믿음을 알 수 있었다. 미국인들이 자기와 다른 시각과 가치에 관용적이지 않은 게 현실이지만, 미국인들은 관용적이어야 한다는 것이다. 이때의 질문은 다음과 같았다. 미국인들이 정치, 동성애자 권리, 종교, 가족적 가치 등의 이슈에서 자신과 반대되는 견해에게 관용적이어야 한다고 생각하는가? 65퍼센트가 그렇다고 답했다. 또 다른 질문을 던졌다. 미국인들이 정치, 동성애자 권리, 종교, 가족적 가치 등의 이슈에서 자신과 반대되는 견해에 관용적이라고 생각하는가? 26퍼센트가 그렇다고 답했다.

밀레니얼 세대와 Z세대의 가장 큰 차이는 후자가 소셜미디어 덕분에 어린 시절부터 본인의 믿음에 따라 사회운동에 활발히 참여할 수 있었다는 점이다. Z세대는 가두시위를 벌이지 않아도 (좋아요 버튼, 공유, 댓글 등의 형태로) 집 안에서 온라인 활동을 함으로써 사회운동에 참여 가능하다. 이러한 특징을 감안하여 정중하고 건설적인 태도로 토론하는 법을 Z세대 학생들에게 가르치는 대학들이 나오고 있다. 워싱턴DC의 아메리칸 대학교, 미네소타주의 칼튼 대학교, 노스캐롤라이나주의 웨이크포레스트 대학교를 비롯한 학교들이 다른 배경, 가치, 의견을 지닌 이와 토론하고, 대화하고, 이견을 제시하는 법을 가르치는 민주적 담론 강좌를 커리큘럼에 추가했다.

⊙ 교내 총기 난사 사건과 국내 테러 사건

"6분 남짓한 사이에 친구 17명이 우리 곁을 떠났고, 15명이 다쳤고, 더글러스 공동체의 모든 구성원들의 삶에 영영 지울 수 없는 상처가 남았습니다."

_ **2018년 3월, 우리의 생명을 위한 행진에서 엠마 곤잘레스**

Z세대는 '신기술로 뭐든 할 수 있는' 세대로 알려져 있지만, 불행히도 교내 총기 난사 사건으로 다수의 살상자가 발생하는 시대에 성장기를 보낸 세대이기도 하다. 총기 난사로 대규모 살상자가 발생한 최초의 사건은 밀레니얼 세대가 경험한 1999년 컬럼바인 고교 총기 난사 사건이다. Z세대는 2012년 코네티컷주 샌디훅 초등학교, 2018년 플로리다주 마조리 스톤맨 더글러스 고교, 2018년 텍사스 주 산타페 고교를 비롯한 다수의 학교에서 벌어진 총기 난사 사건을 접하면서 자랐다. 이러한 교내 총기 난사 사건은 향후 수십 년간 Z세대에게 영향을 미칠 것이다. 공공장소에서 발생하는 총기폭력과 테러행위는 Z세대에게 너무도 일상적인 뉴스가 돼버렸다.

하지만 그 결과 마조리 스톤맨 더글러스 고교 총기 난사 사건을 계기로 교내안전 이슈에 더 적극적으로 행동하고 목소리를 높이는 Z세대 구성원들이 늘었다. 그들은 어릴 적부터 사용해 익숙해진 소셜미디어에 자신의 공포, 슬픔, 분노, 좌절, 전망을 즉시 생생하게 공유해 더 큰 파장을 일으키는 수단으로 삼았다. 총기 규제 운동 활동가 데이비드 호그를 비롯한 마조리 스톤맨 더글러스 고교 총기 난사 사건 생존자들이 벌인 가두시위는 인너넷에서 뜨거운 관심을 받았고, 소셜미디어에서 많은 이의 참여를 이끌었다.

Z세대가 이전 세대보다 더 활발히 정치에 참여할지, 안 할지는 아직 모르지만, 정치적 활동을 하고 싶은 Z세대 구성원들은 소셜미디어라는 좋은 기회를 쥐고 있다. 소셜미디어 덕분에 그들은 학교에서도 버스에서도 지하철에서도 집에서도 활동가로서 정치적 운동을 할 수 있다. Z세대 활동가들은 대중에게 연설하고 반응을 접하기 위해 굳이 행사 현장에 모습을 드러낼 필요가 없다.

Z세대는 9.11 테러 사건 이후, 2013년 보스턴 마라톤 폭탄 테러, 2016년 올랜도 나이트클럽 총격 테러, 2017년 라스베이거스 음악 페스티벌 총기 난사 테러 등과 같이 미국 내 테러행위가 날로 증가하는 시대에 자랐다. 그리고 해외의 테러 사건들도 집에서 실시간으로 접할 수 있다.

⊙ 교육과 학습

Z세대는 신기술을 학습 도구로 삼지만, 그들이 다양한 디지털 기기들을 사용하는 양상은 이전 세대들과 다르다. 한 Z세대 구성원은 이렇게 말한다.

"저는 숙제할 때만 컴퓨터를 사용해요. 제 전화기는 친구들과 이야기하고 뉴스를 볼 때만 사용하죠. 선생님이 숙제를 내주면 컴퓨터로 정보나 답을 검색해요. 그 외의 경우에는 컴퓨터를 쓰지 않아요."

Z세대는 이전의 어느 세대보다도 많은 학습 도구를 가진 세대다. 지식이 감춰져 있던 시대나, 유일한 학습 통로가 몇 년에 한 번만 업데이트되는 교과서였던 시대는 오래전에 끝났다. 비싼 학비를 내야 하는 사립학교나 도시의 교육센터만이 학생들에게 고급 지식을 전수하던 시대 또한 오래전에 막을 내렸다. 이제 Z세대는 스마트폰으로 스페이스엑스 로켓의 발사와 부스터 랜딩이나 지구 반대편의 청소년들이 보내는 사회적 변화에 관한 트윗 등, 역사적 사건을 실시간으로 지켜볼 수 있다. 그리고 스피커 형태의 인공지능 개인 비서 기기인 구글 홈에게 지리 문제의 답을 검색해 달라고 말한다.

이제는 이전의 어느 시대보다도 정보가 민주화되고 접근이 용이해졌다. 물론 이것이 모든 사람이 평등하게 정보에 접근 가능하고, 모든 정보가 정확한 것이라는 뜻은 아니다. 하지만 저가 스마트폰의 보급 덕분에 여러 나라의 개인, 가족, 공동체가 20년 전만 해도 불가능했던 수준의 정보 습득, 연결, 혁신, 학습의 기회를 얻었다.

우리가 현재 주목하는 학습 트렌드는 음성검색이다. 요즘 Z세대 어린이들은 음성검색을 애용한다. 키보드로 타자 치는 법을 배우기 전부터 말이다! 요새 아이들은 타이핑하는 법을 전혀 몰라도 알렉사나 시리에게 물어봐서 정보에 즉시 접근한다. 우리는 Z세대가 직원이자 소비자로 부상하는 시기에 음성검색이 정보 검색·학습·처리의 주요 트렌드가 되리라 믿는다.

이동통신 기술, 음성검색, 태블릿PC, 응용 소프트웨어와 학교 교육의 통합이라는 환경에서 자란 Z세대가 취업 연령대로 접어듦에 따라, 기업들은 필연적으로 정교한 학습 도구와 협업 도구를 직원들에게 제공해야 한다는 새로운 요구에 직면하게 될 것이다. 이 대목은 이 책의 뒷부분에서 더 자세히 살펴보도록 하겠다.

⊙ 유튜브, 콘텐츠 제작, 넷플릭스

Z세대에게 무엇보다 중요한 콘텐츠 소비의 주요 도구는 스마트폰이다. 그들은 주로 스마트폰 화면을 통해 즐거운 시간을 보내고, 학습하고, 작업하려 한다. 이러한 트렌드로 인해 요새 젊은이들은 선형적인 TV에서 멀어지고 (또는 TV를 아예 외면하고) 유튜브, 넷플릭스, 틱톡에 빠져 산다.

Z세대는 유튜브에서 매우 많은 시간을 소비한다(우리의 연구 참여자 중 일부는 유튜브를 '구글튜브Google-Tube'라고 불렀다). 다른 세대들이 구글 검색창으로 원하는 정보를 찾듯, Z세대는 유튜브로 정보와 답변, 오락거리를 찾는다. Z세대는 궁금한 점이 있으면 구글에서 검색하는 대신 곧바로 유튜브에서 검색하는 경우가 많다. 그들에게 유튜브는 정보 검색 포털 사이트와 같다. 2018년 위아플린트의 조사에 따르면,[11] 18세부터 24세 사이 인터넷 사용자 중 96퍼센트가 유튜브에 접속한다. 평균 시청 시간은[12] 40분으로, 이는 전년도에 비해 50퍼센트 증가한 수치다. 유튜브는 현재 세계에서 2번째로 큰 검색엔진이다.

2019년 Z세대 현황 조사에 따르면,[13] Z세대의 97퍼센트가 1주일에 1일 이상 비디오 스트리밍 서비스를 이용하고, 85퍼센트가 유튜브에 접속한다. Z세대는 화장법, 춤추는 법, 비디오 게임 공략을 배우기 위해 유튜브를 시청한다. 또한 이들은 단순히 유튜버들의 영상을 즐기고 학습하는 데 그치지 않는다. 이들은 유튜브 인플루언서들이 홍보하는 제품을 구매하기도 한다. 이 대목에 관해서는 2부에서 더 자세히 다뤄보도록 하겠다.

과거에 TV가 이전 세대들을 즐겁게 했던 것처럼, 요새는 유튜브가 Z세대를 즐겁게 한다. Z세대는 유튜버들이 장난치는 모습, 온라인 게임을 하는 모습, 평소 사는 모습을 보여주고 일상적인 대화를 하는 모습이 담긴 다양한 유튜브 영상을 즐긴다. Z세대는 자신과 같은 사람, 또는 자신이 따라 하려는 사람의 일상을 지켜보고 싶어 한다. 그러한 유튜브 브이로그 영상은 마치 리얼리티 TV 방송과 같지만, 일반인이 찍은 비디오 감성이 담겨 있기에 TV 방송보다 더 리얼하게 느껴진다.

Z세대가 콘텐츠를 소비하는 방식, 시기, 이유, 장소, 특히 자신의 콘텐츠를 제작하는 장소를 파악하면 Z세대에 대한 정보를 얻을 수 있다. 이러한 정보는 기업들이 어떻게 그들과 소통하고, 어떻게 그들을 직원으로 훈련시킬지, 콘텐츠 제공자들이 어떻게 그들에게 맞춰나갈지를 파악하는 데 도움이 된다.

즐겨보는 예능 프로그램을 보기 위해 2분짜리 화장지 광고를 보는 일은 Z세대에게서는 찾아보기 힘들다. (유튜브 영상을 보려는데 광고를 스킵할 수 없으면 짜증 난다!) 그들은 어릴 적부터 영상을 빨리 감기하고, 정지하고, 스킵하고, 영상에 평가를 내려왔다. 이 세대는 좋아하는 TV 프로그램을 시청하기 위해 저녁 6시에 집에 있거나, 좋아하는 노래가 우연히 라디오에서 흘러나오길 바랄 필요가 없었다. 그들은 광고주, 방송국, 제작자가 정한 스케줄에 따라 콘텐츠를 소비해야 하는 한계로부터 해방됐다. 그들은 자신이 원할 때 콘텐츠에 접근할 수 있다. 그들은 넷플릭스에서 주문한 DVD가 우편으로 도착하길 기다려야 했던 시절을 거의 기억하지 못한다. 또한 무료 또는 저가로 거의 모든 영상을(스트리밍 시청 기록과 과거에 내린 평가를 근거로 '추천'된 영상을) 언제나 즉시 시청할 수 있다.

이는 이전 세대의 콘텐츠 소비 패턴에 비하면 실로 엄청난 변화다. 베이비붐 세대 시절에는 TV 채널이 3개뿐이었고, 늦은 밤이 되면 방송이 끝났다. X세대는 비싼 수신료를 내고 프리미엄 케이블 채널을 시청했다. X세대는 "TV 채널 좀 돌려"라고 말하는 베이비붐 세대 부모의 '리모컨' 역할을 했다. 밀레니얼 세대는 선택권이 급증해, TV 외에도 DVD와 인터넷 스트리밍으로 영상을 시청할 수 있게 됐다. 밀레니얼 세대는 영화 스트리밍 서비스와 초기 유튜브를 즐긴 세대다.

무료 또는 저가 스트리밍 서비스의 대중화 덕분에 Z세대는 편리한 환경의 콘텐츠 소비자가 됐다. 하지만 그들은 자신이 어떤 기기를 사용하고 있든, 자기 취향에 맞는 영상이 추천되기를 기대한다. 특히 돈을 내고 서비스를 구독하고 있을 때는 광고가 거의, 혹은 전혀 나오지 않기를 바란다.

한편 Z세대는 이전 세대의 대다수 구성원들과는 다르게, 콘텐츠 크리에이터이기도 하다. Z세대 구성원 다수는, 특히 현재 청소년들은 자신의 휴대전화로 영상을 찍을 수 없었던 시절을 경험한 적이 없다. Z세대는 언제 어디서나 디지털 관객에 머무르지 않고, 디지털 콘텐츠 크리에이터로 활약해왔다. 그리하여 기존 유명인들, 저스틴 비버처럼 유튜브에서 뜬 유명인들보다 많은 시청자를 끌어들이는 유튜버들이 스타덤에 올랐다. 라이

언이라는 한 유튜버는[14] 자신의 유튜브 채널 '라이언스 월드'에 장난감 상자를 개봉하고 장난감을 가지고 노는 영상들을 올려 2018년도에만 2천 200만 달러를 벌었다. 이 유튜버는 고작 일곱 살이다.

일부 유튜버들은 콘텐츠 크리에이터로서 돈을 벌 수 있지만, Z세대는 자신이 소비하는 콘텐츠가 공짜이기를, 또는 공짜여야 한다고 기대한다. 이 점은 전통적 TV 방송국들에게 극복해야 할 도전으로 작용하고, Z세대가 다양한 온라인 콘텐츠 주제에 깊숙이 개입할 새로운 기회를 만든다. 다양성, 특이한 주제, 개인화에 대한 Z세대의 갈망은 노동시장에, 그리고 Z세대에게 어필하려는 브랜드들에게 중대한 변화를 몰고 올 것이다.

⊙ 정신적, 신체적 건강

Z세대의 형성에 영향을 미친 요소로는 신기술의 발전 외에도 정신적, 신체적 건강에 관한 관심을 꼽을 수 있다. Z세대 구성원 중 다수가 고민 많은 인생단계인 유년기와 청소년기를 거쳐 성년기로 접어듦에 따라, 정신건강이 그들 사이의 이슈로 떠오르고 있다. 친구, 학우를 비롯한 동년배들이 평소에 얼마나 잘 살고 있는지 뽐내는 사진, 영상, 게시물을 끊임없이 소셜미디어에 올리는 탓에 고민은 더 깊어진다. 우리는 소셜미디어가 Z세대 구성원의 자존감을 낮출 수 있고, 그렇지 않아도 고민 많은 청소년들에게 초조감, 불안감, 스트레스를 안길 수 있다는 점을 여러 연구를 통해 확인했다.

우리가 실시한 조사에서, Z세대의 42퍼센트가[15] 소셜미디어가 자신의 기분에 영향을 미친다고 답했다. 42퍼센트는 소셜미디어가 다른 사람들이 자신을 보는 시각에, 39퍼센트는 소셜미디어가 자신의 자존감에, 37퍼센트는 소셜미디어가 자신의 행복에 영향을 미친다고 답했다. Z세대의 55퍼센트는[16] 남이 자신에 대한 게시물을 인터넷에 올리는 것에 대해 걱정하거나 스트레스를 받은 적이 있다고 답했다. 46퍼센트는 신기술이 자신의 정신건강에 나쁜 영향을 미친다고 답했다.

이러한 발견을 뒷받침하는 외부의 연구결과가 있다. 2019년 〈이상심리학 저널〉에 게재된 논문에 따르면,[17] 청소년들과 20대 초반 젊은이들 중 심각한 심리 질환을 경험한 적이 있는 사람의 비율이 10년 전인 2010년대 말에 비해 50퍼센트 이상 증가했다. 이 논문은 소셜미디어를 비롯한 디지털 미디어의 사용과 악성댓글을 이 연령 집단의 최대 스트레스 원인으로 지목했다.

우리는 Z세대에게 들은 고충을 사람들에게 소개한다. 그들은 소셜미디어 때문에 받는 스트레스를 음식이 맛없다고 욕먹는 삼류 식당 주인의 스트레스에 비유하는데, 익명성의 가면과 키보드 뒤에 숨어 24시간 내내 비열하게 욕하기에 더 견디기 힘들다고 말한다. Z세대가 아주 어릴 적부터 직면해온 인터넷 공간상의 집단적 괴롭힘 사례를 보면 특히 그러하다. 교묘한 (그리고 노골적인) 따돌림의 형태로 특정인을 괴롭히는 모습이 소셜미디어에서는 늘 발견된다. 소셜미디어에 올린 사진 설명에 소개되지 않는 것은 게시물이나 영상에 좋아요 버튼을 누르지 않는 것과 같은 의미를 지닌다. Z세대들은 자신의 소셜미디어 게시물에 좋아요 버튼을 누르는 것,

혹은 댓글을 다는 것에 따라 그 사람이 친구인지 아닌지 판단한다. 이들은 나이가 들면서 계속 소셜미디어와 사람들의 반응으로 인한 스트레스를 받는다. 2019년 Z세대 현황 조사에 따르면,[18] Z세대의 61퍼센트가 인터넷 상의 평판을 잘 관리하는 방법을 학교에서 가르쳐야 한다고 답했다.

Z세대가 겪는 정신건강 문제는 전통적 방법, 이를테면 전문가 통화와 방문 상담 같은 방법으로는 대처하기 어렵다. 일부 기관들은 Z세대의 성향에 부합하는 방법, 예컨대 문자 메시지 등을 통해 도움의 손길을 내민다. 이와 같은 Z세대에 대한 적응은 그들이 나이가 들어감에 따라, 특히 노동시장에 대거 진입함에 따라 사회적 트렌드가 되리라 본다.

Z세대는 착용자의 운동량과 소모 열량을 측정하는 웨어러블 기기(핏빗Fitbit, 애플워치), 운동 분석 앱, 인터넷에 연결된 헬스 장비 등, 헬스용 기기와 장비에 대한 관심도 높다. Z세대는 모든 운동 단계 추적, 소모 열량 계산, 식단 기록, 운동성과 차트 표시를 스마트폰으로 할 수 없었던 시절을 알지 못한다. 이 점은 일부 Z세대에게 긍정적으로 작용한다. 한 청소년은 이렇게 말했다.

"저는 언제나 핏빗을 차고 다녀요. 저는 여기저기 많이 돌아다니는데 저와 형과 엄마 중 누가 가장 많이 걷는지 경쟁하고 싶거든요."

하지만 일부 Z세대에게는 하루에 몇 걸음을 걸었고 몇 칼로리를 소모했는지 측정하는 스마트 기기가 스트레스로 다가온다. 신체상(본인 신체에 대한 느낌 - 옮긴이) 때문에 자신감이 떨어지고, 섭식장애를 겪는 등의 부작용이 나타날 수 있기 때문이다. 그렇기에 포토샵으로 여성의 몸매를 비현실적으로 왜곡해놓은 광고 사진에 Z세대가 거부감을 보이는 것은 놀랍지 않은 현상이다. 이런 Z세대에게 적절하게 대응한 기업으로는 '모든 여성을 위해서'라는 자사 홈페이지 문구처럼 다양한 체형의 여성에게 맞는 속옷을 판매하는 브랜드인 에어리Aerie를 들 수 있다. (에어리는 2014년부터 다양한 인종, 다양한 체형의 일반인 모델을 기용해, 있는 그대로의 자기 모습을 사랑하라는 메시지를 담은 광고 캠페인을 대대적으로 벌여 성공을 거뒀다. - 옮긴이)

⊙ 변화하는 세계

이번 장에서 탐구한 각 트렌드는 향후 수십 년간 펼쳐질 Z세대의 이야기에서 일부분을 이룰 것이다. 각 트렌드는 Z세대의 청소년기나 유소년 시절에 큰 영향을 미쳤다. Z세대는 청소년기나 유소년 시절, 인터넷에 접속하려 전화 모뎀을 쓴 적도 없고, 앨범을 구매하는 대신 노래 한 곡만 다운로드했다. 코로나19로 학교생활과 일상생활이 불편해졌을 때 자신이 어디서 어떻게 지냈는지, Z세대 구성원들은 평생 기억할 것이다.

4장에서는 Z세대의 기술적 경험을 더 자세히 살펴보고, 이러한 경험이 직원, 고객, 트렌드세터로서 Z세대의 기대, 행동 동력, 규범에 어떠한 영향을 미치는지 분석해보겠다.

4장

6.1인치 스크린을 통한 삶

"전 어딜 가든 스마트폰을 가지고 다녀요. 손에 들고 있거나 주머니에 넣고 있죠.
학교 과제도, 소셜미디어 사이트 접속도, 필기도 스마트폰으로 해요.
제 인생의 모든 일에서 스마트폰을 떼려야 뗄 수 없어요."

_ 크리스티나(21세)

템플 대학교 3학년생인 이사벨라(21세)는 월요일 강의 시간 1시간 전인 아침 8시 30분으로 맞춰놓은 아이폰 알람소리에 눈을 뜬다.

알람을 끄고, 숙제가 있는지 확인하고자 구글 클래스룸 앱을 켠다. 지난주에 빼먹은 강의를 녹화한 영상을 교수님이 올린 것을 확인하고, 그 영상을 캠퍼스를 가로지르는 버스 안에서 시청하기로 했다.

스마트폰 홈 화면으로 돌아가 스냅챗 앱을 켜고 고등학교 친구들, 서머캠프 동료들, 고양이 카페 동료 직원들, 보스턴, 새크라멘토, 스톡홀름에 거주하는 사촌들이 보낸 6개의 스냅스트리크를 확인한다. 셀카를 찍고 사진에 고양이 코를 붙여 각 스냅스트리크에 보낸다. 그녀의 스냅챗 점수는 233,617점에 달한다.

그런 다음, 정오에 강의가 끝난다는 점을 상기하고, 단기 아르바이트 중

개 플랫폼, 태스크래빗TaskRabbit을 둘러본다. 이케아 가구를 조립해주는 아르바이트가 작년 여름에 인기 카테고리에 있었다는 점을 기억하고 몇 번 화면을 탭한 다음, 오후 4시에 책상 하나와 보관함들을 조립하면 40달러를 받을 수 있는 일감을 선택한다. 이걸로 금요일에 나가서 놀 돈을 마련할 수 있게 됐다.

금요일에 나가서 놀 생각을 하니, 스모키 화장법을 배워서 눈 화장을 해야겠다는 생각이 든다. 유튜브 검색창에 '스모키 눈 화장'이라는 검색어를 입력해 비디오 4개를 시청하고, 아마존에 접속해 메이크업 아티스트 2명이 추천한 아이펜슬을 주문한다.

이런, 또 아마존으로 주문해버렸다. 이미 월별 쇼핑 예산을 초과했다는 생각에 불안해진다. 뱅킹 앱을 열고 계좌를 확인한다. 아직 잔고가 남아 있음을 확인하고 안도의 한숨을 쉰다. 페이스북 마켓플레이스에서 중고 아이패드를 100달러에 팔았다는 사실을 잊고 있었다. 어젯밤 간편 송금 앱 벤모를 통해 계좌에 100달러가 들어와, 현금흐름 상태는 괜찮아 보인다.

돈 생각을 하니 정말로 올해 여름에 인턴을 할 필요가 있겠다는 생각이 든다. 링크드인LinkedIn 앱을 열어 일자리 검색창에 '그래픽 디자인 인턴'을 입력한다. 수십 개의 검색 결과가 나왔지만, 모두 요구사항이 많고 자신의 포트폴리오가 충분치 못해 걱정된다. 그래서 프리랜서 구직 플랫폼, 파이버Fiverr에 접속해 그래픽 디자인 일자리를 검색한다. 마침 훠턴스쿨 MBA를 받은 이벤트 기획 스타트업 창업자들이 로고를 디자인할 사람을 찾고 있었다. 20달러를 주면 10개의 로고 안을 보내겠다고 제안한다. 보잘것없는 시급을 받겠지만 포트폴리오를 채울 거리는 될 터다. 부디 일이 잘 풀

리길 빌며 제안서를 보낸다. 파이버 앱을 닫기 전에 스마트폰이 울린다.

"딸, 이번 주말 할아버지 생신에 집에 올 수 있는지 알려주렴."

엄마가 보낸 메시지다. 나중에 답장을 보낼 생각이다. 스마트폰 스크린 구석에 떠 있는 시간을 확인한다. 오전 9시 13분이다. 침대에서 일어나 강의실로 갈 시간이다.

⊙ 스마트폰에서 떨어질 수 없는 세대

요새는 너도나도 스마트폰을 끼고 산다. 메이크업 팁을 찾는 사람이나 Z세대가 아니더라도, 이사벨라의 전형적인 월요일 아침 풍경처럼 스마트폰을 쓰는 이가 많다. 스마트폰으로 일정을 확인하고, 앱을 사용하고, 대화 메시지(또는 이메일)에 응답하느라 뇌와 손가락이 바쁘다. 아침에 눈을 뜨면 침대 밖으로 나오기 전에 은행 계좌로 송금하고, 식료품을 주문하고, 운동 리스트를 작성하고, 뉴스를 확인한다.

이것이 현대인들의 일상 풍경이지만, Z세대보다 나이가 많은 사람이라면 이와 다른 일상 풍경을 기억할 것이다. 이력서를 이메일로(또는 팩스로!) 보내고, 종이 수표로 임금을 받고, 빼먹은 숙제가 뭔지 친구들에게 물어보던 시절이 있었다. 하지만 Z세대가 유일하게 아는 일상 풍경은 온갖 일을 앱으로 처리하는 생활이다.

Z세대의 일상적인 스마트폰 의존은 Z세대의 세계관을 형성하고, 직장

에서 소통과 협업에 대한 기대수준에 영향을 미치고, 교육에 대한 시각을 바꾼다. 그것은 Z세대가 브랜드, 서비스 제공자, 잠재적 고용주, 고객 서비스와 상호작용하는 방식을 형성한다.

다른 세대들은 Z세대의 기술적 기대수준을 유별나다고 느낀다. ('Z세대는 참 기대하는 게 많아!') 하지만 그렇게 볼 사안이 아니다. Z세대는 어릴 적부터 늘 경험해오고 알고 있던 바에 입각해, 다른 기대를 할 뿐이다. 이러한 Z세대의 사고방식을 파악하는 것은 Z세대 직원, 고객, 트렌드세터들에 적응하고 그들의 잠재력을 활용하려는, 또는 자녀를 더 잘 이해하려는 리더들에게 필수다.

Z세대는 스마트폰과 함께 아주 많은 시간을 보낸다. 디지털 생활을 영위하는 Z세대를 분석할 때의 주요 고려 사항은 그들이 스마트폰에 쓰는 시간이다. Z세대의 55퍼센트가 하루에 5시간 이상 스마트폰을 사용한다. Z세대 중에서는 물리적으로 한자리에 있지 않은 사람들과 연결된 상태로 여가시간의 대부분을 보내는 사람이 절반이 넘는다. 2019년 Z세대 현황 조사에 따르면,[19] Z세대의 84퍼센트가 1주일에 최소 1회 이상 메신저 앱을 사용하고, 45퍼센트는 메시지를 보낼 때 대부분, 또는 항상 이모티콘을 사용한다. Z세대는 심지어 민감한 대화를 할 때조차 이모티콘, 밈, 움짤, 아바타, 필터, 비디오를 활용하는 것이 친구들에게 글자로 이루어진 문자를 보내는 것보다 편하다고 느낀다. 이는 세대 연구자의 관점에서는 흥미로운 대목이다. 이모티콘은 세대별로 다른 의미를 지니기 (또는 그저 당혹감을 느끼게 하기) 때문이다. 특히 Z세대가 이모티콘으로만 구성된 메시지를 보낼 때 다른 세대는 당혹스러워한다. 이런 메시지를 받은 부모는 각

이모티콘이 무슨 뜻인지 알기 위해 인터넷에 접속해야 한다.

우리의 포커스 그룹 인터뷰 참여자, 대니얼은 가족의 휴대전화 사용 내역을 확인해보고는 깜짝 놀랐다고 토로한다. 4주 동안 대니얼의 아내는 76개, 대니얼은 243개, 16살 아들은 1만184개의 메시지를 보낸 것이다.

"하루에 8시간은 잠을 잔다고 치죠. 아들은 그보다 더 많이 자는 것 같지만, 그냥 대충 8시간이라 칩시다……. 그렇다면 깨어 있는 동안 시간당 22개 이상의 메시지를 보냈다는 이야기입니다. 그것이 어떻게 가능하죠? 제 말은, 그렇게 문자를 보내고 있다간 다른 일은 어떻게 하죠?"

이전 세대들도 새 학년이 시작될 무렵 기대감 속에서 여러 활동을 했지만, Z세대의 경험은 완전히 다르다. 예를 들어, 케이틀린(12세)은 인터넷을 통해 친구들과 연결된 상태로 많은 시간을 보내는데, 이 점이 가장 두드러지게 느껴질 때는 댄스 수업을 받기 위해 가방 속에 스마트폰을 넣을 때다. 1시간짜리 댄스 수업을 마치고 가방에서 스마트폰을 꺼내보면 친구들이 보낸 학교 과제와 학기 시작에 관한 메시지가 700개 이상 도착해 있다!

스마트폰 사용 시간	Z세대의 비율
하루 10시간 이상	26%
하루 5~9시간	29%
하루 1~4시간	35%
하루 1시간 미만	3%
스마트폰 미보유 또는 미사용	7%

출처 | 2018년 Z세대 현황 조사

Z세대 안에서도 디지털 생활에 할애하는 시간을 통해 성별 격차를 발견하게 된다. 우리의 조사에 따르면, 여성의 65퍼센트, 남성의 50퍼센트가 하루에 5시간 이상 스마트폰을 사용한다. 전체적인 스마트폰 사용을 놓고 볼 때, Z세대 여성은 Z세대 남성보다 더 많이 디지털적으로 상호작용한다. Z세대 남성은 여성에 비해 게임에 사용하는 시간이 두드러지게 많다.

또 다른 흥미로운 대목은 자정 이후에 스마트폰을 사용하는 시간이다. 2018년 Z세대 현황 조사에 따르면,[20] Z세대의 44퍼센트가 1주일에 1일 이상 자정 이후에 스마트폰을 사용한다고 답했다. 더 놀라운 점은 29퍼센트가 매일 자정 이후에도 스마트폰을 사용한다고 답했다는 것이다.

우리의 포커스 그룹 인터뷰에 참여한 Z세대 구성원들의 대화를 소개한다.

조던 | 스마트폰을 쓸 때면 시간이 물 흐르듯 지나가버려요. 한 10분 정도 지났나 하고 시계를 보면 30분이 지나 있더라고요.

케이티 | 어떤 때는 1시간이 지나 있어요. '한 5분쯤 지났나' 하고 시계를 보면 2시간이 지났을 때도 있어요.

잭슨 | 최악은 밤에 자려고 누웠고 몸이 피곤한 상태인데도 스마트폰으로 계속 대화할 때도 있다는 점이에요.

케이티 | 어젯밤에는 '11시 30분에 자야지' 하고 생각했지만 실제로는 스마트폰을 사용하느라 12시 30분까지 깨어 있었어요. 그때 딱히 스마트폰으로 해야 할 일도 없었는데, 그저 시간을 낭비하고 있었던 거죠.

Z세대는 늘 인터넷에 연결된 상태다. Z세대 대다수는 스마트폰에서 떨

어지는 경우가 거의 없고, 상당수는 무슨 메시지가 왔나 확인하기 위해 수십 분마다 스마트폰을 들여다본다.

이 같은 지속적 연결의 장기적 효과를 알려면 수십 년을 더 연구해야겠지만, Z세대의 세계가 이전의 어느 세대보다 더 연결되어 있다는 점은 이미 명확하다. 호주에 거주하는 메이크업 인플루언서가 낮에 페이스북이나 유튜브에서 새로운 메이크업 팁을 알려주는 라이브스트리밍 방송을 한다고 하면, 미국 청소년은 이 방송을 실시간으로 시청하고자 밤에 자지 않고 기다릴 것이다. 미국 청소년이 온라인에서 만나 함께 게임하는 사람들은 한국이나 아부다비에 거주 중일 수 있다.

이처럼 언제 어디서나 모바일 기기로 인터넷에 접속 가능한 현실은 여러 가지 질문을 낳는다. 예컨대, 막대한 스마트 기기 사용이 Z세대의 수면, 정신건강, 학습, 노동, 대인관계 등에 어떠한 영향을 미칠까? 우리는 Z세대를 계속 연구하면서 이런 질문들의 답을 탐구하고자 한다. 그 전에도, Z세대와 소통하여 Z세대에게 영향을 미치려는 비즈니스 리더들은 Z세대의 스마트폰 의존 성향을 최우선으로 고려해야 한다. Z세대를 채용하거나 고객으로 끌어들이려는 기업은 스마트폰으로 쉽고 빠르게 찾아 흥미를 느낄 수 있도록 기업 홈페이지와 광고를 신경 써서 제작해야 한다. 그렇지 않으면 Z세대의 관심을 받지 못할 것이다.

⦿ 소셜미디어가 Z세대의 미디어다

"정말 슬프게도 우리 세대에선 너무 흔한 일이에요. 자기 게시물에 얼마나 많은 사람들이 '좋아요'를 눌렀는지 확인하는 데 많은 시간을 보내죠. 내가 올린 글이 좋은 평가를 받으면 뇌에서 도파민이 나와 행복한 기분이 들기 때문이에요. 저는 되도록 무관심하려고 노력해요. 왜냐하면 '좋아요'는 신체적 매력과도 관련이 있기 때문이에요. 예를 들어, 내가 키우는 개 사진을 올리면 '좋아요'를 받지 못하지만, 상의 탈의한 사진을 올리면 '좋아요'를 140개쯤 받을 테죠. 그래서 저는 그런 데 연연하지 않으려고 노력해요."

_ **20세 남성**

Z세대는 스마트폰에 늘 의존하기에, 그들이 어떤 앱을 어떻게 사용하고 있는지를 살펴보면 정보와 소통에 대한 그들의 기대를 상당 부분 이해할 수 있다. Z세대가 많이 사용하는 소셜미디어 앱들은 Z세대를 파악하려는 리더들에게 있어 방대하고 기록 가능한 통찰 도구다.

Z세대는 친구, 가족, 뉴스, 세계적 사건, 엔터테인먼트와 연결되는 수단으로 소셜미디어를 늘 사용해온 세대다. 소셜미디어는 그들을 세계인들과 연결하는 디지털 접착제와 같다. 그리고 그들이 손에 든 스마트폰의 작은 스크린에서 이 모든 일이 일어난다.

소셜미디어 덕분에 Z세대는 스냅챗에서 500명의 친구들과 알고 지낼 수 있게 됐지만, 여기에는 부작용도 있다. 앞서 언급한 대로, 소셜미디어는 Z세대의 자존감과 신체상에 부정적인 영향을 미친다. 2016년 Z세대 현황 조사에서,[21] Z세대의 42퍼센트가 소셜미디어가 타인의 인식에 강한 영향을 미친다고 생각한다고 답했다. Z세대의 42퍼센트는 소셜미디어가 본인의 자기인식에 강한 영향을 미친다고 답했다. 10명 중 4명 정도가 소셜미디어가 자존감에 큰 영향을 미친다고 답했다.

소셜미디어의 잠재적 악영향과 부작용에도 불구하고, Z세대는 소셜미디어에 크게 의존한다. 소셜미디어 플랫폼은 즉각적 피드백에 대한 기대를 높이고(인스타그램에 스토리가 얼마나 반응을 얻었는지 확인), 사회적 규범에 대한 노출을 늘림으로써(본인의 헤어스타일, 패션, 타투, 여행 사진을 사람들이 좋아하는지 싫어하는지 확인), Z세대의 심리와 행동에 큰 영향을 미친다. Z세대는 소셜미디어에 올릴 사진 1장을 고르기 위해 여러 장의 사진을 찍고(인스타그램에 올릴 사진 1장을 얻으려고 사진을 50장 이상 찍는 경우도 있다), 사진 필터 앱으로 편집하고, 플랫폼을 선택하고, 메시지를 보낼 친구들을 설정하고, 완벽한 타이밍을 선택해 사진을 올린다. Z세대는 자신이 언론(미디어)에 나오는 것처럼 행동하고, 실제로도 소셜미디어라는 미디어 속에 있다.

Z세대에게 '황금시간대'는 TV 시청과 관련 있는 단어가 아니라, 인스타그램이나 틱톡에 새 게시물을 올릴 때 좋아요와 댓글을 많이 받기 좋은 시간대를 가리키는 단어다. 한 Z세대 구성원은 이렇게 설명한다.

"제 친구는 이틀 전에 사진을 올렸는데 대다수 사람이 접속해 있는 황금시간대가 아니었기에 사진을 곧 삭제했어요. 2시간이 지나고서 좋아요를 받기 유리한 시간대가 됐다고 생각해서 사진을 다시 올렸죠."

2018년 Z세대 현황 조사에 따르면,[22] 남성보다는 여성이 소셜미디어를 특히 더 민감하게 인식한다. Z세대 여성은 남성보다 소셜미디어를 더 중시하고 소셜미디어에서 더 활발하게 활동한다. 소셜미디어는 그들의 쇼핑 장소, 쇼핑 시간, 쇼핑 동행자, 쇼핑 품목에 영향을 미친다. 그들은 각 결정 단계마다 그 정보를 소셜미디어로 공유한다.

⊙ 용도별로 다른 플랫폼 선택

조사에 따르면,[23] Z세대는 친구에게 학교에 관해 질문할 때, 파티에 초대할 때, 돈에 관련된 일을 협상할 때 등 상황별로 다른 소통 플랫폼과 기술을 사용한다. Z세대는 스마트폰을 통해 가능하면 고도로 시각적인 방식으로, 핵심만 빨리 소통하길 기대한다.

상황별 선호 앱	
페이스북	• 단체행사를 확인할 때 • 단체행사 일정을 정할 때 • 뉴스를 볼 때 • 새로운 장소에 도착했음을 알릴 때 • 잠재적 고용주에 관한 정보를 찾을 때
스냅챗	• 본인 영상을 올리거나 보낼 때 • 셀카 사진을 올리거나 보낼 때 • 흥미로운 일을 하는 본인 모습을 담은 영상을 올리거나 보낼 때

인스타그램	• 좋아하는 브랜드를 팔로우할 때 • 가짜 소셜미디어 계정을 만들 때
휴대전화 문자	• 친구와 만날 시간을 정할 때
페이스타임	• 친구와 화상채팅을 할 때
평점/리뷰 앱	• 구매할 제품에 관한 평가를 찾을 때

Z세대를 상대하려는 비즈니스 리더들은 여러 소셜미디어 중에서도 특히 Z세대에게 큰 영향을 미치는 몇 개의 플랫폼을 알아둘 필요가 있다. 그 플랫폼은 다음과 같다.

⊙ 스냅챗

Z세대는 스냅챗에 열광한다. 누가 스냅챗을 얼마나 많이 사용하는지 알려면 그의 스냅챗 점수를 보면 된다. 스냅챗 점수는 일반적으로 스냅챗 플랫폼에서 스냅을 보내고 받은 횟수에 따라 정해진다.

CGK 연구원 | 스냅챗 점수가 얼마나 되나요?
Z세대 구성원1 | 아주 높죠.
CGK 연구원 | 한 7만 점이요?
Z세대 구성원1 | 아뇨, 20만 점은 넘을 거예요.
CGK 연구원 | 20만 점이요?

Z세대 구성원1 | 정확히는 28만3천 점이에요.

Z세대 구성원2 | 저는 30만1천 점이에요.

CGK 연구원 | 여러분은 몇 점인가요?

Z세대 구성원3 | 19만 점이에요.

Z세대 구성원4 | 38만8천 점이요.

Z세대 구성원5 | 59만4천 점.

Z세대 구성원6 | 전 고작 14만7천 점이에요.

59만4천 점을 기록한 사용자가 있을 정도로, 스냅챗은 특히 미국의 Z세대 구성원들이 믿고 많이 쓰는 플랫폼이다(다른 나라의 Z세대 구성원들이 많이 쓰고 신뢰하는 플랫폼으로는 와츠앱WhatsApp, 위챗WeChat, 웨이보 등이 있다). 스냅챗이 그토록 Z세대에게 애용되는 이유는 뭘까? 스냅챗이 유년기에 때마침 등장한 적절한 플랫폼이라는 이유를 비롯해, 여러 가지 이유가 있지만, 행동의 동기 측면에서 이유를 찾자면, 스냅챗 게시물은 더 현장에서 '즉각' 찍어서 바로 올린 사진과 이야기처럼 보인다는 점이 있다.

우리의 포커스 그룹 인터뷰 참여자 한 명은 이렇게 설명한다.

"스냅챗은 더 격식을 차리지 않은 느낌이에요. 저는 친구들에게 제 얼굴만 찍어서 보내고, 친구들도 그런 사진을 보내죠. 따로 글을 보내지 않고 사진만 보내도 대화한 것 같은 기분이 들어요. 문자를 보내려면 말할 거리를 생각하고 작성하는 데 시간을 들여야 하는데, 스냅챗으로 사진만 보내면 훨씬 부담이 없죠."

스냅챗에는 인스타그램처럼 완벽한 사진을 올릴 필요가 없다. 스냅챗에 올리는 사진인 '스냅'들은 장난스럽고 더 현실적으로 보인다. 스냅챗의 사진 필터, 아바타 기능 덕분에 Z세대는 스마트폰 화면을 몇 번 탭하거나 스와이프하는 것만으로 시간을 별로 들이지 않고도 유니크한 사진을 만들 수 있다.

유니크하고 개성 넘치는 사진을 빨리 만들 수 있는 스냅챗의 특성은 Z세대의 성향, Z세대의 고도로 시각적인 세대적 규범에 부합한다. 보통 홍보할 때 쓸 사진을 만들 때는 정돈되고 완벽한 모습으로 보이고자 공들여 여러 번 편집해야 한다. 하지만 스냅챗을 사용할 때만큼은 사진과 메시지를 완벽하게 편집할 필요가 없다. 이 점이 Z세대에게는 큰 매력이다. 또 다른 포커스 그룹 인터뷰 참여자가 설명한다.

"스냅챗은 훨씬 더 격식이 없어요. 아빠가 군인이라 자주 이사를 다녀서 미국 전역에 제 친구들이 있어요. 우리는 스냅챗의 '스트리크streak(스냅챗에서 대화를 유지한 기간을 보여주는 기능-옮긴이)'를 통해 연락을 유지해요. 나는 친구들의 이름 앞에 이모티콘을 붙이고 매일 아침 아무 사진이나 찍어요. 침대 시트 같은 사소한 일상 사진을 찍고, '안녕, 스트리크'라고 말하며 사진을 슬라이드하고, 수백 명의 친구들에게 사진을 보내요. 매일 아침마다 그러죠."

스냅챗에서는 가장 친한(또는 본인이 선택한) 친구 수백 명에게 사진을 보내고, 24시간 안에 친구가 답장으로 보낸 사진을 볼 수 있다. Z세대 중에는 100일 이상 연속으로 스냅스트리크를 유지하는 이가 많다. 답장으로 사진을 빨리 보내지 않는 이에게 기분이 상해 친구 목록에서 지워버리는 사람들도 있다. 따라서 어디에 있든 간에 빨리 답장을 보내야 한다는 사회적 압박을 받게 된다. 한 엄마가 요새 청소년들이 스냅스트리크 유지를 얼마나 중시하는지 설명했다.

“올해 봄방학 때, 텍사스주에 있는 빅벤드 국립공원에 가족여행을 가기로 계획했어요. 저는 13살 된 아들 이즈라에게 산에서는 와이파이를 사용할 수 없고 달빛과 별빛만 보게 될 것이라고 말했죠. 그러자 아들이 눈을 동그랗게 뜨며 말하더군요. ‘엄마, 안 돼요. 산에 가면 내 스트리크를 모두 잃게 될 거예요!’ 저는 스냅챗 때문에 가족여행을 취소할 수 없었기에 머뭇거렸죠. 그러자 아들이 말하더군요. ‘알았어요, 엄마. 그리핀(아들의 절친)에게 제 스냅챗 계정 비밀번호를 알려주고 스트리크를 유지해달라고 부탁할게요.’”

스냅챗은 자신이 선택한 친구들에게만 사진을 보낸다. (수신자가 사진을 열어보고 10초 내에 수신자의 기기와 스냅챗 서버에서 사진이 자동 삭제된다. - 옮긴이) 그렇기에 인스타그램에 사진을 올릴 때처럼 모든 사람에게 사진이 공개된다는 두려움과 불편함, 리스크가 없다.

스냅챗은 페이스북이 대중화된 이후, 새롭게 인기를 끌고 있는, 즉 요새 Z세대 사이에서 유행하는 소셜미디어 플랫폼이다. 다시 말해, 부모들은 페이스북을 사용하고, Z세대 아이들은 스냅챗을 사용한다. 부모에게 사생활이 노출되는 것을 꺼리고, 친구들에게 마음 놓고 솔직하게 이야기할 통로를 원하는 청소년과 어린이들이 페이스북 대신 스냅챗을 선택하는 이유다. 결국 나중에는 다른 세대(특히 밀레니얼 세대)들도 스냅챗을 쓰게 될 가능성이 크지만, 현재로서는 (특히 미국에서는) Z세대와 아직 나이가 어린 밀레니얼 세대를 위한 회합 장소이자 플랫폼으로 자리매김하고 있다.

⊙ 인스타그램

스냅챗이 보다 친밀하고 '가식 없는' 사진들이 즉흥적으로 오가는 소셜미디어인 반면, 인스타그램은 Z세대가 세상에 보여주고 싶은 본인의 생활방식, 경험, 정체성, 가치, 개인브랜드를 표현하는 편집된 사진들을 모아놓은 소셜미디어다. Z세대들은 이렇게 말한다.

"인스타그램에 올리는 사진들은 세상에 보여주고 싶은 내 모습이고, 스냅챗으로 보내는 사진들은 내가 진짜로 사는 모습이죠."

두 플랫폼의 차이점은 게시물 작성 단계에서부터 드러난다. 우리가 인터뷰한 Z세대들은 스냅챗에서 스냅을 보내기 전에 사진을 서너 장만 찍는다고 말했다. 하지만 인스타그램에 사진을 올릴 때는, 먼저 40에서 50장의 사진을 찍고 그중에 마음에 드는 사진 1장을 골라 다양한 편집 도구로 편집한 다음에 올린다.

인스타그램은 소셜미디어 인플루언서라는 현상을 낳은 플랫폼이기도 하다. 인스타그램에 게시물 하나를 올린 것만으로 막대한 돈을 벌었다는 유명인들의 이야기가 퍼짐에 따라(카일리 제너는 게시물 1개당 100만 달러에 달하는 소득을 올리는 것으로 추산된다), 인스타그램에 사진을 올리면 돈을 벌 수 있으리라는 Z세대들의 기대치가 높아졌다. 팔로워 수가 적은 나노 인플루언서조차 게시물 하나를 올리는 것만으로 돈, 선물, 라이브 행사 초대권을 얻을 수 있다.

이러한 '인플루언서'들은 브랜드, 제품, 서비스, 고객제안에 대한 Z세대의 취향 형성에 중요한 역할을 수행하기에, 기성 브랜드와 신흥 브랜드의 마케팅 채널로 주목받는다. 소셜미디어 인플루언서를 통한 홍보는 또 다른 유명인 마케팅인 셈이다. TV방송, 지면광고, 단방향 광고 채널을 통한 전통적 유명인 마케팅의 경우와 달리, 소셜미디어 인플루인시가 홍보 게시물을 올릴 때는 팔로워가 댓글을 달고 (가끔은 인플루언서에게 답변을 받고) 다른 팔로워들과 의견을 교환할 수 있다. 게시물에 달리는 댓글과 대댓글이 늘어남에 따라 더 많은 사람들의 관심과 참여를 이끌어내게 된다. 이러한 양상은 전통적 광고에서는 가능하지 않지만, 인스타그램에서는 너무도 일상적인 풍경이다. 그렇기에 브랜드들은 많은 팔로워를 확보한 인플루언서들을 탐낸다. 인플루언서들은 관심, 흥미, 더 중요하게는 게시물이 올라가고 한참 뒤까지도 직접적 매출과 고객들 간의 지속적인 대화를 이끌어낼 수 있다.

⊙ 페이스북

"페이스북은 밀레니얼 세대처럼 나이 든 사람들이 쓰는 앱이죠." _ Z세대

"저도 부모님 때문에 페이스북 계정을 만들었어요. 부모님이 페이스북에 사진을 올리시거든요. 얼마 전 할머니가 유럽 여행 중에 '내가 올린 사진에 좋아요 좀 누르거라' 하고 전화하셔서 할 수 없이 페이스북에 접속해 좋아요 버튼을 눌렀어요."

_ Z세대

Z세대가 사용하는 앱 목록에서 페이스북은 어디에 위치해 있는가? 이는 뜨거운 논쟁을 부르는 주제다. 밀레니얼 세대에 속하는 나(제이슨 도시)는 Z세대가 페이스북에 관해 이와 같이 언급하는 것을 처음 들었을 때 충격을 받았다. 나는 젊은이들이 페이스북을 정보, 사진, 영상, 이야기, 인생의 주요 행사를 공유하고 연결하는 플랫폼으로 여기던 시기에 성장했다. 지금도 페이스북은 아기 사진, 동창회, 일상 사진을 공유하는 허브로 보인다. 하지만 Z세대에게 페이스북은 '나 같은 아저씨가 쓰는 오래된' 플랫폼이다.

페이스북은 트위터와 더불어, Z세대가 사용하는 소셜미디어 목록에 들어 있지만, 중요도, 신뢰도, 영향력 면에서 다른 소셜미디어 플랫폼에 비해 낮게 평가받는다. Z세대의 부모와 조부모들이 자주 쓰는 플랫폼이라는 점 때문에 Z세대는 페이스북을 더 낡은 플랫폼으로 느낀다. 설상가상으로, 자신이 올린 페이스북 게시물에 부모와 조부모가 댓글을 달아 남들에게 사적인 부분을 노출시킨다고 불평하는 Z세대가 많다. 사실, 2019년 Z세대 현황 조사에 따르면,[24] Z세대의 41퍼센트가 부모나 나이 든 친척들이 페이스북을 사용하고 있기에 자신은 페이스북을 사용하지 않는다고 답했다. 이는 앞으로 페이스북이 진화하고 고객제안과 사용자 경험을 다시 설계함에 따라 바뀔 수도 있는 대목이지만, Z세대가 지금 선호하는 소셜미디어 플랫폼을 갑자기 떠나 나이 든 세대가 애용하는 플랫폼으로 갈아탈 가능성은 상당히 낮다. 페이스북은 이러한 문제에 대처하기 위해 인스타그램을 인수했지만, 이전 세대들보다 많은 (또는 이전 세대에게는 없었던) 소셜미디어 선택권이 있는 시기에 성장한 Z세대를 페이스북이 끌어안을 수 있을지는 더 지켜봐야 할 것이다.

우리는 인터뷰를 통해, Z세대가 지역 행사 소식을 파악하고 동년배들의 모임을 위한 도구로 페이스북을 사용한다는 사실을 알게 됐다. 20대 초반 Z세대 청년들은 자신들의 동아리 활동과 행사를 기록해놓는 페이스북 페이지를 만들었다고 언급했다. 한 Z세대는 이에 대해 이렇게 말했다.

"페이스북은 대학에서 훨씬 더 일반적으로 쓰입니다. 저는 고등학교를 다닐 때는 페이스북을 한 번도 써보지 않았는데, 대학 입학 후에는 사용하게 됐어요. 예를 들어, 스피릿 그룹은 직원 채용을 위한 페이스북 페이지를 운영하고 있고, 2021년도에 대학을 졸업하는 학생들이 모이는 페이스북 페이지도 있어요. 저는 그곳에서 룸메이트들을 구했죠."

⊙ 트위터

20대 Z세대 구성원들은 최신 뉴스를 접하기 위해 트위터에 의존한다. 특히 정치적 활동에 참여하거나 사회적 이슈에 관심이 많은 20대들은 자신의 활동을 뉴스거리로 만들기 위해, 정보의 허브로 삼기 위해, 특정 이슈에 참여하기 위해 트위터를 사용한다. 그들은 트위터를 사건이 일어나는 동안 현장에 있는 사람들이 실시간으로 정보를 전해주는 소셜미디어로 보기에, 트위터로 전통적 뉴스 미디어를 우회할 수 있다. 최소한 그들은 그렇게 인식한다. 우리의 조사에 응한 Z세대는 트위터에 올라오는 뉴스를 이렇게 평가했다.

"내가 트위터를 좋아하는 이유는 그거예요. 언론이 사건 발생을 인식하기 전에, 사건 진행 상황을 현장에서 실시간으로 보여주는 영상을 올리는 사람들이 세계 곳곳에 있다는 거죠. 트위터를 쓰면 정보가 너무도 빠르게 퍼지죠. 언론이 보도하기 전에 사람들이 트위터를 보고 사건을 알 수 있으니 좋아요."

Z세대는 트위터 글들을 정치적 스탠스 또는 광고주들의 성향에 따라 편향 보도하는 거대 언론의 필터를 거치지 않은 정보라고 느낀다. 그렇다고 Z세대가 트위터에 올라오는 모든 정보가 정확하다고 믿는다는 뜻은 아니다. 그들은 트위터 게시물 작성자가 잘못 알고 올리거나, 고의로 잘못된 정보를 올릴 수도 있음을 이해한다. 그렇지만 그들은 전반적으로 트위터 글들이 전통적 언론보다 현장의 시각에 가까운 생생한 소식을 여과 없이 전해준다고 믿는다. 그들은 특히 트위터에 올라오는 영상을 신뢰하는데, 이는 정치인 등 특정인이 특정 내용을 말한 것처럼 영상을 조작하는 딥페이크deepfake 기술의 발전과 맞물려, 흥미로운 결과로 이어질 수 있다. 딥페이크 영상들을 조금만 검색해도 리더들이 보고 알아야 할 예들이 발견된다. 이는 Z세대가 앞으로 극복해야 할 문제가 될 것이다.

Z세대는 트위터를 사회운동의 플랫폼으로도 인식한다. 그들은 브랜드와 기업들이 사회적 대의에 부합하는 방향으로 정책을 바꾸도록 촉구하는 플랫폼으로서 트위터를 활용해왔다. 그들은 밀레니얼 세대와 X세대의 #여성행진, #미투, #흑인의생명도소중하다, #사랑이승리한다 같은 해시태그 열풍에 동참해 거대한 사회적·정치적 운동을 일으켰다. Z세대의 생

각을 알고 싶은 리더라면 트위터에 유행 중인 해시태그를 붙인 글을 올리면 된다. 그러면 Z세대의 답글이 달릴 것이고, 만약 그것이 감정을 자극하는 답글이라면, 여러 답글과 멘션이 이어질 것이다.

⊙ 인스턴트 메시지, 문자 메시지, 영상 메시지, 화상채팅

Z세대와 다른 세대의 소통방식의 가장 큰 차이 중 하나는 Z세대는 어릴 적부터 언제나 인스턴트 메시지를 주고받을 수 있었다는 점이다. 그리고 Z세대는 거의 전적으로 스마트폰을 통해 인스턴트 메시지를 주고받는다. 이 점은 그들의 소통 표준과 선호도를 바꿔놓았다. 그들은 보통 스마트폰으로 통화하거나 이메일을 쓰는 대신 (표준적인 인스턴트 메신저부터 와츠앱, 페이스북 메신저까지 갖가지 메신저로) 인스턴트 메시지, 문자 메시지, 영상 메시지를 보내고, (메시지를 더 즉각 주고받을 수 있는) 화상채팅을 한다.

그렇기에 Z세대는 팀 협업부터 고객 서비스, 자동차 구매, 여행까지 다양한 부분에서 즉각적이고 개인화된 소통을 기대한다. Z세대와 소통하고 그들에게 영향을 미치고 싶은 관리자, 중역, 마케팅 담당자, 판매 직원들, 그리고 부모들이라면 이러한 소통 현실에 적응해야 한다. Z세대는 호텔에서 전화기를 들거나 프론트 데스크로 가지 않아도 서비스를 받을 수 있는 시대를 살게 될 것이다. 호텔 측에 문자를 보내기만 하면 룸서비스가 도착할 테니까! (만약 호텔에 숙박한다면 말이다. Z세대는 에어비앤비를 통해

방을 빌려줄 호스트를 찾고, 문자 메시지나 와츠앱을 통해 호스트와 소통할 가능성이 높다.)

인스턴트 메신저의 선두주자로는 (특히 미국 밖에서 인기가 있고, 페이스북이 소유한) 와츠앱, 페이스북 메신저, 위챗, 그리고 그룹 화상채팅이 가능한 하우스파티Houseparty가 있다. 하우스파티는 Z세대의 일상적인 소통방식을 보여주는 예고, 직장 내 소통에 대한 Z세대의 기대에 영향을 미칠 앱으로 살펴볼 만하다. 하우스파티 앱을 사용하면 최대 8명까지 스마트폰 화상채팅이 가능하다. 마치 집에서 파티를 열 때처럼 서로 얼굴을 보면서 대화할 수 있는 것이다. 하우스파티 앱의 장기적 성공 여부와 무관하게, 화상채팅은 Z세대에게 표준적 소통방식으로 자리매김할 것이다. 이러한 소통은 이미 소셜미디어와 메신저뿐 아니라 협업 플랫폼(슬랙Slack, 마이크로소프트 팀즈Microsoft Teams)을 통해 직장에서도 일어나고 있다. Z세대가 전통적 직장에 취직함에 따라 디지털 협업 공간의 중요성은 계속 커질 듯 보인다. 그들은 소셜미디어스러운 슬랙 등의 협업 플랫폼에서 인스턴트 메시지를 주고받을 뿐 아니라, 화상채팅 앱을 통해 세계 곳곳의 팀원, 프로젝트 관계자와 실시간으로 협업하길 원할 것이다.

⊙ 스마트폰의 범용성

Z세대의 스마트폰 의존은 Z세대 어린이들이 성인이 됨에 따라 더 심화될

것이다. 청소년과 모든 연령대의 성인들이 (낯선 사람에게 배달받은) 스마트폰을 통해 낯선 사람들과 대화하고, 구직하고, 음식을 주문하고 있지만, 스마트폰은 초등학교 어린이들의 생활에도 점점 더 깊이 자리 잡고 있다. 어린이들은 스마트폰으로 학습부터 놀이까지 모든 활동을 한다.

지지는 13세 8학년 여학생으로, 기성세대와 무척 다른 방식으로 교육을 받고 있다. 지지는 구글이 만든 가상교실에서 학습하고 숙제를 제출한다. 지지의 책가방에는 연필이 들어 있지만, 주요 학습 도구는 아이폰, 인터넷, 유튜브, 구글 클래스룸이다. 선생님이 지지에게 숙제를 제출해야 한다고 알려줄 때 쓰는 스냅챗도 있다.

물론 지지는 여전히 종소리가 울리는 중학교 건물로 등교해, 여러 교실을 옮겨 다니며 수업을 듣는다. 지지의 디지털 학습 경험은 (구글 문서도구, 구글 슬라이드, 온라인 학생 커뮤니티를 포함하는) 구글 클래스룸 같은 신기술 도구 덕분에 가능해진 거대한 교육 변화의 시작일 뿐이다. 학교들은 그 외의 온라인 교실 관리 시스템도 사용하고 있지만 구글 클래스룸이 교육 경험 변화를 선도하고 있는 최첨단 기술로 평가받고 있다. 지지는 이렇게 설명한다.

"구글 클래스룸은 온라인 사이트예요. 여기 애리조나주 학교들은 구글 클래스룸과 연결되어 있어요. 구글 클래스룸에서는 모든 수업 목록을 볼 수 있고, 클릭하면 '너의 숙제는 뭐다'라고 나와요. 그러면 저는 구글 문서도구를 이용해 뭔가를 적고 제출하죠. 저는 보통 스마트폰으로 숙제를 확인하고 제출해요."

예를 들어, 지지가 구글 클래스룸에서 수학 수업을 클릭하면 모든 수업 영상을 집에 있을 때나 버스에 있을 때나 어디에서든 스마트폰으로 볼 수 있다. 영상 속에서 선생님이 각 문제를 설명하고 새로운 문제를 제시하면 지지가 스마트폰에서 답을 작성해서 제출한다. 학교에 가면 수학 선생님이 지지가 문제를 풀다가 막힌 부분을 도와주지만, 대부분의 교육과 연습은 학교라는 물리적 공간 밖에서 이뤄진다.

지지가 다니는 학교에서는 와이파이를 제한적으로 사용할 수 있지만(예를 들자면 소셜미디어 접속 차단 등), 지지는 집에서 인터넷을 마음껏 쓸 수 없어서 학교 와이파이를 써야 하는 일부 학생들에게 미안함을 느끼기 때문에 학교 와이파이를 쓰지 않는다. "학교 와이파이를 사용하면 인터넷 속도가 정말로 느려져요"라고 지지는 말한다.

지지는 학교 선생님이 제작한 영상 외에도 유튜브에 올라온 영상들을 보고 학습한다. 그녀는 자칭 '유튜브 광팬'이다. 주말에 지지는 부모님이 스마트폰 사용 시간을 얼마나 제한하느냐에 따라 하루 50개 이상의 영상을 본다. 지지는 긴장을 풀려고 시청하는 영상을 '매우 까다롭게' 선택한다고 말한다. 그런 그녀가 가장 좋아하는 영상은 게임이론과 영화이론에 관한 영상이다.

"기본적으로, 게임과 영화를 과도하게 분석하는 사람들이 만든 영상이죠. 아주 굉장해요. 이름 그대로, 게임과 게임 엔딩, 영화와 영화 엔딩에 관한 이론을 설명하는 영상이에요."

지지는 휴대전화와 신기술 도구가 어린이들에게 해롭다는 어른들의 생각에 비판적이지만, 어른들의 걱정은 이해한다고 말한다.

"어른들은 우리가 늘 스마트폰을 사용한다고 말하죠. 하지만 학교는 우리가 실제로 살면서 쓰게 될 정보, 사람들이 현실에서 실제로 하는 일을 말해주지 않아요. 그래서 우리는 실제로 살면서 쓰게 될 정보를 스마트폰으로 모아요. 그 사실을 어른들은 알지 못해요. 비록 평소에는 넋 놓고 빈둥거리며 스마트폰을 사용하지만요."

전향적인 리더들은 Z세대의 스마트폰 사용을 비판하기보다는 Z세대의 모바일 기기 선호 성향을 어떻게 이용할지 고민한다. 운전 교육을 제공하는 온라인 플랫폼 겸 스마트폰 앱, 에이서블Aceable의 창업자이자 CEO인 블레이크 개럿[25]은 사람들이 인생을 바꾸도록 돕는 교육 도구로서 스마트폰의 미래를 개척하고 싶다고 말한다.

"제가 스스로 던진 질문은 이거였어요. 누가 스마트폰으로 공부하길 원할까?"

그가 찾은 답은 청소년이었다. 그는 더 깊이 궁리했다. '청소년들이 유치원부터 고등학교까지 교육과정에서 배우지 않았고, 살면서 배워야 하지만 지금까지 흥미로운 방식으로 배울 수 없었던 것은 무엇일까?'

그 답은 운전 교육이었다.

"청소년들이 콘텐츠를 소비하는 스마트폰에서 흥미로운 학습 경험을 가능케 하면, 그들이 이후 다른 교육을 받아야 하는 시기에도 그들을 계속 도울 수 있으리라 생각했어요."

블레이크 개럿과 직원들은 청소년들의 학습 경험에 중점을 두어 에이서블을 개발하고 업데이트하는 데 많은 시간을 투자한다. 그들은 에이서블의 교육 접근 방식이 청소년들에게 적합한지 파악하고자 고등학생과 대학생 인턴들을 채용한다.

"청소년들의 마음은 35세 아저씨인 저보다는 고등학생과 대학생들이 더 잘 아니까요."

교사 역할을 하는 로봇 아바타, 에이스부터 수업을 재미있고 경쟁력 있게 하는 게임화 요소들까지 에이서블의 모든 세부사항은 청소년들이 테스트한다.

블레이크 개럿은 2013년에 에이서블을 만든 이래, 새로운 기술을 배우고 자기 것으로 만들려는 Z세대의 열의에 감명 받았다고 말한다. 에이서블의 Z세대 고객 중 절반 이상이 본인 이름으로 수강비를 결제했다. 그리고 에이서블 사용 중 생기는 문제들에 대한 고객 지원을 받고자 회사에 전화하는 사람의 절반 이상은 (부모가 대신 전화하는 것이 아닌) Z세대 청소년들이다. 그가 가장 기억에 남는다고 소개한 고객은 해나라는 청소년이었다.

"해나는 에이서블에 낸 수강비를 환불해줄 수 없는지 고객 지원팀에게 문의했습니다. 에이서블에서 강의를 시청할 때 사용하던 아이패드가 고장났고, 새 아이패드를 구할 수 없었기 때문이었죠. 그때는 신규가입 고객이 하루에 5명 정도에 불과하던 2014년이었습니다. 100달러를 환불해주고 고객을 잃는 것은 우리에게 달갑지 않았죠. 저는 해나에게 아이패드를 보내주겠다고 답장을 보냈습니다. 우리 사무실에 거의 쓰지 않은 아이패드가 한 대 있었기에 시험해보기로 했습니다. 지금은 우리 직원 수가 225명이지만, 당시에는 7명뿐이었어요. 그래서 모든 직원이 한 테이블에 앉아서 회의할 수 있었죠. 우리는 아이패드를 받은 해나가 아이패드를 반송할지 그대로 사용할지, 투표를 해봤어요. 결과는 반반으로 나왔습니다. 해나가 아이패드를 반송할 것이라 예상한 직원들은 세상을 희망적으로 보는 편이었고, 반송하지 않으리라 예상한 직원들은 그렇지 않았죠."

결과는 어땠을까?

"해나는 자신을 가치가 있는 어른으로 신뢰해준 점에 감사한다는 손 편지와 함께 아이패드를 돌려보냈습니다. 해나는 우리가 보낸 아이패드를 (아이패드 케이스가 파란색이었기에) 아이패드 블루라고 불렀고, 에이서블에 늘 고마움을 느낄 것이라고 말했습니다. 우리 사무실에는 아직도 그 아이패드가 남아 있습니다."

Z세대가 애용하는 스마트폰에서 사용 가능한 교육 플랫폼을 개발했고, Z세대가 그러한 플랫폼에서 진지하게 공부할 것이라고 믿은 기성세대가 감동 받은 일화다.

Z세대에게 적합한 '교육'이란 무엇일까. 그것은 여전히 논쟁거리다. Z세대는 점점 더 자기주도적 학습을 통해 세상의 지식(또는 최소한 구글, 유튜브 등으로 검색 가능한 지식)에 접근 가능해지고 있다. Z세대에게 확실한 것은 하나다. 학습이 스마트폰에 통합되고 있다는 사실이다. 그리고 사실 이는 다른 모든 것이 마찬가지다.

Z세대 어린이와 청소년들이 성장함에 따라, 작은 스마트폰 화면에서 모든 소통이 가능하길 기대할 것이다. 그들은 다른 삶의 방식을 알지 못하는 세대다.

5장

돈, 저축, 지출

“스마트폰으로 결제하는 게 당연하죠.
저는 지갑에 신용카드를 넣고 다니는 게 구닥다리로 느껴져요.”

_Z세대

패션 디자이너 타일러 램버트는 19세에 디자인한 옷을 패션모델 카일리 제너, 소피아 리치[26]가 입었을 정도로 이른 나이부터 실력을 인정받았다. 위스콘신주에 위치한 소도시, 드 피어에서 자란 타일러는 패션계로 들어가는 길을 찾으려는 강한 열망으로 가득 차 있었다. 그는 중고옷가게에서 산 옷을 본인의 디자인대로 개조하는 작업을 취미처럼 꾸준히 해왔다.

타일러는 옷을 싸게 파는 벼룩시장에 그를 자주 데려간 할머니와 재봉틀로 옷을 만드는 취미에 깊이 빠진 어머니 덕분에 패션에 대한 재능을 키울 수 있었다. 타일러의 미술 선생님과 동네 예술가 한 명이 그에게 미술사를 가르쳐줬다. 그는 작업 재료를 살 돈을 마련하고자 부모님이 운영하는 식당에서 일했다. 그리고 시간이 남을 때마다 커튼, 식탁보, 데님 바지, 수건 등 벼룩시장에서 산 물건을 재봉해 자신만의 작품으로 만들고, 소셜미디어로 홍보했다.

드 피어 고등학교를 졸업할 무렵, 타일러는 이미 수익을 내는 의류업체 사장이었다.

타일러는 고향을 떠나 시카고예술학교에 잠시 다녔다가 사업에 집중하기 위해 자퇴했다. 그는 현재 로스앤젤레스에서 유명인들의 옷을 디자인하고, 본인의 패션 라인, 램버트의 크리에이티브 디렉터로 일하고 있다.

타일러는 Z세대 중에서도 이례적인 경력을 지닌 사람으로 보일 수 있고, 실제로도 그렇다. 벼룩시장에서 옷을 뒤지고 패션업체를 설립하는 청소년은 별로 없으니까. 그렇지만 타일러의 성공에 밑바탕이 된 특징을 살펴보면, Z세대에게 전반적으로 발견되는 성향이 있다. Z세대는 대부분 검소하다. 그들은 재무적 자립을 원한다. 여전히 유명 학교 졸업장을 선호하는 부모 세대에게는 당혹스럽지만, Z세대는 화려해 보이는 비싼 예술학교에 다니는 것보다 평범하지 않은 경험을 통해 학습할 기회를 더 중시한다.

타일러와 매우 다른 삶을 사는 듯 보이는 Z세대 구성원들도 돈에 대한 생각만큼은 그와 비슷한 부분이 많다. 16세 청소년인 알렉산드로가 말한다.

"제가 볼 때, 돈을 버는 것은 정말로 중요해요. 그래야 미래를 위해 저축할 수 있거든요. 저는 재무지식을 공부하는 데 관심이 많아요. 미래에 여러 가지 일을 할 수 있고 어려움을 겪지 않도록 돈을 많이 가지고 싶어요. 지금 저는 소득의 80퍼센트 정도를 저축하고 20퍼센트를 투자하죠.

저는 14살 때 처음으로 돈 벌 방법을 궁리하기 시작했어요. 다른 사람들을 위해 일하고 돈을 받았는데, 낙엽을 청소하고 관목 가지를 자른 적도 있고, 어린애들에게 체스를 가르쳐준 적도 있어요."

알렉산드로는 15살 때 지역 요양원으로 가서 자원봉사 가능 여부를 문의했다. 요양원에서는 그가 1주일에 2번 자원봉사를 하도록 허가했다. 16살이 되자 그는 요양원 노인들에게 음식을 제공하는 시간제 직원으로 채용됐다. 왜 요양원에서 일하냐는 질문에 알렉산드로는 답한다.

"어르신들에게 강한 유대감을 느꼈거든요. 저는 할아버지 할머니들과 이야기하는 것이 좋아요. 그분들은 이야기해줄 경험담을 많이 가지고 계세요. 이야기를 듣고 있자면 배우는 바가 있어서 좋죠. 저는 그분들이 이야기를 들어줄 상대를 필요로 하고 있다고 느꼈어요.

그곳에서 봉사할 때 스톤 할머니와 루미큐브라는 보드게임을 자주 했어요. 스톤 할머니는 93살이셨어요. 할머니의 가족들은 그녀를 그곳에 방치한 채 찾아오지 않았죠. 할머니는 6년째 그곳에 계셨어요. 할머니에게는 마음을 열고 이야기할 상대가 없었어요. 그래서 저는 봉사하러 갈 때마다 할머니와 두어 시간 동안 루미큐브를 하면서 대화했습니다.

그곳에서 시간제 직원으로 일하게 되고서부터는 늘 할머니를 찾아가 불편한 점이 없는지 묻고, 음식을 제공하는 시간 사이에 틈을 내서 할머니와 대화했습니다. 할머니와 저는 계속 이야기했죠."

알렉산드로는 스톤 할머니가 인생과 돈에 관해 많은 것을 가르쳐줬다고 말한다.

"할머니는 너무 먼 미래를 생각하는 대신, 현재에 집중하고 현재를 즐기라고 말씀하셨어요. 시간이 너무도 쏜살같이 지나가기 때문이죠. 저는 돈도 그렇다고 생각해요. 돈은 눈 깜짝할 사이에 눈앞에서 지나가버려요. 순식간에 잃을 수도 있고 벌 수도 있죠. 너무 먼 미래를 생각하지 않고 현재를 음미하는 것은 어려운 일입니다. 하지만 저는 미래를 대비해 저축하겠어요."

10학년생인 알렉산드로는 요양원에서 번 돈으로 이미 5천 달러 이상을 저축했다. 그가 가장 좋아하는 브랜드는 애플이다.

"애플 제품은 무척 오래가기 때문에 좋아요. 빌드 퀄리티가 좋고, 디자인이 심플하고, 매끄럽게 작동하죠."

알렉산드로는 본인 이름으로 계좌를 만들기에는 아직 어리기에 부모님 명의의 계좌로 돈을 넣고 앱으로 투자한다.

타일러와 알렉산드로의 삶은 너무도 다르지만, 두 사람의 사례는 재무적 미래를 준비하려는 Z세대의 태도를 잘 보여준다. 2019년 Z세대 현황 조사에 따르면,[27] 18세 이상 Z세대의 70퍼센트가 생활비의 일부를 본인이 벌고 있다고 답했다. 23퍼센트는 생활비 전체를, 21퍼센트는 생활비의 대부분을 본인이 벌고 있다고 답했다. Z세대 상당수는 X세대, 밀레니얼 세대 부모들이 직면한 재무적 문제를 피하고 싶어 한다. 2008년 금융위기로 인한 대침체기에 실직으로 고통 받는 부모의 모습을 보고 자란 Z세대는 본인은 그런 어려움에 처하지 않으려는 열망이 크다.

Z세대에게 유리한 점은, 모바일 기기를 사용해 돈을 벌고 저축하고 투자하고 소비하기 쉬운 환경에 있다는 사실이다. Z세대는 돈을 이체할 때든, 쇼핑할 때든, 타일러처럼 본인의 브랜드 인지도를 높이고자 소셜미디어를 이용할 때든, 모든 경제활동에서 앱을 사용한다.

Z세대는 돈벌이, 저축, 소비에 대한 나름의 소신이 있다. Z세대를 잠재적 고객이나 직원으로 인식하고 마케팅하기 전에, 그들의 경제관과 재무적 기대를 이해하는 것이 중요하다.

⊙ Z세대의 자금 출처

"부모님이 용돈을 주시지만, 저는 그 점이 불편해요. 저는 '돈이 다 떨어졌으니 용돈을 받아야 하는데'라고 생각하고 싶지 않거든요. 부모님에게 용돈을 받는 것보다 제가 취업해서 스스로 먹고사는 편이 나아요. 저는 가족끼리 돈에 대한 이야기든 무슨 이야기든 자유롭게 이야기하는 분위기에서 자랐어요. 저는 부모님의 이야기를 듣고 저축에 관해 배우게 됐어요. 지금 제 기분은 썩 좋지 않아요. 저는 경제적으로 자립하고 싶거든요. 모든 생활비를 스스로 벌고 싶어요."

_ Z세대 구성원

그렇다면 Z세대의 돈은 어디서 나올까? 가장 나이가 많은 Z세대 구성원은 현재 20대 초반이다. 그들은 임금을 받을까, 사업을 해서 돈을 벌까, 부모에게 돈을 받을까? 이는 Z세대의 소득원을 파악하기 위해 필요한 질문들이다. Z세대에게 돈이란 본인의 근로, 노력, 성취를 통해 번 것일까, 가족에게 받은 것일까?

우리는 14세부터 22세까지 연령대를 대상으로 한 Z세대 현황 조사에[28] 이러한 질문을 포함했다. 그리고 설문조사의 결과는 매우 놀라웠다.

Z세대의 자금 조달 방법	
부모나 가족구성원의 지원	38%
시간제 근로 (주당 20시간)	24%
의뢰를 받아 잡다한 일을 하거나 단기아르바이트를 수행	23%

(심부름을 하거나 목표를 달성해서 받는) 용돈	22%
전일제 근로	20%
용돈 (정기적으로 받는 돈)	19%
초단기 아르바이트 (주당 20시간 미만)	15%
자영업 또는 사업	9%

물론, Z세대도 나이가 듦에 따라, 스스로 일해서 돈을 벌어야 하는 비율이 높아질 것이다. 지금 주목할 대목은 어린 Z세대 구성원들이 본인이 쓸 자금을 조달하는 방법이다. Z세대는 쉽게 용돈을 받기보다는 스스로 노력해서 돈을 버는 비율이 상당히 높다. 이들은 곧 노동시장에 진입해 경제적 자립도가 높아질 것이다.

스스로 돈을 벌려는 열망은 Z세대에게 보편적으로 나타나는 성향이다. 타고난 소통 능력을 발휘해 돈을 버는 경우도 가끔 있다. 우리 가족의 친구 아들 윌은 13살에 잔디 깎기 서비스 회사를 시작한다는 광고 쪽지를 동네에 붙이고 다녔다. 이 광고 쪽지에는 윌의 이메일 주소가 적혀 있었다. 이후 한 달간 윌은 누구에게도 잔디를 깎아달라는 말을 듣지 못했다. 아빠가 윌에게 이메일을 확인해봤는지 묻자, 윌은 확인하지 않았다고 대답했다. 윌은 평소에 이메일을 쓰지 않았기에 이메일을 확인할 생각을 하지 못했던 것이다. 아빠 말을 듣고 이메일을 확인해보자 잔디 깎기 의뢰 메일이 잔뜩 와 있었다. 보낸 날짜를 보니 무려 한 달 전이었다!

기업가 정신이 있는 Z세대 구성원들이 나이가 들면 어떤 일을 할지 기대된다. 이미 일부 청소년과 20대들이 (비록 유튜브에 몰리는 인기에 비하면 낮은 수치지만) 유튜브 스타로서 돈을 벌고 있다. 독일 오펜부르크 응용과학대학의 조사에 따르면,[29] 유튜브 채널 중 상위 3퍼센트가 모든 유튜브 동영상 조회수의 85퍼센트를 점유하기에, 평균적인 크리에이터는 많은 소득을 올리기 어렵다. 밀레니얼 세대, X세대 부모들이 경험한 경제적 고통을 보고 자란 Z세대는 안정된 직업을 얻어 경제적으로 자립하고 부채를 늘리지 않으려는 성향을 보인다. 그런 목표를 어떻게 달성할지에 대한 설문조사 결과를 보면, 답변이 갈린다. 온라인 스쿨 센터의 자료에 따르면,[30] 중고등학교에 재학 중인 Z세대의 41퍼센트가 본인 사업을 시작할 계획이라고 답했다. 인상적인 수치지만, 나머지 절반 이상의 Z세대는 전통적인 직업을 통해 돈을 벌 계획이라는 뜻이기도 하다. 어떤 길을 선택하든 간에, 그들은 경제적 안정을 누리려 애쓸 것이다. 경제적 안정은 그들의 최대 목표 중 하나다.

⊙ 요새 누가 지갑을 들고 다녀?

"제게 5달러만 벤모해줄 수 있어요?"

이 말을 들은 사람의 어리둥절한 표정이 기억난다. 대체 벤모가 뭘까?

벤모, 그리고 캐시앱은 Z세대의 통화다. 벤모나 캐시앱이라는 이름이 낯선 사람은 Z세대 자녀나 손자가 없거나, Z세대 자녀, 손자에게 돈을 보낼 필요가 없는 사람일 것이다. 벤모와 캐시앱은 수수료 없이 즉시 송금 가능한 모바일 앱이다. 벤모 또는 캐시앱을 쓰면 아주 소액, 이를테면 1달러라도 즉시 계좌이체가 가능하다. 그때 돈을 보내는 이유나 농담을 담은 짧은 메시지를 함께 보낼 수 있다. (이모티콘만 보낼 수도 있다!)

벤모의 인기는 어느 정도일까? 2019년 한 분기에만 240억 달러 이상이 벤모를 통해 송금됐다.[31] 이제 바지주머니에 종이영수증을 넣고 다닐 필요가 없게 된 셈이다! 현재 벤모 사용자는 4천만 명이 넘는다.

Z세대가 현금을 들고 다닐 필요가 없게 해준 벤모는 간편 송금 서비스 시장에서 선두로 치고 나갔다. Z세대는 함께 식사한 다음 더치페이 방법을 놓고 고민한 적이 없다. 한 명이 다른 동석자들에게 '벤모로 돈을 받아' 결제하면 되기 때문이다. 일부 식당 체인(치폴레Chipotle), 배달앱(그럽허브Grubhub)은 벤모로 직접 결제할 수 있다. 갈수록 더 많은 소매업체들이 그 대열에 합류할 가능성이 높다.

급속도로 대중화된 벤모, 빠르게 성장 중인 캐시앱, 전통적 은행들이 대대적으로 홍보하는 P2P 무료 송금 서비스, 젤Zelle 덕분에 Z세대는 일상생활에서 현금을 들고 다닐 필요가 없다. 미국뿐 아니라 다른 여러 나라에서도 자국 상황에 특화된 간편 송금 서비스가 대중화되고 있다.

우리와 함께 조사를 진행한 금융 대기업은 Z세대가 이전 세대보다 현금 소지를[32] 불편해한다는 점을 인식했다. Z세대는 막 성인이 되는 20대 때 현금을 주요 결제수단으로 인식하지 않는 첫 세대다. 스마트폰 앱은 이러한 현금 없는 사회로의 이행에서 큰 역할을 담당하고 있다. 요새는 스마트폰 앱 덕분에 프라푸치노를 마시기도 편해졌다. 스타벅스 앱에서 주문하면, 매장에서 주문하러 줄설 필요가 없고, 매장에 도착하자마자 음료를 받을 수 있기 때문이다.

애플 페이, 페이팔, 페이스북 페이 같은 모바일 결제 서비스가 보편화되면서, Z세대는 지폐, 동전, 특히 수표에 덜 의존하게 됐다(Z세대 일부는 평생 수표를 쓰지 않을 것이다). 2019년 Z세대 현황 조사에 따르면,[33] Z세대의 59퍼센트가 1주일에 1회 이상 송금 앱을 사용한다. 18세부터 23세까지 연령 집단으로 보자면 이 수치는 69퍼센트에 달한다.

이는 Z세대의 돈에 대한 시각에 영향을 미친다. 그들은 돈을 '지갑에 든 현금'이라기보다는 '스마트폰 화면에 표시되는 숫자'로 인식한다. 현금을 들고 다니지 않는 Z세대의 성향은 이미 여러 방면에 영향을 미치고 있다. 현금을 들고 다니지 않는 Z세대는 주차장 관리요원, 짐꾼에게 팁을 줄 수 없다. 음식값과 팁을 현금으로 결제하지 않는 손님이 늘면서, 식당 사장들은 서빙직원들에게 분배할 팁이 부족해 난처해한다. 일부 식당들은 근무시간이 끝난 서빙직원들에게 팁을 지급하고자 현금을 배달받아야 한다.

Z세대의 디지털 지출 습관은 Z세대의 필요를 더 잘 충족하려고 개발된 새로운 기술 플랫폼에게 기회가 된다. 카드Kard의 설립자이자 CEO인 스콧 고든[34]은 유럽 Z세대의 지출 70퍼센트가 디지털 채널을 통해 일어났지만, 이 중 10퍼센트만이 본인 명의의 계좌로 결제가 완료됐다는 점에서 틈새를 발견했다. 그래서 12세 이상이면 계좌를 개설해 국내외 결제에 사용 가능한 챌린저 뱅크challenger bank(대형은행의 지배력을 축소하고 은행 간 경쟁을 촉진하기 위해 정부가 신규 허가한 소규모 소매 은행-옮긴이)인 카드를 설립했다. 18세 미만 고객은 부모가 승인 요청과 함께 전송된 링크를 클릭할 경우, 부모의 은행계좌나 신용카드로부터 돈을 이체 받는다. 스콧 고든은 이렇

게 설명한다.

"Z세대가 본인의 돈, 결과적으로 본인 인생을 통제할 수 있게 하고자 카드를 설립했습니다."

그는 두 가지 측면에서 카드를 Z세대에게 특화된 플랫폼으로 설계했다. 첫째, 그는 Z세대가 비효율적인 디지털 플랫폼을 쉽게 버린다는 사실을 감안해 설계했다. 즉, Z세대가 (부모가 승인 링크를 클릭하는 데 드는 시간까지 포함해도)2분이면 계좌를 개설할 수 있게 했다. 둘째, 소셜미디어 공유를 좋아하는 Z세대의 성향을 고려해 설계했다. 즉, Z세대가 상품을 구매한 다음에 그 정보를 온라인 네트워크로 공유할지 말지 선택할 수 있게 했다.

한편, 래리 탤리와 팀원들은[35] Z세대 고객을 유치하려는 기업들을 돕고자, Z세대가 선호하는 소통 방법인 문자 메시지로 결제하는 방법을 개발했다. 래리가 설립한 에브리웨어Everyware는 신용카드사, 결제대행사들과 협력해, 고객이 상품을 구매하거나 청구액을 지불할 때 문자 메시지로 결제하는 프로세스를 만들었다. 에브리웨어는 심지어 고객 문의에 문자 메시지로 답한다.

래리 탤리가 에브리웨어를 설립한 계기는 Z세대의 현금 소지 선호도와 Z세대에게 가능한 결제 수단의 격차가 큰 현실을 발견했기 때문이었다.

"Z세대가 청구액을 지불할 생각이 없는 건 아니에요. 단지 청구액을 지불하기 위해 웹사이트에 접속하거나 수표를 보내거나 전화를 거는 것을 불편하게 여길 뿐이죠. 그들은 전통적 우편으로 온 청구서를 확인하지 않아요. 명세서를 읽지도 않죠. 그들은 뭐든지 재빨리 처리하길 원해요. 그래서 우리는 스마트폰으로 어디서든 쉽게 결제 가능한 방법을 마련하려고 했어요."

에브리웨어는 Z세대가 교회와 비영리재단에 기부하는 것도 도왔다.

"Z세대는 주머니에 현금을 넣고 다니지 않아요. 하지만 교회에서 특정 번호에 '송금'하라는 목사 말을 들으면 교회에 기부할 확률이 훨씬 높아지죠."

신기술로 인한 변화가 늘 그렇듯, 현금 없는 사회로의 이행을 긍정적으로 보는 이가 부정적으로 보는 이보다 많지만, 이러한 변화에는 새로운 문제와 예기치 못한 부작용, 그리고 새롭게 개발되는 해법이 있을 것이다. Z세대는 지갑을 열지 않아도, 또는 지갑을 가지고 다니지 않아도 스마트폰·스마트워치를 스와이프하거나, 앱을 탭하거나, 애플 페이를 쓰는 것만으로도 언제든 송금할 수 있고 결제할 수 있는 일상을 기대하는 세대다.

⊙ 대학과 부채

"저는 밀레니얼 세대처럼 빚만 갚다가 인생을 다 허비하고 싶지 않아요."

_ Z세대 포커스 그룹 인터뷰 참여자

그렇다면 Z세대의 돈에 대한 통념은 어떠할까?

미국 Z세대의 경제관 형성에는 대침체, 학자금 대출 부채, 임금정체 같은 몇 가지 사건이 큰 영향을 미쳤다.

Z세대 구성원 다수는 2008년 금융위기로 인한 대침체기에 부모나 부모 친구들, 이웃 주민들이 어려움을 겪는 모습을 목격했다. 그들은 일자리와 집을 잃은 사람들에 관한 기사들을 읽고, 부모와 어른들이 자신감을 잃고 풀이 죽어 사는 모습을 가까이서 지켜본 세대다. 그들은 취업이 어렵다는 이야기를 듣고, '생활임금제'를 시행하고 최저시급을 15달러로 올려야 한다는 시위를 보면서 자랐다. 그들은 학자금 대출 부채에 짓눌려 사는 밀레니얼 세대에 관해 이야기하면서 자랐다. 학자금 대출 부채는 밀레니얼 세대가 영영 떨쳐버리지 못할 재무적 족쇄로 계속해서 거론됐다.

Z세대는 이처럼 돈과 관련된 문제들과 사건들을 자아정체성이 형성되는 유아기와 청소년기에 목격했다. 그 결과 Z세대는 이전 세대와는 다른 시각으로 돈, 부채, 근로, 미래를 바라보게 되었다.

이는 미국만의 현상이 아니다. 그리스부터 일본까지 여러 선진국의 20대들이 본인은 부모나 조부모만큼 경제적으로 성공하지 못할 것이라고 말한다. 국내외 요인들로 인해 경제적 어려움을 겪어온 중남미국가들도 마찬가지다. 2008년 금융위기로 인한 글로벌 경기침체는 돈, 근로, 은퇴 등에 대한 Z세대의 시각에 영향을 미쳤다. 경기침체의 효과는 최근까지 브렉시트를 둘러싼 여러 논란에도 영향을 미쳤다.

현재 20대 중반인 Z세대 구성원들은 추적하고 분석할 수 있는 근로, 저축, 지출 이력이 있고, 여기서 여러 가지 트렌드가 발견된다. 우리 연구진은 그러한 데이터를 분석하고, 돈, 부채, 지출에 대한 Z세대의 시각을 심층 연구했다. 그리고 연구를 통해 리더들이 알아야 할, 이전 세대와 다른 Z세대의 궤적과 사고방식을 파악하게 됐다.

⊙ Z세대와 대학

"지금 다니고 있는 대학을 선택한 이유가 무엇인가요?"

"간단해요. 제가 들어갈 수 있고 전액 장학금을 받을 수 있는 대학 중 가장 좋은 곳이었기 때문이죠."

"지금 다니고 있는 대학보다 더 유명한 명문대 네 곳이 합격통지서를 보냈는데도 포기했다는 말인가요?"

"예. 전 막대한 부채를 안고 명문대를 졸업하는 것보다 부채 없이 대학을 졸업하는 편이 더 낫다고 생각해요."

_ 어느 Z세대 구성원

"저는 학비가 더 싼 학교에 가겠어요. 두 학교에 합격했는데, 한 곳은 학비가 더 비싼 명문대라면, 저는 다른 학교에 들어가 학과에서 1등을 차지하고 등록비를 덜 내는 쪽을 노릴 겁니다. 더 좋은 학교에 들어가 봤자 중간 이하의 학점을 받을 테죠. 학자금 대출을 많이 받고 낮은 학점을 받는 것보다, 학자금 대출을 조금만 받고 학과 1등을 차지하는 편이 나아요."

_ 어느 Z세대 구성원

우리가 실시한 여러 조사에서, Z세대는 대학 진학을 희망하는 성향을 일관되게 드러냈다. 2018년 설문조사에서, 고등학생 연령대(13세부터 17세까지)의 Z세대 86퍼센트가 대학을 갈 계획[36]이라고 답했다. 하지만 그들은 대학 졸업장을 받기 위해 학자금 대출을 받는 것에 부담을 느꼈다. 그들뿐 아니라 부모들도 그런 마음을 드러낸다. 한편, 현재 미국 사립대의 50퍼센트 이상이[37] 등록금을 할인해줘야 한다. 2019년에 대학교 1학년생의 89퍼센트가 재학 중인 사립대로부터 등록금의 60퍼센트에 육박하는 재정지원을 받았다.

'가능하면 빚을 덜 지고 대학을 졸업하고 싶다'는 정서가 Z세대에게 점점 더 뚜렷이 나타나고 있다. 이는 중산층 이하 가정에서 자란 학생들에게 국한된 정서가 아니다. 부유한 가정에서 자란 학생들도 천정부지로 치솟는 등록금을 몇 년간 낸 끝에 대학 졸업장을 받는 것이 얼마나 이득이 있을지 걱정한다. 앞서 언급한, 13세부터 17세까지 Z세대 학생들을 대상으로 실시한 설문조사에 응한 학생 절반이 학자금 대출을 1만 달러 이하만 받을 것이라고 답했다. 27퍼센트는 학자금 대출을 전혀 받지 않을 것이라고[38] 답했다. Z세대 학생들도, 그들의 부모도, 폭증하는 학비 탓에 졸업 후 수십 년이 지나도록 대출금을 다 갚지 못해 버거워하는 이들의 사례를 접해왔다. Z세대 학생들은 이런 현실을 잘 인식하고 있고, 어떤 대학에 들어가 학위를 받을지에 대해 경제적 관점에서 접근하는 경우가 많다.

이러한 성향이 지닌 장기적 함의는 무엇일까? 학자금 대출 부채가 적은 상태에서 졸업하는 Z세대는 다른 도시로 이주해 일자리를 찾거나 경력을 쌓고, 비상상황과 은퇴를 대비해 저축하고, 더 나은 재무적 결정을 하고 소득 대비 부채 비율을 관리해 신용점수를 높이기 쉬워진다. Z세대가 부채에 관해 더 실용적인 사고방식을 계속 견지한다면, 큰 부채 없이 대학 졸업장을 받음으로써 장기적으로 긍정적인 결과를 얻을 것이다. 또 다른 측면에서 생각해보자. 학자금 대출 부채 상환이 Z세대의 우선순위라면, 그들에게 부채 상환 프로그램을 제공하는 기업들이 우수한 신입사원을 모집하고 계속 붙잡아둘 수 있을 것이다.

2017년 Z세대 현황 조사에서,[39] 학생들에게 대학 등록금 조달 방안을 물어보았다. 그때 나온 답변을 소개하면 다음과 같다(학생들이 2개 이상의 답변을 선택할 수 있었음을 감안하고 보라).

- 장학금 | 54%
- 학기 중 아르바이트 | 38%
- 부모나 가족이 대신 부담 | 32%
- 학자금 대출 | 30%
- 본인 저축 | 24%

Z세대 학생의 대부분은 장학금과 학기 중 아르바이트를 통해 등록금을 조달하고자 한다. 학자금 대출과 부모 지원은 그다음으로 많이 선택된 방안이다.

⊙ 소비자 부채

신용카드 전단지를 보고 아무 생각 없이 신용카드를 발급 받고 계속 카드를 긁었다가 나중에 비싼 이자와 연체료를 부담하느라 허리가 휘고 후회

했지만 때는 이미 늦었다는, X세대와 밀레니얼 세대의 공포스러운 경험담이 여기저기서 들린다.

Z세대는 그러한 경험담을 잘 알고 있다. 부채에 깔려 힘겨워하는 X세대와 밀레니얼 세대가 바로 Z세대의 부모 세대이기 때문이다. 부채 때문에 가족이 스트레스를 받는 모습을 목격하진 않았을지라도, 최소한 그러한 이야기를 듣기는 했을 것이다. 그들은 부모 세대의 실수를 피하고 싶어 한다. 우리가 조사한 바에 따르면, Z세대의 23퍼센트[40]가 무슨 일이 있어도 빚을 지지 말아야 한다고 믿는다. Z세대의 29퍼센트는 특별한 경우에만, 18퍼센트는 다른 선택지가 없을 때에만 돈을 빌려야 한다고 믿는다.

하지만 Z세대가 신용카드를 쓰지 않는 것은 아니다. 개인 신용 평가사, 트랜스유니온의 자료에 따르면,[41] 2019년 기준으로 Z세대 구성원 770만 명이 신용카드를 가지고 있었다. 이러한 트렌드에 대한 결론을 내리려면, Z세대가 향후 수년간 신용카드를 어떻게 사용하는지, 특히 경기침체기에 신용을 어떻게 관리할지 살펴봐야 할 것이다. 신용카드를 발급받을 수 있는 Z세대 구성원들이 어느 신용카드가 더 이자율과 수수료가 싼지 얼마나 빨리 계산하고, 비싼 상품을 구매할 때 결제수단을 어떻게 선택하는지 살펴보는 것도 흥미로울 것이다. 현재까지 파악한 바로는, Z세대 구성원들이 신용카드를 신중하게 다루고 있다고 평가할 수 있다. 2019년 Z세대 현황 조사에 따르면, 18세부터 24세까지 Z세대 구성원의 36퍼센트[42]가 매달 1회 이상 본인의 신용점수를 걱정한다고 답했다.

이와 관련해 앞으로 일어날 주요 변화는, Z세대가 고가의 상품을 구매할 때 더 많은 결제 옵션을, 개인 신용점수를 관리할 때 더 많은 투명성을 요구하게 되리란 점이다. 그리고 그런 요구에 부응하는 기업들이 이미 출현 중이다. 무이자 할부를 제공하는 대체 지불 플랫폼, 세즐Sezzle을 사용하면, 구매 금액을 4차례에 나눠서 (결제 수수료와 이자 부담 없이) 지불할 수 있다. 신용카드를 사용할 수 있는 모든 매장에서 결제 수수료 부담 없이 신용카드의 편리성과 해방감을 모두 누릴 수 있는 셈이다. 어펌Affirm을 비롯한 선구매 후결제 서비스Buy Now, Pay Later(업체가 가맹점에 판매대금을 선지급하고, 고객은 해당 금액을 일정 간격 나눠서 업체에 납부하는 것 - 옮긴이) 업체들은 고객들이 이자 부담이 얼마나 되는지 투명하게 아는 상태에서 결제 계획을 선택할 수 있게 한다.

모바일 뱅킹을 비롯한 금융 서비스를 제공하는 핀테크 앱들은 Z세대의 학자금 부채 상환을 돕는 도구다. 핀테크 기업, 소파이SoFi는 학자금 대출업체들이 대출금을 재융자하도록 돕는다. 학자금 대출업체들은 소파이를 통해 25만 명 이상의 학생들에게 제공한 180억 달러 이상의 학자금 대출을 재융자했다. 볼트Vault는 고용주가 직원의 학자금 대출 부채 상환을 도울 수 있게 하는 핀테크 기업이다. 이러한 신기술은 Z세대를 채용하려는 기업들에게 강력한 채용 전략이 될 것이다.

Z세대는 되도록 빚을 지지 않으려고 노력하는 한편, 개인 대출과 재융자 옵션을 제공하는 핀테크 시장에 접근한다.

⊙ 암호화폐와 블록체인

Z세대와 돈에 관한 이야기를 하면서, 암호화폐와 블록체인을 빼놓을 수는 없다. 2018년 비트코인 가격 폭등(그리고 이어진 가격 폭락)을 계기로, 대안화폐라는 개념이 Z세대의 관심을 끌었다. 하지만 암호화폐의 주요 투자자는 Z세대가 아니었다. 대다수 Z세대는 너무 어렸거나, 투자할 돈이 없었거나, 그 밖의 이유 때문에(이를테면 엄마의 감시 때문에) 암호화폐에 투자하지 못했다. 암호화폐 투자에 가장 적극적으로 달려든 세대는 밀레니얼 세대다. 그들은 암호화폐 투자로 쉽게 돈을 벌 수 있으리라(암호화폐 가격이 계속 오르리라, 또는 최소한 가격 하락 리스크가 별로 없으리라) 예상했다. 암호화폐 버블을 지켜본 Z세대는 돈, 투자, 리스크를 새로운 관점으로 대할 가능성이 높다. 그들은 일확천금을 노리고 암호화폐에 달려든 밀레니얼 세대와 같은 광기에 휩싸이지 않은 채, 블록체인 기술을 전통적 금융 기술의 대안으로 받아들일지 모른다.

⊙ 은퇴 대비

"먼 미래에 사회보장 혜택을 받지 못할 수도 있다는 점이 저를 겁나게 해요. 부모님이 누리신 사회보장 혜택을 저도 누릴 것이라 기대하지 말고, 일에 집중해서 돈을 더 쌓아둬야겠다는 생각이 들죠."

_ 어느 Z세대 구성원

놀라운 통계를 하나 소개한다. Z세대의 12퍼센트[43]가 벌써부터 은퇴를 대비해 저축하고 있다.

거짓말이 아니다. 2017년 Z세대 현황 조사에 따르면, 14세부터 22세까지 Z세대 구성원의 12퍼센트가 은퇴를 대비하고자 이미 저축 중이라고 답했다. 그들의 나이를 감안하면 깜짝 놀랄 수치다. 왜 그들은 벌써부터 은퇴를 대비해 저축할까? 이 질문의 답은 이미 앞에서 언급했듯, 대침체기의 교훈, 부모의 조언, 밀레니얼 세대의 빚, 예기치 못한 사태를 대비해 경제적 안정성을 확보하려는 강력한 욕구를 들 수 있다. 미국의 Z세대는 본인이 나중에 사회보장 혜택을 받지 못할 수 있으니, 스스로 은퇴자금을 모아두는 것이 살 길이라고 생각한다. 아직 Z세대 구성원의 대다수는 은퇴용 저축을 하지 않고 있지만, 69퍼센트는[44] 본인에게 그럴 여력이 있으면 최우선적으로 그렇게 해야 한다고 믿는다.

Z세대는 투자, 은퇴 대비, 재무적 조언과 관련된 부분에서 엄청난 변화와 혁신이 일어나는 시대를 살고 있다. 그들은 웰스프론트Wealthfront, 베터먼트Betterment 같은 로보어드바이저와 건강저축계좌 제도가 어릴 적부터 있었던 세대, 연금 고갈 우려 때문에 스스로 은퇴 계획을 세워 은퇴자금을 마련해야 하는 세대다.

특히, 적은 돈으로 계좌를 개설하고 장기간의 투자내역을 즉시 볼 수 있게 하는 로보어드바이저는 Z세대에게 유용한 도구가 될 것이다. 소비자 앱 같은 사용자 경험을 제공하는 로보어드바이저는 사용은 더욱 편하고 어려운 내용을 시각적으로 보여줘 이해를 돕는다. 로보어드바이저는 돈을 스마트폰 화면상의 숫자와 그래픽으로 인식하고, '알아서 척척' 작동하는 도구의 도움을 받아 자동적인 재무 계획을 세우려는 열망을 가진 Z세대에게 알맞은 도구다.

Z세대는 정부의 사회보장제도 같은 사회안전망이 본인의 노년기에는 작동하지 않을 수도 있다고 인식한다. 그렇기에 Z세대는 본인이 은퇴해도 될 만큼 충분한 돈을 모았으면 일찍 은퇴하고 싶어 한다. Z세대 9명 중 1명이 은퇴를 대비해 저축하고, Z세대 대다수가 은퇴 대비에 관심을 보이는 현상에서 흥미로운 대목은 그들이 아직 너무도 어리다는 사실이다. 어릴 적에, 특히 20대 때 은퇴를 대비하는 투자를 시작하면, 은퇴해도 괜찮을 만큼 재산을 모은다는 재무적 목표에 도달할 가능성이 높아진다.

Z세대의 3분의 1 이상(35퍼센트)이[45] 20대 때 은퇴 준비용 저축을 시작하고자 한다. Z세대가 은행 계좌에 돈을 넣어놓고 가만히 있는 것을 투자라고 생각하는 수준에서 머물지 않고, 실제로 은퇴를 준비하기 위한 투자활동에 나설지는 앞으로 두고 봐야 한다. 최근 우리가 조사한 바에 따르면, 밀레니얼 세대는 은퇴 준비용 저축을 한다고 말하고 저축 계좌에 돈을 넣어두기만 하는 경향이 있다. 저축 계좌에 돈을 넣는 것만으로는 미래에 은퇴가 가능할 정도로 큰 수익을 얻을 수 없다.

지금으로서 알 수 있는 점은, 현재의 지출을 제한하고 계속해서 저축할 수 있는 마음가짐과 시간 여유가 Z세대에게 있다는 것이다. 그들이 저축에 머물지 않고 투자활동에 나선다면, 특히, 고용주가 제공하는 자기 주도적 은퇴 계획의 도움을 받는다면 본인이 원하는 여유로운 은퇴를 가능케 하는 재무적 토대를 구축하는 인생 여정에서 크게 앞서 나갈 것이다.

2부

세계에서
가장 영향력 있는 고객들

6장

Z세대가 브랜드에 바라는 점

"저는 육상경기와 축구 팬이기에, 나이키와 아디다스 같은 유명 스포츠 브랜드를 팔로우해요. 그들은 80세 스포츠팬도, 스마트폰으로 인스타그램을 스크롤하는 저 같은 16세 스포츠팬도 좋아할 만한 사진들을 올리는 소셜미디어 마케팅을 하기 때문이죠."

_Z세대, 쉬언

미식축구팀 샌프란시스코 포티나이너스의 전 쿼터백이자 사회운동가, 콜린 캐퍼닉이 등장한 나이키 광고가 입소문을 타고 얼마나 논란이 되었는지 보았는가? (콜린 캐퍼닉은 2016년에 인종차별에 항의하고자, 경기 시작 전 국가 연주 중 한쪽 무릎을 꿇는 자세를 취하는 저항운동을 시작해 2017년에 NFL에서 퇴출됐다. - 옮긴이) 2018년 9월, 나이키는 그의 얼굴이 클로즈업된 흑백사진 위에 다음과 같은 문구를 겹쳐놓은 사진을 소셜미디어에 올렸다. "뭔가를 믿어라. 비록 그것으로 모든 것을 희생할지라도."

이 광고 캠페인은 언론의 맹비난을 받았고, 나이키 주가는 즉시 떨어졌다. 몇몇 소비자는 나이키 운동화를 불태우고, 양말에서 나이키 로고를 잘라내면서 격하게 반대했다. 하지만 몇 주 뒤, 나이키가 2분기 실적을 발표한 후 주가가 9.2퍼센트 상승했다.[46] 이 광고는 소비자들의 활발한 참여를 이끌어냈고, 에이펙스 마케팅 그룹의 추산에 따르면,[47] 나이키는 1억6천 350만 달러의 미디어 노출 효과를 거뒀다.

어째서 나이키는 그러한 논란을 무릅쓰고 콜린 캐퍼닉을 광고 모델로 기용했을까? 답은 며칠 내에 자명해졌다. Z세대가 그 광고에 압도적으로 긍정적인 반응을 보였기 때문이다.

나이키는 과거의 소비자가 아닌 미래의 소비자를 겨냥해 광고 캠페인을 벌인 것이었다. 나이키는 Z세대가 상품 구매 결정을 내릴 때 다양성, 포용, 사회적 대의를 고려한다는 사실을 인식했다. 이러한 Z세대의 성향은 우리가 수행한 Z세대의 브랜드 신뢰도 연구에서도 나타났다.

1964년에 설립돼 오랜 역사를 자랑하는 레거시 브랜드인 나이키는 이미 나이키 제품을 선호하는 나이 든 세대들이 아니라, 사회적 대의와 활동에 적극 관여하길 원하는 어린 신세대를 겨냥하여 광고를 내보낸 것이었다. 마케팅 전문 언론사, 애드에이지는[48] 나이키 광고가 '기업들이 문화적 담론에 오르내리는 마케팅을 펼치고 싶어 하지만, 정작 어떤 사회적 논쟁에서도 확실한 입장을 취하지 않는 현실에서 대담한 행보'였다고 평가했다.

나이키가 최초로 광고를 공개한 곳은 TV가 아니라 소셜미디어다. 현재나 과거의 소비자가 아닌 미래의 소비자들을 타깃으로 설정했기 때문이다. 그리고 이러한 선택은 Z세대의 엄청난 관심을 불러일으켰다. 이에 대해 놀런(18세)은 이렇게 말했다.

"나이키 광고의 임팩트를 사람들이 좋아한 것 같아요. 그것은 과거에 보지 못했던 마케팅 전략이었어요. 제 또래들은 나이키 광고에 환호했어요. 대담한 선언을 담은 광고였기 때문이죠. 광고에서 이야기하는 내용보다도 광고의 대담성 때문에 나이키에게 호감이 갔어요."

마케팅 리서치 회사, 와이펄스가 Z세대와 밀레니얼 세대를 설문조사[49] 한 결과를 소개한다. 4개의 유명 브랜드 중 가장 인기 있고, 사회적 대의에 부합하고, 사람들에게 자주 언급되고, 본인이 구매할 의향이 있는 브랜드가 무엇인지 물어본 결과, 1위는 다른 브랜드를 20퍼센트에서 30퍼센트 차이로 제친 나이키가 차지했다.

나이키는 콜린 캐퍼닉을 광고 모델로 기용했을 때부터 이런 결과를 예상했다. 나이키는 과거에 나이키 제품을 많이 구매한 일부 충성스러운 장기 고객을 잃을 수 있다고 예상했지만, 매일 새로운 브랜드를 접하는 중요한 소비계층인 Z세대에게 기존의 경계를 넘는 메시지를 전달함으로써, 문화적으로 의미 있는 브랜드로 자리매김하는 것이 더 중요하다고 생각했다.

Z세대를 겨냥한 소셜미디어 플랫폼, 오디세이의 사장, 브렌트 블론크비스트[50]는 자사 플랫폼 사용자의 79퍼센트가 자신들의 관점, 특히 정치적 신념에 관심을 보이는 브랜드를 지지하기 위해 해당 브랜드 제품을 사겠다고 답했다는 설문조사 결과를 우리에게 소개했다.

나이키는 Z세대가 현재 구매력이 클 뿐 아니라, 향후 나이가 들어 취업함에 따라 구매력이 해마다 급격히 증가할 것을 잘 알고 있다. 나이키는 Z세대를 향후 수십 년간 고객으로 붙잡아두려면, 나이키가 운동화를 파는 기업 이상의 브랜드가 될 필요가 있다고 판단했다. 나이키가 계속 돈을 벌려면, Z세대를 둘러싼 문화적 담론에서 주요 부분이 될 필요가 있다.

⊙ 지금 떠오르고 있는 신세대 소비자

Z세대는 현재 '떠오르고 있는' 신세대이며, 향후 최소 10년 이상은 그러할 것이다. Z세대는 다양하고, 고도로 연결되어 있고, 관심사가 빠르게 바뀌는 인플루언서 집단으로, 산업, 브랜드, 디지털 플랫폼 전반에서 유행선도자로 빠르게 부상 중이다.

Z세대는 모바일 쇼핑, 소셜미디어, 전자상거래의 부상 덕분에 힘의 균형이 상품 제작자, 상품 판매자에게서 상품 구매자(그리고 상품 추천자!)로 넘어간 최초의 세대다. Z세대는 스마트폰을 스와이프하고 탭하고 클릭해서 상품을 구매할 뿐 아니라, 손쉽게 소셜미디어를 통해 브랜드에 직접적인 영향력을 미칠 수 있다. (과거의 소비자들은 '내가 이 제품을 쓰면 어떻게 보일까?'를 중시했기에, 남들이 부러워할 만한 화려한 이미지를 가진 브랜드라는 느낌을 주는 마케팅이 효과적이었다. 반면, Z세대는 자기중심적이라, 내가 의미를 부여할 수 있고, 내가 소유했을 때 나만의 특별함을 드러내는 것을 찾는다. 어느 브랜드가 나와 연결되어 있다는 느낌을 주는가가 선택 기준이다. 그래서 고객과의 '연결'이 마케팅에서 중요해졌다. - 옮긴이)

이미 Z세대는 전자상거래와 전통적 구매 행위로 연간 수십억 달러를 지출 중이고, 제품과 서비스 판매자들의 사회적 대의에 대한 태도에 영향을 미치고 있다. Z세대의 소비 행태는 다른 세대들이 쿨하고 힙하고 스마트하다고 여기는 제품, 특히 의류와 개인용 스마트기기처럼 트렌드에 민감한 상품 카테고리에서 영향을 미치고 있다. 어린 성인 소비자들이 (특히 의류, 화장품, 음악 부문에서) 트렌드를 선도하는 계층이라는 것은 상식이다. 이것이 광고주들이 20대 소비자들의 마음을 얻으려는 이유다. Z세대를 겨냥한 마케팅이 뜨거워지고 있다. Z세대는 소셜미디어에서 자체적인 영향권을 형성할 수 있기 때문이다. 미국의 여성용 면도기 브랜드, 빌리Billie는 본인의 몸을 긍정적으로 받아들여야 한다는 메시지를 담은 소셜미디어 영상으로 Z세대의 관심을 받았다. 유니데이스UNiDAYS는 학생 할인 혜택을 제공해 Z세대 대학생들을 브랜드들과 연결시키는 플랫폼이다.

Z세대가 20대 중후반으로 진입함에 따라 그들의 영향력은 더 커질 것이다. Z세대는 이미 자동차, 보험, 부동산, IT, 여행업처럼 고가의 상품을 판매하는 업종에서 중요한 고객층으로 부상하고 있다. 시장에서 큰손으로 떠오르고 있는 Z세대는 어릴 적부터 버튼을 한 번 누르는 것만으로도 제품이나 서비스를 구매할 수 있었고, 그 이전 시대는 기억하지 못한다.

이제 브랜드 리더와 기업 중역들은 Z세대의 급부상과 트렌드 주도력을 주목해야 한다. 그들 중 다수는 밀레니얼 세대가 X세대와 다른 유형의 쇼핑객, 인플루언서, 구매자, 충성도 높은 고객임을 너무 늦게 깨닫는 실수를 한 바가 있다. 밀레니얼 세대는 전통적 마케팅, 광고, 판매 기법에 반응하지 않았다. 밀레니얼 세대에게 적응하지 못해 밀레니얼 세대를 장기적 고객으로 확보하지 못한 기업들은 판매액이 줄고, 주가가 하락하고, 브랜드가 사라졌다. 밀레니얼 세대에게 호되게 데인 브랜드 리더들은 더 선제적으로 Z세대를 이해하고 Z세대에게 적응하고자 한다. 그러기 위한 행동은 아무리 서둘러도 이르지 않다.

Z세대의 부상으로 인해 기업들은 고객 인지도, 브랜드 내러티브, 판매 경험, 브랜드 충성도, 고객 추천을 새롭게 구축할 필요가 있다. Z세대는 소

통하고, 쇼핑하고, 구매하고, 공유하고, 환불하고, 추천하고, 평가하고, 반응함에 따라 막대한 양의 소비자 데이터를 쏟아내고 있다. 그 데이터는 Z세대 소비자의 결제 거래, 멤버십 프로그램, 소셜미디어 참여, 웹사이트 방문, 플랫폼 사용 기록을 통해 찾을 수 있다. 이렇게 찾은 데이터는 (세대 연구자의 분석을 통해) Z세대 소비자들에게 적절하게 대응하려는 마케터, 브랜드, 기업가에게 단서가 될 수 있다. Z세대는 본인이 원하는 바를 행동과 태도를 통해 이야기한다. 우리는 그들의 이야기에 귀를 기울여야 한다.

⊙ 소비자로서 기대하는 것

그렇다면 브랜드 인지, 최초 구매, 결제, 소개, 충성도와 관련하여 Z세대가 원하는 바는 무엇일까?

그 답을 찾고자 우리는 CEO, CMO, 기업 이사진, 기업가들을 비롯한 브랜드 리더들과 함께 연구해왔고, Z세대가 원하는 바를 알려면 우선 Z세대의 시각을 통해 세상을 바라봐야 한다는 결론을 얻었다. Z세대 소비자들의 브랜드 판단에 영향을 미치는 3개의 주요 기준은 가치(가성비), 개인화된 콘텐츠와 광고, 사회적 책임이다.

⊙ 더 가치 있게 소비하기

앞서 언급했듯, Z세대는 2008년 금융위기로 인한 대침체의 여파가 계속되는 시기에 성장했다. 이 시기의 경험 때문에 Z세대는 어린 나이에 비해 금전문제에서 보수적이고 실용적 태도를 취하게 됐다. Z세대는 돈을 지불했으면 그에 맞는 가성비나 효용, 내구성 등의 가치를 얻길 바란다. 예를 들면, 오랫동안 쓸 수 있는 상품을 살 때도 (그것이 청바지일지라도!) 아마존이나 오프라인 매장에서 대폭 할인을 받거나, 중고매장에서 95퍼센트 할인된 가격으로 유명 브랜드 제품을 사고자 한다.

사실, 우리 연구팀과 대화한 Z세대 구성원들은 중고제품 구매를 즐긴다고 답했다. 그들은 중고매장에서 옷을 대폭 할인된 가격에 살 수 있다는 점을 높이 평가했다. 그들은 중고매장에서 어떤 물건을 발견하게 될지 몰라 기대가 되고, 몰을 방문할 때보다 중고매장을 방문할 때는 부담이 덜하고, 중고매장 한 곳에서 선택할 수 있는 옷이 다양하게 있어서 좋다고 답했다. 한 Z세대는 이렇게 말했다.

"제 친구들은 중고매장에 자주 가요. 제 친구들은 코스프레를 하기에 다양한 옷을 구하러 중고옷가게를 즐겨 찾죠. 2주 전 우리는 셜록 홈즈 분위기가 나는 옷을 입고 싶어서 주말 내내 중고매장을 돌아다녔어요. 우리는 그런 일들 때문에 중고매장에 자주 가고, 거기서 산 옷을 학교에서도 입어요."

중고제품 쇼핑은 X세대나 밀레니얼 세대의 소비 트렌드처럼 보이지만, Z세대는 중고제품 쇼핑이 트렌드가 아닌 일상이라고 말한다. 최근 몇 년간, Z세대는 모든 세대를 통틀어 중고의류 구매가 가장 많이 증가한 세대다.[51]

2019년 Z세대의 중고의류 구매는 2017년에 비해 46퍼센트 증가했다. 같은 기간에 밀레니얼 세대의 중고의류 구매는 37퍼센트 증가했고, X세대와 베이비붐 세대는 각각 18퍼센트, 15퍼센트 증가했다. 모든 세대에 걸쳐 중고의류 구매가 증가세인데, 특히 Z세대가 이 추세를 선도하고 있다.

하지만 중고의류 구매는 쇼핑몰이나 아마존에서 정가에 옷을 살 여력이 없는 저소득층의 선택이 아닐까? 그렇지 않다. 우리의 조사에서 가장 놀라운 발견 중 하나는 부유한 Z세대 구성원들도 중고의류 구매를 즐긴다는 점이다. 그들은 옷값이 터무니없이 비싸졌다고 불평하고, 중고매장에 가면 멋진 옷을 싸게 살 수 있다고 흡족해한다. 그들은 자신이 살 수 있는 제품의 가치를 민감하게 따진다. 다시 말해, 부유한 Z세대 구성원들도, 열악한 경제사회적 환경에서 자란 Z세대 구성원들도, 옷을 살 때는 거의 똑같은 말을 한다. 첫째도 가성비, 둘째도 가성비, 셋째도 가성비다.

하지만 Z세대가 가성비를 추구한다고 해서 형편없는 품질을 용인한다는 뜻은 아니다. 그들은 싸구려 옷을 푼돈에 사기보다는 잘 만든 중고의류를 고르거나 돈을 모아 고급의류를 사는 편을 선호한다. 주로 청소년층을 공략해온 패스트패션 체인 기업, 포에버21^Forever21^은 Z세대에게 어필하지 못한 탓에 2019년 말에 파산했다. (미국으로 이주한 한인 부부가 창업한 의류 기업, 포에버21은 2015년 매출액이 44억 달러에 이르렀으나, 유명 브랜드 옷을 빠르게 베껴 저가에 내놓는 전략 때문에 표절 논란이 일면서, 청년층의 외면을 받았다.-옮긴이) Z세대는 어떤 반응을 보였을까? (USPS 브랜드를 달고 나온 의류 라인을 포함한)포에버21 의류의 형편없는 디자인과 품질, 너무 작은 옷 사이즈를 비꼬는 밈과 농담들이 인터넷에서 쏟아졌다.

Z세대가 고액을 지출할 때는 나이키, 아디다스, 글로시에Glossier, 에어리 등 본인이 가치 있다고 느끼는 브랜드를 고를 때다.

⊙ 맞춤형 광고

Z세대는 역사상 어느 세대보다 많은 제품, 서비스, 브랜드 광고와 콘텐츠를 접하면서 성장한 세대다. 또한 어릴 적부터 늘 스크린을 보면서 자란 세대다. 그들은 고등학교에 가든, 대학교 카페에 가든, 스마트폰, 태블릿PC, 더 큰 LCD 화면, 광고, 프로모션 행사, 심지어 네비게이션 앱 웨이즈Waze를 쓸 때 나오는 팝업광고를 봐왔다.

반면 대부분의 Z세대는 우편함에 배달되는 일요일판 신문 광고나 할인 쿠폰의 구애를 받은 적이 없다. 우리의 조사에 따르면, 13세부터 17세까지의 Z세대 중 24퍼센트[52]가 종이신문을 읽은 적이 단 한 번도 없었다. 그 대신, 그들은 소셜미디어 뉴스피드에 올라오는 친구, 가족, 추억의 사진들 사이로 보이는 각 개인에게 맞춤형으로 전달되는 광고의 홍수 속에서 살아왔다. 몇 년 전 구글의 맞춤형 광고를 처음 접했을 때가 기억나는가? 몇 분 전 본인이 구글에서 검색한 키워드에 따라, 웹사이트나 소셜미디어에 뜨는 광고가 달라진다는 사실을 알고 으스스한 기분이 든 사람이 적지 않다. 그리고 리타기팅retargeting(사용자의 검색 기록과 방문 경로를 기반으로 각각 다른 광고를 내보내는 광고 형태 - 옮긴이)을 통해 맞춤형 광고가 계속 따라 붙었다. 고도로 개인화된 광고와 콘텐츠를 봐온 Z세대에게는 타기팅이 안 된 채 일괄적으로 흘러나오는 광고는 관심의 대상이 되지 못한다.

WP엔진WP Engine은 모든 규모의 브랜드와 광고회사를 위한 워드프레스 디지털 경험 플랫폼이다. WP엔진은 12만 명의 고객과 60만 개 이상의 웹사이트에 서비스를 제공하고자 리더십 연구를 정기적으로 진행하고, 사람들이 브랜드와 어떻게 관계를 맺길 원하는지 이해하고자 소비자 데이터를 분석한다. CGK와 파트너십을 통해 진행된 WP엔진의 조사에 따르면, Z세대의 44퍼센트[53]가 본인이 원하는 상품을 예측한 맞춤형 광고를 띄우지 않는 웹사이트에는 머무르지 않겠다고 답했다. WP엔진의 최고마케팅경영자, 메리 엘런 듀건이 설명한다.[54]

"겁이 많은 이전 세대들에 비해, Z세대는 겁이 없는 세대입니다. 이전 세대들은 온라인 마케팅을 위해 개인정보가 공유되는 것을 두려워했습니다. 반면 Z세대는 개인정보 공유를 두려워하지 않는 대신 개인화된 경험에 대한 기대치가 높습니다."

브랜드들은 또한, 고도로 타기팅된 광고가 적절한 맥락에서 등장하도록 신경 써야 한다. 리사 유츠쉬나이더는 야후, 아마존, 마이크로소프트 임원을 거쳐 인테그럴 애드 사이언스Integral Ad Science 사의 CEO가 됐다.[55] 인테그럴 애드 사이언스는 디지털 광고가 타깃 소비자에게 제대로 연결되는지 확인하고자, 디지털 광고를 추적하고 분석하는 기업이다. 브랜드들이 '리스크'를 피하도록 돕는 전문가로서 리사 유츠쉬나이더는 다음과 같이 설명한다.

"오늘날 인터넷은 전보다 훨씬 커졌습니다. 인터넷으로 더 많은 사람에게 광고할 기회가 생겼지만, 그와 관련된 리스크도 커졌죠. 여행 관련 웹사이트에서 크루즈 여행 광고를 하는 것은 좋은 생각입니다. 하지만 해당 웹사이트가 카리브해의 오염을 야기하는 관광산업을 비판하는 시기에 그런 광고를 하는 것은 좋지 않습니다. 광고는 이름을 알리는 최고의 방법이지만, 부적절한 콘텐츠를 담은 인터넷 페이지에 기업 광고를 넣을 리스크가 있습니다."

리사 유츠쉬나이더는 Z세대가 맞춤형 광고의 시대에 자랐기에 잘못된 인터넷 페이지에 광고를 내보낼 경우 생기는 부작용이 더 커졌다고 지적한다.

Z세대는 이미 어릴 적부터 유튜브를 검색할 때 최신 레고 장난감이나 디즈니 공주 옷 광고를 비롯한 본인의 인터넷 검색 기록을 기반으로 등장하는 맞춤형 광고들을 자연스럽게 접했다. Z세대는 구글의 맞춤형 광고나 아마존 장바구니 페이지에 추천 상품 목록이 없었던 시절을 경험한 적이 없다.

게다가 Z세대는 쇼핑하는 과정에서 끊임없이 본인에 관한 데이터를 만들도록 조건화됐다. 쇼핑 사이트의 과거 구매 내역에는 본인이 과거에 선택한 브랜드와 옷 사이즈 정보가 포함된다. 스타벅스 앱을 이용할 때 추천 상품이 뜨려면 최근 주문 내역이 저장되어야 한다. 상품을 무료 반송할 수 있는 서비스를 이용할 때는 상품이 마음에 들지 않는 이유를 기입해야 한다. 이렇게 쌓인 데이터를 기반으로 개인의 선호도에 더 부합하는 제품 샘플이 구독박스를 통해 추천된다. 예를 들어, 스티치 픽스Stitch Fix 박스에선 옷이, 바크박스BarkBox에선 애완견 간식이, 버치박스Birchbox에선 화장품 샘플이 추천된다.

상품을 구매하고 반품해야 하는 리스크는 이미 상당 부분 사라졌다. 의류기업부터 자동차 딜러에 이르기까지, 오늘날 기업들은 고객의 집 앞까지 옷이나 자동차를 운송해준다. 온라인 중고차 소매 업체, 카바나Carvana가 좋은 예다. 카바나를 통해 구매한 중고차가 마음에 들지 않을 경우 무료 반송을 신청하면, 카바나에서 보낸 직원이 고객의 집 앞까지 와서 중고차를 회수해간다. 캐스퍼Casper, 터프트 앤 니들Tuft & Needle 같은 침구류 회사가 택배로 보낸 매트리스가 마음에 들지 않은 경우, 즉시 환불받을 수 있다. 그리고 구매자가 자선단체나 비영리단체에 기부한다고 밝히면, 직원들이 매트리스를 회수하고자 구매자의 집을 방문한다!

Z세대는 광고부터 체크아웃, 환불에 이르기까지 모든 고객 경험이 본인의 선호도에 맞춰지길 기대한다. 그런 고객 경험을 제공하지 않는 기업은 Z세대에게 외면받을 것이다.

⊙ 사회적 대의

Z세대는 기업들이 자사 이익 외의 가치를 대변하고, 자사가 세상에 미치는 긍정적인 영향을 보여줘야 한다고 믿는다. 2019년 8월 200명에 육박하는 미국 대기업의 CEO들이 비즈니스라운드테이블 모임에서[56] 기업의 목적을 재규정하는 선언서에 서명함에 따라, 소비자들의 그런 기대에 부합하는 것이 기업들의 뉴노멀이 되고 있다. 이 선언서는 주주만이 아닌 모든 이해관계자의 이익을 고려해 기업을 경영해야 한다고 천명했다. 이해관계자는 누구일까? 비즈니스라운드테이블에 참석한 대기업 CEO들은 어떻게 이

해관계자의 이익을 고려하겠다는 걸까? 그들은 고객에게 가치를 전달하고, 직원에게 투자하고, 공급업체에게 정당하고 윤리적인 가격을 제시하고, 지역공동체 유지에 공헌하겠다고 선언했다. 주주가치 재고는 장기적 관점에서 추구하겠다고, 선언서의 맨 끝부분에 언급됐을 뿐이다.

새로운 기업 규범이 선언된 타이밍은 절묘했다. 2019년은 Z세대가 소비자로 부상하고 있는 시점이었다. 이들은 신발(탐스TOMS)부터 안경(와비파커Warby Parker), 음식, 물까지 다양한 물품을 어려운 이들에게 기부한다고 밝히는 광고로 사회적 위상을 높이는 기업 활동을 보며 자란 세대다. 사회적 가치 추구는 밀레니얼 세대가 다양한 방식으로 요구해온 기업의 새로운 모습인데, Z세대는 그러한 모습을 기업에게 기대한다. 그들은 브랜드 제품을 구매하기에 앞서 해당 브랜드가 제품의 사용가치를 넘어서는 더 큰 가치를 대변하는지 알고 싶어 한다.

인테그럴 애드 사이언스의 CEO, 리사 유츠쉬나이더[57]는 소비자 브랜드이자 잠재적 고용주로서 기업이 대상 독자에게 접근하는 광고를 제작할 때 어떤 점을 고려해야 하는지 설명한다.

"Z세대는 기업이 내세우는 미션(사명)이 무엇인지, 기업이 그 미션을 달성하려고 노력하는지 보고 싶어 합니다. Z세대는 기업이 자신을 가치 있는 존재로 대하고, 기업의 가치를 세상에서 추구하는 모습을 보길 원합니다. 그들은 기업에게 그런 요구를 하길 두려워하지 않습니다."

나이키가 콜린 캐퍼닉을 광고 모델로 기용하는 대담한 선택을 한 이유는 이러한 점을 이해했기 때문이었다. 이전 세대들은 나이키를 사회적 이슈에서 목소리를 내는 브랜드로 인식하지 않았지만, 지금의 Z세대는 나이키의 진화된 이미지만 알고 있다. 한편 미국 아웃도어 브랜드, 파타고니아 Patagonia처럼 사회 이슈에서 목소리를 내온 다른 레거시 브랜드들은 새로운 방법으로 목소리를 내고자 한다. 2018년 파타고니아는 세금감면혜택으로 절약한 1천만 달러 전액을 대기, 토지, 수질을 보호하고 기후변화에 대처하는 방법을 모색하는 환경단체들에게 기부함으로써 국제뉴스란을 장식했다. 이는 파타고니아가 1985년부터 실천해온, 매출의 1퍼센트를 지구에 기부한다는 약속의 일환이었다. 파타고니아는 직원들이 변화를 일으킬 수 있게 배려한다. 2018년 파타고니아는 직원들의 투표를 독려하고자 선거일에 매장을 쉬었다.

모든 브랜드가 사회적 가치를 대변하는 브랜드라는 점을 소비자들에게 보여주고자, 사회정의나 환경보호 이슈에 파타고니아만큼 적극 기부할 수는 없고, 그럴 필요도 없다. 하지만 아직 사회 이슈에 참여하지 않은 업체라면, 일상적인 영업활동 외에 긍정적인 영향력을 발휘할 기회가 있는지 모색할 필요가 있다. 작은 의류 소매업체라면, 지역 여성쉼터에 옷을 기부하거나, 지역공동체에서 새 옷을 살 형편이 못 되는 이에게 옷을 지원하는 프로그램을 운영할 수 있을 것이다. 애완견 미용사라면, 유기견 입양센터에 후원금을 낼 수도 있을 것이다. 중견 광고대행사라면, 지역 비영리단체의 모금회 홍보를 돕는 데 몇 시간을 할애할 수 있을 것이다. 세상을 어떻게 바꾸겠다는 최고경영자의 생각이 기업의 사명에 녹아 있는 경우도 있다. 만약 그렇지 않은 기업의 경우에는 어떠한 사회 이슈더라도 참여할 기회로 삼아야 한다. Z세대의 시점에서, 최악의 기업은 늘 하던 대로 영업활동만 신경 쓰는 기업이다.

⦿ 브랜드는 플랫폼이다

우리는 지금까지 중역, 이사진, 기업가들과 함께 브랜드를 Z세대의 관심을 끄는 플랫폼으로 바꾸는 방법을 연구해왔다. 단순히 브랜드에 머물지 않고 플랫폼이 되려면, 이 책에서 지금까지 논의한 작업, 즉 기업의 사명이나 기업이 해결하려는 문제, 브랜드가 대표하려는 라이프스타일을 다양한 채널을 통해 홍보해야 한다. 콘텐츠, 협업, 목적, 신뢰, 소비자의 일상생활에서 깊은 관여를 이끌어내는 브랜드가 되려면, 제품의 품질이나 기억하기 쉬운 이름을 넘어서는 무언가가 필요하다. 모바일 기기에서 접근하기 쉬운 웹사이트를 제작할 뿐 아니라, 적절한 소셜미디어 채널에서 활발히 활동하고, 현실과 인터넷 공간의 연결, 사람들의 담론을 확장하는 경험과 이벤트를 제공해야 한다.

브랜드를 플랫폼으로 인식하는 시각은 기업의 비전을 제조, 운영부터 마케팅, PR까지 기업의 모든 활동에 연계시킨다. 예를 들어, 제품이 어디서, 어떻게 사회적 책임을 준수하면서 만들어지는지 알고 싶어 하는 Z세대의 성향은 제조의 중요성을 높인다. Z세대는 또한, 음식 재료 공개, 임금평등과 포용 실천, 환경적 책임 준수 등의 영역에서 투명성을 요구한다. 기업 운영은 마케팅, 외부 소통과 연계될 필요가 있다. 한 편의 바이럴 영상으로 예상을 뛰어넘는 수요가 창출될 수도 있고, 기업이 홍보해온 사명을 위반하는 행태, 이를테면, 하천 오염을 유발하는 공장 운영을 폭로하는 영상이 다년간 공들인 브랜딩branding 작업을 헛수고로 만들 수도 있기 때문이다.

이 대목에서 디지털 프라이버시에 관한 투명성도 큰 역할을 담당한다. 앞서 진술했듯, Z세대는 개인 데이터를 기업과 공유할 의사가 있지만, 그 대신 기업이 수집한 개인 데이터를 안전하게 관리하는지 확인하고 싶어 한다.

그래서 개발된 데이터 프라이버시 보호 플랫폼, 오사노Osano의 프라이버시 모니터는 깨알 같은 글씨로 써진 장문의 소비자 약관을 이해하기 쉽게 짧게 요약해주는 프로그램이다. 오사노의 창업자, 알로 길버트[58]가 말한다.

"모든 사람이 매일 같은 거짓말을 하고 대가를 치릅니다. 그 거짓말이란 소비자들이 서비스에 가입할 때 '아래의 약관과 조건을 읽고 동의'한다고 버튼을 누르는 것입니다. 모두 그렇게 하죠."

인터넷에서 '예, 동의합니다' 버튼을 클릭하기 전에, 약관과 조건을 일일이 읽고 확인하는 사람은 거의 없다. 하지만 페이스북의 마크 주커버그나 아마존의 제프 베조스 같은 비즈니스 리더들이 소비자 데이터를 무책임하게 사용할 가능성이 높아짐에 따라, 데이터가 안전하게 관리되는지 걱정하는 소비자가 늘고 있다. 인터넷에서 데이터에 기반한 결정을 내리면서 성장한 Z세대는 특히 더 그렇다. 그들은 데이터를 안전하게 관리한다고 믿을 수 있는 플랫폼을 더 애용할 가능성이 높다. 알로 길버트가 설명한다.

"안전한 데이터 관리야말로 고객을 늘리는 길입니다. Z세대는 제조 과정에서 아동 노동 착취 여부, 화학물질 사용 여부를 알고 싶어 하는 것처럼, 자신의 데이터를 기업이 어떻게 관리하고 있는지도 알고 싶어 합니다. 그들은 어떤 기업이 잘하고 있고, 어떤 기업이 못하고 있는지 알고 싶어 합니다. 데이터를 얼마나 주의 깊게 관리하고 있는지 투명하게 알리는 것은 기업에게 마케팅 기회가 됩니다. '여러분은 신용카드, 이메일, 건강 정보를 우리에게 제출해도 문제가 생기지 않으리라고 믿으실 수 있습니다.

우리는 수집한 정보를 오용하지 않을 테니까요' 하고 소비자들에게 말할 수 있기 때문이죠."

브랜드가 플랫폼이 될지 말지는 결국 고객 신뢰에 달렸다. 고객들, 특히 꼼꼼히 따지는 Z세대들이 브랜드가 천명한 사명을 달성하고자 노력하고 활동을 투명하게 공개할 것이라 믿을까? 그들이 브랜드의 메시지와 제품을 친구들과 공유하고 싶을 정도로 브랜드를 신뢰할까? 그들이 자신의 개인 정보를 브랜드와 공유할까? 그들이 브랜드, 그리고 브랜드가 지지하는 모든 활동과 관계를 맺길 원할까?

성공한 Z세대 브랜드 플랫폼은 3개의 요소를 갖췄다. 첫째는 대상 독자에게 가장 효과적으로 도달하기 위한 경로의 일관성이다. 웬디스가 트위터에서 유명해진 캐릭터들을 활용해 매장 내 제품 진열을 하는 것이 좋은 예다. 둘째는 데이터 기반 트래킹에 대응하는 능력이다. 즉, 가능한 한 모든 정보를 수집하고 해당 정보를 개별 고객과 연결시키는 능력이다. 셋째는 Z세대 고객들의 인생단계, 우선순위에 부합하는 모습을 보임으로써 형성한 유의미한 연결고리다.

⊙ Z세대에게 적응하기

소비자로서 Z세대의 중요도는 날로 높아지고 있다. 지금 Z세대는 생애 첫 자동차 구입(또는 리스), 첫 주택 임차, 근무복장 구매, 데이트 앱으로 일게 된 이성과 저녁 데이트를 할 레스토랑 예약 등 인생단계에서 중요한 각종 구매 결정을 앞두고 있다. 어떤 상황이든 한 가지는 확실하다. 고객 경험에 있어서 '일상(표준)'의 정의를 Z세대가 완전히 새롭게 내리고 있고, 브랜드와 판매 리더들이 지금 당장 행동에 나서야 한다는 점이다. Z세대의 기대치가 너무 높다고 말하는 리더들도 있지만, 우리는 동의하지 않는다. Z세대는 다른 세대들과 다른 기대치, 새롭게 정의된 일상을 가지고 있고, 더 큰 구매력을 지닌 소비자로 성장해감에 따라 이러한 기대치를 브랜드를 선택하는 기준으로 삼을 것이다.

Z세대는 브랜드와 고객의 투명성, 연결성, 트렌드의 신속한 부상과 소멸(피젯스피너, 호버보드의 유행이 얼마나 빠르게 번져나갔고, 또 사그라들었는지 생각해보라)을 당연시하는 시대에 성장한 세대다. Z세대는 어릴 적부터 계절이 바뀌지 않아도 아메리칸이글, 자라, H&M 같은 패스트패션 브랜드 매장에 가서 거의 매달 새로 출시되는 옷을 살 수 있었다. 그렇지만 Z세대는 최신 스마트폰을 먼저 사기 위해 (특히 아이폰 출시 기념 아이스크림을 받을 때는) 길게 줄 서서 기다리는 행동을 이상히 여기지 않는다. 식당에서 주문하려고 줄을 서거나 호텔에서 체크인하거나 줄을 서는 행동은 번거로운 절차로 느끼면서 말이다.

Z세대는 어릴 적부터 어떤 매장이든 들어가서 제품을 찾은 다음, 그 자리에서 스마트폰을 꺼내 제품 리뷰를 읽고, 어느 매장에서 구매하는 것이 싼지 비교하고, 스마트폰으로 주문해, 집에 도착하기 전에 배송 받을 수 있는 시대를 살아왔다. 이처럼 소비자들이 오프라인 매장을 온라인 쇼핑몰의 전시장showroom처럼 쓰는 구매 행태를 '쇼루밍showrooming'이라고 부른

다. 밀레니얼 세대에게 새로운(그리고 오프라인 소매업자의 생존을 위협하는) 트렌드였던 쇼루밍은 Z세대에게는 일상이다. 이 문제에 관심이 있는 사업자는 유튜브를 보면 된다. 유튜브에는 장난감부터 최신 스마트폰까지 본인이 주문하고 배송 받은 다양한 상품의 포장을 뜯어보는 '언박싱' 영상이 무수히 올라와 있다. 이런 언박싱 영상은 유튜브에서 너무도 인기가 좋다. 장난감, IT기기 등 온갖 제품의 언박싱 영상만 올려 수백만 달러를 버는 유튜버들도 있다.

요컨대, Z세대는 다양한 메시지가 뒤섞이고 상충하는 시대에 자란 신세대다. Z세대는 성장하는 과정에서 돈을 아껴야 한다는 메시지와 소비하라는 메시지를 동시에 받았다. 그들은 경기가 악화돼 이전 세대들이 경험한 고통을 본인도 받게 될 경우를 대비해 평소부터 돈을 아끼고 실용적으로 소비하는 성향을 띠게 되었다. 하지만 다른 한편으로는 소셜미디어의 대중화와 맞춤형 광고 기술의 발전으로 인해 이전 세대들이 청년기에 경험한 것보다 훨씬 더 많은 구매 욕구를 자극받는다.

모든 업종의 크고 작은 브랜드들이 이러한 새로운 일상(뉴노멀)을 인식하고 대응하는 과제를 안고 있다. 이에 성공하는 브랜드만이 소비자이자 인플루언서로 부상하는 Z세대에게 혜택을 받을 것이다. Z세대는 현재의 구매력도 클뿐더러, 그 구매력은 해가 지날수록 급증할 것이다. 또한 거의 모든 상품 카테고리에서 인플루언서로서 활동하는 Z세대가 디지털 채널을 통해 다른 세대들에게 미치는 영향력도 급증하고 있다.

7장

Z세대가 구매하는 것들

"지금까지 스냅챗에서 광고를 보고 화장품을 사는 데 150달러는 쓴 것 같아요."

_ 테일러(16세)

Z세대 구성원 중 최연장자는 2020년도에 24세에 도달했다. 이들이 고교 졸업 후 대학에 입학했더라도 2020년도에는 대학을 졸업해 전일제 근로자로 취업했을 나이다. 만약 대학에 입학하지 않고 취업했다면(또는, 대학을 다니는 와중에 승차 공유 서비스, 리프트를 통해 운전자로 일하거나, 태스크래빗을 통해 아르바이트를 했다면) 이미 몇 년 전부터 돈을 벌었을 나이다.

현재 가장 나이 어린 Z세대 구성원은 초등학생과 유아다. 이들은 트램폴린 공원에서 생일파티를 하고, 식사 테이블 앞에 앉아 마인크래프트를 플레이하고, 어린이들에게 인기 있는 유튜버 조조 시와의 브랜드가 박힌 온갖 의류를 입고, 아마존에서 TV를 시청하고, 중학교에 입학하기 전부터 본인 소유의 스마트폰이나 인터넷에 접속 가능한 태블릿PC를 사용할 확률이 높다. 이 인생단계에 있는 Z세대는 현재의 소비에서도 패턴과 우선순위를 보이고, 돈을 어떻게 지출하고, 어떤 제품과 서비스에 영향을 미칠지 선택한다.

우리는 현재 Z세대가 가장 많은 돈을 지출하는 대상을 판별하고, 그들의 구매 패턴이 어떻게 소매업체들이 수십 년간 사업해온 양상을 뒤흔들고 있는지 파악했다. 하지만 이 때문에 겁먹을 필요는 없다. 지난 수십 년간 문제없이 작동하던 사업 방식을 바꿔야 한다는 생각에 공포에 빠지는 기업도 있지만, Z세대의 구매 선호도에 대한 연구는 신세대 소비자들과 연결되려는 브랜드에게는 거대한 기회가 될 수 있다. 일부 기업들이 어떻게 Z세대와 발걸음을 맞추고 있는지, 해당 기업들의 접근법이 어린 소비자들과 연결되려는 기업들에게 어떠한 영감을 주는지 이제부터 면밀히 살펴보고자 한다.

⊙ 의류

Z세대는 본인이 입는 옷이 곧 본인 정체성의 표현이고, 옷을 통해 본인이 옹호하는 사회적 집단이나 사회적 대의를 드러낼 수 있다고 믿는다. 아직 다수의 Z세대 구성원은 (패션에 큰돈을 지출하고, 기업들이 가장 신경 쓰는 연령대인)'20대'가 아니지만, 머지않은 미래에 20대가 된다. Z세대의 의류 구매 양상(오프라인 매장 방문 감소, 최신 유행의 저가 의류를 짧은 주

기로 생산·판매하는 패스트패션 브랜드에 대한 선호, 중고의류 구매 증가)은 이미 전통적 쇼핑몰과 의류 메이커들에게 막대한 영향을 미치고 있다.

앞서 언급했듯, 중고의류 구매는 브랜드 의류 구매 비용을 아끼고 싶고, 자신만의 옷을 발견하고 싶고, 친구들과 하나의 집단을 형성하고 싶어 하는 Z세대에게 두드러지는 의류 소비 패턴이다. 중고의류는 수십 년 전부터 저소득층이 구매해왔지만, 저소득층부터 부유층에 이르기까지 경제사회적 스펙트럼을 막론하고 Z세대 구성원들이 보이는 중고의류에 대한 높은 선호도는 특기할 만한 현상이다. 브랜드들은 '유행하는' 패션의 의류를 출시하는 것은 물론이고, 내구성이나 가격, 그 밖의 장점(이를테면 스마트폰 앱, 도시Dosh로 즉각적 캐시백을 제공하겠다는 약속)을 어필해서 '중고의류를 선호하는' Z세대의 지갑을 열 방법을 연구해야 할 것이다. 그러려면 기존과 다른 접근법과 새로운 운영 스킬이 요구된다.

의류 메이커들은 매장 내 경험을 혁신할 방법을 고민해야 한다. 예를 들어, Z세대 방문객이 본인 사진을 곧바로 소셜미디어에 올리기 좋게, 매장 피팅룸 구역의 조명과 인테리어를 바꿀 수도 있다. 피팅룸을 들락거릴 때마다 직원을 찾을 필요 없이, 다른 사이즈나 색상의 옷을 달라는 문자 메시지를 보냄으로써 직원과 즉시 상호작용하길 바라는 Z세대 방문객이 있을 수도 있다.

패션 산업의 리더들은 매장 방문 시점 간(또는 매장을 방문하지 않을 때의) 디지털 소통, 사회적 대의에 연결하는 방식, Z세대가 기업과 상호작용하는 각 단계마다 맞춤형 광고, 장바구니 제안, 추천 의류, 퍼스널 쇼퍼personal shopper(고객에게 적합한 상품을 추천하는 직원 - 옮긴이)의 의류 추천 등으로 Z세대의 쇼핑 경험을 개인화하는 방법도 연구해야 한다.

이러한 연구를 토대로 성공을 거둔 브랜드의 예로는 여성 속옷 브랜드, 에어리가 있다. 에어리는 미에 대한 통념에 반대하고, 광고의 대상 독자인 10대 초~20대 초의 여성들과 연결될 때마다 자기 몸 긍정주의body positivity를 전파했다. 에어리는 현실적인 몸매에 맞는 속옷을 만든다는 의미로 브랜드명과 현실real이라는 단어를 조합한 해시태그, #에어리얼#AerieREAL을 마케팅에 활용했다. 에어리는 모델 피부의 잡티, 튼살, 주름을 포토샵으로 보정하지 않고, 있는 그대로 보여주는 광고 사진을 내보냈다. 에어리는 다양한 인종, 피부색, 체형의 여성들을 광고 모델로 내세웠다. 에어리는 '#에어리얼은 …다#AerieREAL is…'라는 해시태그를 단 게시물을 소셜미디어에 올리고, 100만이 넘는 팔로워들에게 에어리의 현실적인 자기 몸 긍정주의를 전파해달라고 요청했다. Z세대는 에어리의 노력을 인식하고 긍정했다. 한 대학생은 에어리 인스타그램 게시물에 이런 댓글을 달았다.

"에어리보다 더 다양성을 포용하는 의류 브랜드를 누가 하나라도 말해봐요. 없을 걸요."

에어리에 대한 Z세대의 반응은 너무도 뜨거워서 여성 속옷 브랜드, 빅토리아 시크릿을 위기에 빠트렸다. 시장점유율 1위 업체 빅토리아 시크릿은[59] 2018년 매출액이 45퍼센트 감소했고, 2019년에 부활하고자 안간힘을 썼다. 자기수용, 진정성, 포용성은 세계에서 가장 강력한 쇼핑객인 Z세대 사이에서 문화담론의 키워드로 자리 잡았다. 그런 와중에 마르고 완벽한 몸매의 빅토리아 시크릿 광고 모델들은 빅토리아 시크릿이 소비자와 연관성이 없는 브랜드로 느껴지게 한다.

⊙ 화장품과 뷰티 제품

Z세대는 메이크업 트렌드에 가장 큰 영향을 미치고, 큰 영향을 받는 세대다. 흥미로운 대목은 요새 뜨는 메이크업 인플루언서들도 Z세대 구성원이라는 사실이다. 화장품 기업, 카일리 코스메틱스를 설립해 큰 성공을 거둔 방송인, 카일리 제너가 단적인 예다. 카일리 제너가 소셜미디어 채널을 통한 화장품 판매로 수억 달러의 매출을 올릴 수 있었던 비결은, 그녀 자신도 Z세대였기에 Z세대의 공감을 불러일으킨 데 있었다.

화장품 산업은 대다수 선도 기업들이 오래된 마케팅 루틴을 반복하는 레거시 브랜드이기에, 변화에 적응하지 못할 경우 도태되기 쉽다. Z세대가 원하는 연결 방식(브랜드 투명성, 사회적 책임, 소셜미디어로 공유할 만한 구매 경험)에 브랜드가 부합하지 못할 경우, Z세대는 관심을 끊고 가치를 보증하는 새로운 브랜드로 옮겨 탄다.

콘텐츠 기반 마케팅은 Z세대의 관심을 끄는 데 있어 중요한 요소다. Z세대는 실용적인 기술을 가르쳐주는 영상을 즐겨 본다. 이제 막 화장을 하기 시작한 어린 Z세대 구성원들은 어떤 화장품을 구매하고 어떻게 화장품을 써야 할지 모른다. 그렇다면 그들은 어디서 화장법을 배울까? 답은 유튜브와 틱톡이다. Z세대에게 화장품을 팔려면 쇼핑몰에서 무료로 화장법을 알려주는 직원을 채용하는 대신 유튜브, 틱톡, 소셜미디어 채널들을 이용해야 한다. 영상을 통해 피부색에 어울리는 셰이드를 고르는 법, 아이라인을 그리는 법, 앞니에 묻히지 않고 입술에 립스틱을 바르는 법, 스킨 토너를 사용해 여드름을 관리하는 법을 설명해야 한다. 그다음에는 적절한 플랫폼을 통해 제품을 추천하면 된다.

글로시에 같은 화장품 브랜드들은 Z세대의 마음을 사로잡기 위해 제품 판매에만 집중하지 않는다. 글로시에는 주로 Z세대를 겨냥한 콘텐츠를 제공함으로써 고객을 늘려왔다. 글로시에의 출발점이 된 블로그, 인투 더 글로스Into The Gloss의 소개글에는 '미의 경험'이라는 문구가 쓰여 있다. 이 블로그는 방송인 킴 카다시안부터 모델, 식당 사장, 의사, DJ까지 각계 여성들이 '화장품 제품, 커리어, 오늘날 여성에게 있어 미의 의미'를 이야기하는 인터뷰 시리즈로 유명해졌다. 이 블로그는 제품 리뷰, 화장법, 재미있는 글, 화장 관련 조언(이를테면 '특별한 상황의 피부 화장법'), 글리터 화장품 쓰는 법, 주근깨 있는 여성의 화장법, 여드름 관리법도 제공한다.

인투 더 글로스, 글로시에는 독자들에게 깊이 연결된다. 글로시에는 화장품을 개발할 때 소셜미디어 댓글 내용을 고려한다. 인투 더 글로스 블로그는 Z세대 구성원들이 화장 관련 고민을 해결하고 자신만의 미를 추구하도록 돕는다.

Z세대에게 인기 있는 또 다른 뷰티 브랜드인 러시Lush는 제품 판매에만 매진하지 않고, 모든 사업 활동에서 기후변화 이슈를 고려하는 모습을 보인다. 러시는 가히 화장품계의 파타고니아다. 2019년 9월 20일 러시는 기후변화 문제를 해결하기 위한 정책을 세계 각국에 촉구하고자 청년들이 주도한 글로벌 기후 파업에 모든 직원이 참여할 수 있게, 모든 매장의 영업을 하루 동안 쉬었다. 심지어 러시는 자사의 전자상거래 사이트도 이날 하루 동안 닫았다.

러시는 '지구를 구하기 위한 화장품 혁명'이라고 자사를 소개한다. 러시

제품은 식물성 화장품이다. 또한 제조 과정에서 동물을 학대하지 않고, 수작업으로 만들어진다. 러시의 소셜미디어 게시물들은 자사 제품 사용법부터 화장품 용기 재활용법, 자사 제품 제조 과정 소개까지 다양한 내용을 담고 있다.

⦿ 게임과 소비자 기술

"저는 언제나 친구들과 포트나이트를 하고, 친구들이 온라인에 접속하지 않았을 때는 게임을 하지 않아요. 친구들과 함께 플레이해야 재밌거든요. 저는 게임을 하면서 친구들과 대화해요. 주제는 인생, 학교 등 온갖 게 다 있죠. 직접 만나서 이야기하는 모든 주제를 게임을 하면서도 이야기할 수 있죠. 게임을 통해 친구가 된 아이들도 대여섯 명 있고, 세계 곳곳에 제 친구가 있어요. 게임 속에서 제가 그 친구들을 죽이거나 그 친구들이 저를 죽이면 '실력이 좋은데', '함께 모여서 플레이할래?' 같은 대화가 오가고, 그런 다음에는 원할 때마다 함께 플레이하게 되죠. 그렇게 해서 핀란드, 호주, 시카고, 코네티컷, 캘리포니아, 뉴욕에 사는 친구들을 알게 됐어요."

_ 윌(13세)

Z세대는 스마트폰부터 알렉사, e스포츠까지 신기술을 아주 빨리 받아들인 얼리어답터 세대다. 그들은 인생의 모든 부분에서 IT 소비자 기술에 의존한다.

특히 게임은 Z세대에게 폭발적인 인기를 끌고 있다. 시장조사기관 휘슬에 따르면,[60] Z세대 남성의 68퍼센트가 게임이 본인 정체성에서 중요한 부분을 차지한다고 답했다.

우리가 실시한 조사에서는[61] Z세대 남성의 88퍼센트, 여성의 65퍼센트가 게이밍 시스템을 가지고 있다고 답했다. 그들은 그러한 게임을 플레이하는 데 매일 3.2시간을 사용한다(이는 스마트폰 게임을 포함하지 않은 수치다. 그들은 매일 6.6시간을 스마트폰 게임에 사용한다). Z세대의 70퍼센트가 게임에 중독되기 쉽다고 느낀다.

어른들은 오랫동안 비디오 게임을 반사회적 활동으로 여겼지만, Z세대의 게임 경험은 고도로 연결되고 사회적인 활동이다. 게임 카트리지를 비디오 게임기에 넣던(안 되면 게임 카트리지를 입으로 훅 불고 다시 넣어보라고 말하던) 시절, 혼자서 게임하거나, 기껏해야 옆에 있는 친구 1명과 게임하던 시절은 오래전에 지나갔다. 플레이스테이션 네트워크나 엑스박스 라이브 등을 통해 모든 게이머들이 온라인 커뮤니티에 접속 가능해짐에 따라, Z세대는 다른 도시, 국가, 대륙의 친구들과 게임을 한다. 휘슬에 따르면, Z세대의 74퍼센트가 게임을 친구들과의 연결을 유지하는 수단으로 인식한다.

그렇다면 Z세대가 게임에 지출하는 금액은 얼마나 될까? 시장조사기관 닐슨에 따르면,[62] Z세대는 게임 서비스 구독료, 게임 구매, 추가적인 게임 아이템 구매로 월평균 92달러를 지출한다. Z세대 구성원 대다수가 아직 전일제 근로로 돈을 버는 나이가 아님을 감안하면 인상적인 수치다.

업종과 관계없이 비즈니스 리더들은 이러한 Z세대의 성향을 이용할 기회를 모색할 수 있다. 대형 금융사, 얼라이 파이낸셜Ally Financial의 최고마케팅경영자, 안드레아 브리머[63]는 2018년 슈퍼볼 경기를 앞두고, 팀원들과 가상현실 게임을 만들었다.

"고객의 돈을 충실하게 관리하겠다고 말하면서 슈퍼볼 광고에 거액을 지출하는 것은 맞지 않다고 생각했습니다. 하지만 슈퍼볼로 뜨거워진 분위기를 홍보에 활용하고 싶었죠. 그래서 우리가 만든 것이 '빅세이브'라는 게임입니다."

안드레아 브리머는 빅세이브 앱을 통해 노골적인 광고 없이 Z세대에게 얼라이 파이낸셜에 저축하라는 메시지를 전달할 수 있었다. 빅세이브 앱을 다운로드하려면 먼저, 본인의 저축 목적이 뭔지 대답해야 했다. 이는 두 가지 의미에서 교묘했다. 얼라이 파이낸셜은 재미있는 방식으로 현재 고객들과 잠재적 고객들의 관심을 끌 뿐 아니라, 사람들의 주요 저축 목적에 관한 데이터를 수집할 수 있었다. 빅세이브를 플레이한 3만1천224명이 밝힌 주요 저축 동기는 주택매입자금 마련(9,362명), 비상자금 마련(8,909명) 등이다.

이 게임은 슈퍼볼 경기 중 광고가 나오는 시간대에만 플레이할 수 있었다. 게임 속에서 플레이어는 하늘에서 떨어지는 돈을 잡아 저금통에 넣어야 했다. 게임이 끝난 뒤 얼라이 파이낸셜은 플레이어들에게 25만 달러를 나눠줬다. 슈퍼볼 광고에 수백만 달러를 지출하는 대신 자사의 게임에 참여한 사람들에게 돈을 나눠준 것이다.

빅세이브 게임은 모든 세대가 플레이했지만, 특히 어린 고객들에게 주효했다. 플레이어의 49퍼센트가 Z세대, 밀레니얼 세대였다.

이러한 소비자 기술은 Z세대가 학습하고, 집에서 쉬고, 친구나 가족과 연결하는 과정에 녹아들어간다. 집에서 사용하는 IT기기가 어린 Z세대 구성원들의 소통과 쇼핑에 영향을 미친다는 점은 비즈니스 리더들에게 또 다른 기회가 된다. Z세대 구성원 다수는 알렉사 이전의 시대를 기억하지 못한다. 그들은 이메일과 페이스북을 낡았다고 느끼고, 현실에서 만나지 않아도 충분히 협업할 수 있다고 생각한다. 이는 고용주가 공식적으로 지원해주지 않은 상황에서도 직장에서 소통과 협업 도구를 곧잘 사용한 밀레니얼 세대에게서 시작된 트렌드다. 플랫폼 관리 기업, 유니파이 스퀘어와 오스터먼 리서치의 조사에 따르면,[64] 밀레니얼 세대의 28퍼센트가 업무용 메신저 '슬랙'처럼 회사에서 승인하지 않은 협업 앱들을 1주일에 2~4회 사용하고, 71퍼센트는 1년에 최소 몇 번은 사용한다.

이러한 디지털 협업은 Z세대의 취업이 증가함에 따라 더 강화될 것이다. Z세대는 정보통신기술을 활용해 집단으로 소통하고 협업하려는 욕구가 강하기에, 훗날 협업세대라 불리게 될지도 모른다. 우리가 수행한 조사에 따르면, 어느 직장에 취직할지, 현재 직장에 남을지 결정할 때 직장의 정보통신기술 활용 수준을 고려한다고 답한 청년이 많다.

Z세대의 정보통신기술 의존 성향은 모든 산업의 비즈니스 리더가 모든 기업 활동에서 최우선으로 고려해야 할 요소다. 그것을 자사의 강점으로 활용해야 한다. Z세대와 연결되는 모든 부분에서 어떻게 새로운 정보통신기술을 활용할지 고민해야 한다.

⊙ 엔터테인먼트

Z세대는 모든 것이 스트리밍되는 트렌드를 선도하고 있다. 새 음악을 발견하고자 유튜브를 방문하고, 그 음악을 듣고자 스포티파이에 접속하고, 자기 취향에 딱 맞는 플레이리스트를 얻는 것이 어릴 적부터 이어져온 그들의 일상이다. 넷플릭스와 유튜브의 대중화로 인해 Z세대는 추천 영상 목록을 보고, 영상에 평가를 내리고, 언제 어디서 무슨 기기를 통해서든 영상을 보는 것을 당연시하게 됐다. 자신의 아이패드로 영상을 보기 시작해, 중간에 엄마의 아이폰으로 같은 영상을 보다가, 스마트TV로 나머지 부분을 보곤 한다. 시청하는 기기를 바꾸어도 곧바로 같은 영상을 이어서 볼 수 있고, 이전 영상에 본인이 내린 평가를 토대로 추천 영상 목록이 뜬다. 지금 Z세대는 넷플릭스, 아마존, 유튜브 프리미엄을 통해 영화, 드라마부터 다큐멘터리까지 다양한 영상을 마음껏 시청할 수 있고, 유튜브에 가서 케이크 만드는 법, 서핑하는 법, 춤추는 법을 배우거나 남들이 실패한 영상을 보고 웃을 수 있다. 틱톡은 15초짜리 숏비디오를 새로운 차원으로 끌어올린 영상 플랫폼이다. 콘서트, 라이브 이벤트 기획자들은 Z세대가 티켓 구매, 이벤트 정보 업데이트부터 스크린을 활용한 공연자와 관객의 상호작용, 심지어 포트나이트 안에서 벌어지는 가상 콘서트까지, 모든 과정에서 더 몰입감 있고 상호작용적인 경험을 원한다는 점을 감안한다.

엔터테이너와 상호작용하려는 Z세대의 욕구에 부합하는 이들은 모든 게시물에 '하트'나 '좋아요'를 누르는 팬 군단을 얻을 수 있다. 테일러 스위프트, 레이디 가가, 방탄소년단 같은 가수들과 셀레나 고메즈, 더 록(프로레슬러 출신 영화배우 드웨인 존슨) 같은 유명인들이 이에 성공해 인플루언서가 됐다. 이들은 소셜미디어 팔로잉을 통해 Z세대 광고 플랫폼을 구축했다. 이에 따라 자사 브랜드를 Z세대와 연결하고자 소셜플랫폼에서 영향력 있는 유명인들을 활용하는 기업이 늘고 있다. 예를 들어, 영화사들은 더 록이 영화에 출연하는 것에 대한 계약을 하면서 동시에 더 록이 소셜미디어에서 영화를 홍보하는 별도의 계약도 체결한다. 1천700만 명이 넘는 인스타그램 팔로워를 거느린 더 록은 제작현장 사진과 영상을 본인 인스타그램에 올림으로써 영화에 대한 대중의 관심을 불러 모을 수 있다. 더 록이 인스타그램에서 영화를 홍보하는 것이 옥외광고판이나 TV광고로 홍보할 때보다 더 많은 관심을 촉발할 것이다.

영리한 기업들은 세계적으로 유명하든, 소수에게만 유명하든, 아티스트들이야말로 강력한 브랜드 홍보 수단이자, 소셜미디어 게시물, 비디오나 공연 중 언급을 통해 브랜드 매출 증가에 직접적 영향을 미칠 수 있는 존재라는 사실을 인식하고 있다. 관건은 브랜드의 시장 포지션에 적합하고, 측정 가능하게 관심을 이끌어내고, Z세대에게 최대의 충격을 줄 수 있게 상당 기간 관심을 받을 수 있는 엔터테이너나 인플루언서를 찾는 것이다. 이러한 조건을 충족하는 이를 찾고자 광고대행사들이 혈안이다. 브랜드와 유명인을 연결하는 작업을 전담하는 직원을 두는 광고대행사도 많다. 유명인을 기업의 투자자나 협업자로 연결하기도 하는데, 이를테면 가수 저스틴 비버(스포티파이), 배우 제시카 알바(어니스트 컴퍼니Honest Company), 배우 애쉬튼 커처(우버), 가수 타이라 뱅크스(더 뮤즈The Muse), 기업가 게리 베이너척(스냅챗)이 있다.

이제 브랜드들은 비디오게임에 브랜드를 직접 통합하고자 한다. 예를 들어, 마블은 포트나이트 유저들에게 아이언맨 스킨을 제공한다. 2019년 2월 2일 유명 뮤지션 마시멜로[65]가 '게임 속 라이브 콘서트'를 개최하자 포트나이트 동시접속자가 1천만 명을 돌파했다!

대다수 Z세대 구성원에게 엔터테인먼트는 사회적 활동 수단이다. 그리고 그들은 1년 365일 24시간, 원하는 기기에서 좋아하는 엔터테이너와 함께 시간을 보내길 원한다. 예를 들어, 프로스포츠 팀들은 팬들이 일찍 경기장에 와야 투자수익률이 높아진다. 그래서 프로스포츠 팀들은 어린 팬들이 빨리 오고 싶은 마음이 들도록 엔터테인먼트 행사나 셀럽과의 상호작용 같은 강력한 유인책을 제공한다(그런 유인책이 없으면 어린 팬들은 경기장에 빨리 오지 않거나, 아예 오지 않을지도 모른다). 프로스포츠 팀들은 경기가 없는 시기에도 팬들의 관심을 계속 잡아두기 위해, Z세대에게 인기 있는 인스타그램 같은 플랫폼에 선수들의 평소 모습을 담은 영상을 꾸준히 올린다.

⦿ 음식, 음료, 식당

우리는 다른 세대보다도 특히 Z세대에 초점을 맞춰 식품, 음료, 외식업 부문의 조사를 수행한다. 식품회사들이 비유전자변형식품, 유기농, 국산농산물 사용, 저칼로리, 알레르기 유발 성분 표시, 다이어트 등의 문구를 써가며 광고함에 따라 Z세대는 음식 관련 메시지가 난무하는 시대에 성장한 세대다. Z세대는 어린이, 청소년을 겨냥해 만들어진 (어린이, 청소년이 진행자로 나오는) 요리 방송을 봐왔고, 그런 유튜브 영상이 무척 인기가 많다. Z세대는 요리하길 즐긴다(Z세대 연구 과정에서 '과거 회귀적' 측면이 발견된다). Z세대 구성원 다수는 식당에 가거나 음식 주문 앱으로 햄버거(또는 식물성고기 버거), 프라푸치노, 요거트 음료를 주문할 때 메뉴판에 칼로리 표시가 없던 시절을 경험한 적이 없다.

우리의 연구 카테고리 중에서 가장 큰 변화를 겪은 것이 바로 음식, 식당, 식료품이다. Z세대의 출현과 기술혁신의 만남 때문이다. 그들은 어디에 있든 음식을 주문할 수 있는, 심지어 음식이 얼마나 만들어졌고, 어디쯤에 배달되고 있는지 앱으로 알 수 있는(!) 시대에 성장했다. 도어대시 DoorDash, 우버이츠 Uber Eats, 그럽허브 등의 배달앱을 사용하면 다양한 가격대의 다양한 식당에서 음식을 주문해 24시간 안에 배달 받을 수 있다. 언뜻 생각하면 이러한 배달앱 덕분에 식당들이 돈을 벌기 쉬워졌을 것 같지만, 실제로는 배달앱이 식당들의 수익성에 부정적인 영향을 미쳤다. 어째서일까? 온라인으로 주문할 때는 애피타이저, 디저트, 술을 주문하지 않는 사람이 많기 때문이다. 손님이 버팔로윙이나 피자를 주문할 때 함께 주문하는 맥주, 와인, 칵테일에 수익의 상당 부분을 의존하는 식당이 많은데, 배달앱 주문이 늘자 이러한 주류 판매가 급감했다. 식당들은 배달앱 가맹 비용도 지불해야 한다. 그 결과 배달앱으로 배달되는 음식은 늘었지만, 식당의 수익은 감소했다.

식료품점과 식당을 겸업하는 새로운 형태의 매장들도 식당 수익 감소에 일조했다. 홀푸드Whole Foods처럼 식료품점 안에서 식당도 운영하는 곳이 인기를 끌면서, 전통적 식당 이용객이 줄고 있다. 오프라인 식당은 없고 앱이나 웹사이트로만 주문을 받아 음식을 배달하는 유령 식당ghost restaurant들은 고객에게 더 많은 선택권을 제공하며 식당(또는 셰프 중심의 식당이라는 개념)의 한계를 시험 중이다. 이러한 요식업계의 변화는 Z세대에게 음식과 음식 배달에 관한 막대한 선택권을 준다. Z세대가 음식을 어디서 먹을지, 어떻게 주문할지, 어떻게 결제할지, 어떻게 음식을 추천받을지는 여타 세대와 다른 양상을 보이고, 앞으로 더 많은 변화가 일어날 것이다!

식사 선택권과 식사 경험의 새로운 변화 요소 중 하나는 밀레니얼 세대에게 큰 인기를 끌었고, Z세대도 흥미를 보이는 푸드트럭이다. 지역 요리사를 지원한다는 생각, 또는 건물 밖에 앉아서 먹는다는 개념, 푸드트럭 구역의 분위기, 애완견도 데리고 올 수 있다는 점 때문에 Z세대가 푸드트럭에 관심을 보이고, 푸드트럭 음식을 먹는 모습을 소셜미디어에 올린다. 일부 디벨로퍼들은 부동산을 개발할 때 기존 오피스 빌딩 근무자들을 위해서, 혹은 적은 자본 투자로 다양한 음식 옵션을 지역에 제공하기 위해 푸드트럭이 영업할 공간을 조성하고 있다.

Z세대의 구매 내용에 영향을 미치는 트렌드 중 하나는 오프라인 매장 방문의 감소다. 그들은 음식이든 술이든 옷이든 IT기기든 상품을 사기 위해 자동차를 타고 어딘가로 가는 빈도가 낮다. 그 결과 매장을 둘러보거나 계산대에서 줄 서서 기다리는 동안에 충동구매하는 경우가 적다.

이러한 Z세대의 부상 속에서도 식품, 음료, 외식업 브랜드가 성공하려면, Z세대 고객이 민감하게 여기는 부분을 충족해야 한다. 다양한 필요를 충족하는 음식을 제공하고, 지역공동체를 지원하거나 더 큰 목적에 도움이 되는 일을 하는 등, 여러 활동이 필요하다. 좋은 음악이 흐르고 독특한 조명이 있는, 분위기 좋은 오프라인 공간은 Z세대의 발길을 끌 것이다. 지역명소의 이미지나 예술가가 그린 벽화가 있는 장소는 (음식 사진뿐 아니라) 그런 곳을 배경으로 찍은 사진을 소셜미디어에 올리려는 이들에게 선호된다. 대중교통으로 접근하기 좋은 식당, 걸어서 접근하기 쉬운 식당, 편하게 주차할 수 있는 식당, 사장의 높은 고객이해도를 보여주는 디테일이 살아 있는 식당은 Z세대 고객을 끌어들이기 유리하다. 어느 브랜드의 샌드위치가 더 맛있는지에 대한 '소셜미디어 논쟁 촉발'에서도 알 수 있듯이 웬디스, 칙필레Chick-fil-A 같은 외식업 브랜드들은 Z세대의 이목을 계속 붙잡아두고자 소셜미디어를 활용하고 있다.

한편, 부동산 디벨로퍼들은 Z세대 소비자의 관심을 끌 만한 경험을 더 많이 제공하는 물리적 환경을 만들고자 고심한다. 그러한 고심 끝에 아웃도어 엔터테인먼트 공간, 매장 내부와 건물 시설 전체를 망라하는 디지털 경험의 통합, 고객의 동선을 고려한 정교한 매장 배치, 건물 시설 내 무료 와이파이 제공 같은 아이디어가 쇼핑몰과 상업시설에 적용된다. Z세대는 편하게 쇼핑하고, 식사하고, 어슬렁거리고, 이것저것 구경할 수 있는, 그렇지만 그들에게 구식으로 느껴지는 90년대식 쇼핑몰과는 다른(!) 장소를 원한다.

⊙ 미래의 지출

Z세대가 이미 소비 트렌드를 선도하고 있는 카테고리는 그밖에도 많다. 학용품부터 시작해 애완동물 분야에서도 Z세대가 트렌드 선두주자로 나섰다(이전 세대들도 애완동물에 신경을 많이 썼다. 하지만 시장조사기관 패키지드 팩트의 조사에 따르면,[66] Z세대는 이전 세대들보다 수의사가 제공하는 정보와 조언에 더 많이 의존하는 경향을 보인다). 지금까지 언급한 업종 사례들은 현재 Z세대의 소비 양상을 단적으로 보여준다.

가까운 미래에는 Z세대가 더 많은 소득을 올리게 될 것이다. 그렇게 되면 이들은 어느 업종에 어떤 소비 양상을 보일까?

취업자 증가로 인한 Z세대의 구매력 증가는 경제에 훨씬 더 큰 영향을 미치기 시작했다. Z세대가 가한 거대한 충격파로 인해 향후 10년간 업체 순위가 뒤바뀔 것으로 보이는 산업들도 있다. 동시기에 베이비붐 세대가 은퇴하고 이들의 지출이 정체 또는 감소함에 따라 Z세대가 여러 산업에 가할 충격파는 더욱 커질 것이다. 또한 부의 이전도 가까운 미래에 일어날 것이다. 일부 전문가들은 베이비붐 세대가 30조 달러의 부를 이후 세대들에게 이전할 것이라고 전망한다. 전일제 근로자가 되고 경력이 쌓임에 따라 Z세대의 소득은 더욱 증가할 것이다.

바로 지금 Z세대의 부상에 대비하면 즉각적인 기회, 그리고 활로를 얻을 수 있는 업종은 다음과 같다.

• **뱅킹**

재무 문제를 보수적으로 접근하는 성향이 있는 Z세대는 어떻게 저축하고, 저축금을 사용할까? 그들은 스마트폰에 설치한 앱을 사용해 저축하거나 결제한다. 그들은 자동차 대출부터 은퇴 대비 저축까지 모든 은행 업무를 은행을 방문하지 않고 처리할 (그리고 그것을 기대할) 가능성이 높다.

Z세대는 전통적 은행들이 제공하는 뱅킹앱부터 계좌에 있는 돈의 일부를 자동으로 비상자금으로 쌓아두는 저축앱까지 다양한 금융기술(핀테크)을 사용해 저축하는 시대에 성장했다(일부 Z세대 구성원들은 본인 돈의 상당 금액을 캐시앱이나 벤모 계좌에 놔둔다). 핀테크로 저축하는 Z세대는 이후에 신용카드를 만들고 자동차 대출을 비롯한 다양한 금융상품을 이용하게 될 것이다. 은행과 핀테크 기업에게 Z세대의 신기술 활용과 저축 패턴은 큰 사업 기회다. 하지만 계좌 개설부터 계좌 이체, 청구서 납부, (지출·저축 내역과 본인의 저축액이 동년배 평균에 비해 어떤지 보여주는) 데이터 시각화, 데이터 분석, 개인 재무 목표 달성까지 통합된 모바일 전용 기술 경험 제공에 집중하는 리더만이 그 기회를 잡을 것이다.

이미 Z세대에 앞서 밀레니얼 세대가 얼마나 빨리 금융 변화에 적응하고, 에이콘스Acorns, 베터먼트, 로빈후드Robinhood 같은 핀테크 앱을 활용할 수 있는지 보여줬다. 핀테크 솔루션을 지금의 Z세대보다 늦은 나이에 받아들였지만 활발히 활용하는 밀레니얼 세대의 모습을 보며 자란 Z세대는 핀테크 솔루션을 늘 옵션으로 염두에 둘 것이다.

대침체가 진행 중이던 2009년에 세계 최초의 온라인 전용 금융 서비스 기업 중 하나로 출발한 얼라이 파이낸셜의 경영진은 남들보다 생각이 앞서 있었다. 최고마케팅경영자 안드레아 브리머는 새로운 은행의 등장에 시큰둥했던 당시 분위기를 이렇게 회상한다.[67]

"사람들은 이미 은행이 많으니 새 은행이 나올 필요가 없다고 말했습니다. 하지만 우리는 더 나은 은행이 필요하다고 생각했습니다. 우리는 건물 없이 온라인으로만 영업하기로 과감히 결정했습니다."

얼라이 파이낸셜은 진정성을 보여주는 데 집중해, 고객들과 관계를 형성함으로써 '방어 가능한 차이™'를 만들어냈다.

"우리는 고객들에게 재미있고 몰입감 있게 금융지식을 알리고자 합니다. 우리는 고객들이 예상치 못한 방법으로 기쁨을 줍니다."

이러한 예로는 2018년 슈퍼볼 빅세이브 게임, 2016년 행운의 동전 캠페인이 있다. 안드레아 브리머는 이 이벤트에 대해 이렇게 말했다.

"요새 미국인들은 길거리에 1센트 동전이 떨어져 있어도 신경 쓰지 않죠. 우리는 '1센트를 아낀 것은 1센트를 번 것이나 마찬가지(티끌 모아 태산)'라는 속담에서 영감을 받아 '지정된 물건을 찾아서 가져오는 게임' 이벤트를 열었습니다. 우리는 미국 10개 도시 길거리에 행운의 동전을 10개씩, 총 100개를 뿌려놓았습니다. 사람들이 길거리를 걷다가 행운의 동전을 찾아서 인터넷으로 코드를 입력하면 1천달러를 받을 수 있는 이벤트였죠."

얼라이 파이낸셜은 고객들의 참여를 이끌어내기 위해 그 밖에도 여러 아이디어를 냈다. 2019년 7월에는 진실 또는 도전^truth or dare^이라는 게임의 온라인 버전에 해당하는 게임을 만들어, 인스타그램 사용자들이 서로 '돈에 관한 이야기'를 부담 없이 털어놓도록 유도했다. 2019년 11월에는 추수감사절에 고객 서비스 센터에 전화한 고객들에게 집 앞마당에 떨어진

낙엽을 쓸어주는 심부름부터 현금 5만 달러 지급까지 다양한 선물을 주는 '은행감사절Banksgiving' 이벤트를 열었다.

다른 은행은 하지 않는 얼라이 파이낸셜만의 독특한 이벤트는 어떤 효과를 거뒀을까? 얼라이 파이낸셜은 매년 (연간 신규 고객 중 65퍼센트에 해당하는)20만 명 이상의 밀레니얼 세대와 Z세대 신규 고객을 확보하고 있다.

다른 은행들이 Z세대의 부상으로 어려움을 겪는 와중에 얼라이 파이낸셜만 흥하는 비결을 묻자, 최고마케팅경영자 안드레아 브리머는 다음과 같은 3가지 핵심 포인트를 꼽았다.

1 지금은 큰돈이 없는 Z세대를 타깃 고객으로 공략하려면 용기가 필요하다. 하지만 Z세대는 가까운 미래에 일어날 막대한 부의 이전의 수혜자가 될 것이다. 여러 금융사들이 이사회나 CEO로부터 단기 실적을 개선해야 한다는 압박을 받아 장기적 관점에서 Z세대 고객을 공략하지 못한다.

2 Z세대는 기업의 위선을 상당히 빨리 눈치챈다. 우리는 고객들에게 약속한 일을 해왔고, 과장 없이 성실하게 고객들을 대함으로써 브랜드 진정성을 확보했다.

3 우리는 적절한 인풋을 받을 수 있는 환경에 있다. 내게는 Z세대 자녀가 있다. 우리의 협력사 직원들은 젊다. 우리는 고객들의 목소리에 귀를 기울인다. 그다음에는 고객들의 목소리에 적절하게 반응하는 대책을 내놓고 효과가 있는지 확인해야 한다.

브리머와 얼라이 파이낸셜 마케팅 팀은 Z세대가 저축에 관심이 없다는 이미지가 오해라는 점을 발견했다. 얼라이 파이낸셜은 Z세대가 열심히(소득의 50퍼센트 가까이를) 저축하고, 금융지식을 공부한다는 사실을 알고 있다.

레거시 브랜드든 스타트업이든, 모든 은행은 Z세대의 부상에서 큰 기회를 발견해야 한다. 은행들은 사용하기 쉬운 디지털 도구와 가치 있는 콘텐츠를 제공함으로써 Z세대의 미래에 베팅할 수 있다. 그렇지 않은 은행들은 가까운 미래에 Z세대가 이전받을 거대한 부를 놓치게 될 것이다.

기술적 측면에서 보면, 은행들은 매끄러운 디지털 뱅킹 경험을 제공해야 한다는 도전을 받는다. 은행들은 더 시각적이고, 몇 번만 클릭하면 바로 정보를 얻을 수 있고, 고객의 음성 질문에 응답하고, 돈을 즉시 이체하고, 저축과 지출 내역을 분석해주는 플랫폼을 개발해야 한다.

그리고 그 플랫폼을 세즐이나 어펌처럼 신용카드 없이 결제 가능한 앱, 혹은 계좌 소유자가 돈을 실제로 받기 전부터 돈을 관리할 수 있게 돕는 도구 등, 새로운 저축·투자 옵션과 통합해야 한다. 음성이나 문자로 고객과 대화하는 기능이 있는 인공지능 챗봇, 고객의 신용점수를 높이는 방법에 관한 질문에 답하는 것 등이 Z세대 고객들을 유치하기 위해 은행이 제공해야 하는 최소한의 고객 서비스 유형일 것이다.

• 자동차와 교통

Z세대는 자동차 업계 전체를 뒤흔들 '뉴노멀'의 시작을 알리는 세대다. 우리가 실시한 설문조사에 따르면, Z세대는 자율주행차 이용을 가장 기대하는 세대다. 자율주행차 개발에 달려드는 자동차 제조사들은 증가하는 추세다. 또한 리프트 같은 기업들은 앱티브[Aptiv]와 파트너십을 맺고 라스베이거스에서 승객들을 태운 자율주행차의 운행 테스트를 실시하고 있다.

이미 Z세대는 운전면허증을 서둘러 따려 하지 않는다. 〈월스트리트저널〉은 청소년의 운전면허증 보유율이 1980년대 이후 20퍼센트 가까이 감소했다고 보도했다.[68] 이는 여러 지역에서 자동차를 보유하고 운전하는 비용이 증가한 점, 대학에 재학할 때 도시 지역에서 자동차를 소유할 필요가 없다는 점, 교외와 시골 지역에서 우버와 리프트 같은 승차 공유 서비스 이용자가 늘고 있다는 점에 기인한다. 게다가 Z세대 구성원들은 스마트폰으로 대중교통 이용요금을 결제하기에 대중교통을 이용하기 편해졌다.

Z세대는 자동차 회사들이 친환경적인 고품질 전기차를 공급해주길 기대한다. 그들은 자율주행차가 그리 머지않은 미래에 표준이 될 것이라고 생각한다. 그들에게 있어 자동차 대리점을 방문해 자동차를 구매하거나 리스하는 것은 자동차 구매 옵션 중 하나일 뿐이다. 여러 자동차 브랜드를 번갈아가며 이용 가능한 리스 서비스(플렉스드라이브Flexdrive, 클러치Clutch를 비롯한 여러 자동차 구독 서비스)를 신청할 기회도 있다. 중고차 판매업체 카바나를 이용해 온라인으로 구매한 자동차를 자동차 자판기(여러 층으로 된 건물)에 가서 뽑아오는 선택지도 있다.

자동차 제조사들, 그리고 금융부터 서비스에 이르는 자동차 산업 전체는 이미 최근 10년간 밀레니얼 세대, 테슬라, 대리점 합병, 금융위기, 기술 발전, 공유경제로 인한 엄청난 변화를 목격했다. 자동차 산업을 뒤흔들고 있는 새로운 기술과 서비스를 너무도 당연한 현상으로 인식하는 Z세대의 부상이 이러한 변화를 더 가속화할 것이다. 다시 말해, 변화는 이제 시작일 뿐이다.

연구자, 강연자, 컨설턴트로서 자동차 안에서 일할 때가 많은 우리는 자동차 제조사, 렌트 회사, 서비스 제공자, 딜러들이 어떻게 적응하느냐에 따라 거대한 도전과 기회가 기다리고 있다고 본다.

자동차 제조사들에게 더 큰 변화를 몰고 올 Z세대는 자동차 구매 방식, 딜러와 소통하는 방식, 부채와 금융을 생각하는 방식이 이전 세대와 다르다. 그들은 신차보다는 중고차를, SUV보다는 세단을 더 선호하는[69] 성향을 보인다. 중고 세단을 구매하면 친구들과 함께 타고 가기 좋으니 유리하다고 판단하기 때문이다. 게다가 그들은 세단이 SUV보다 연비가 좋고 도시에서 주차하기 편하다는 점을 높이 산다.

자동차를 구매할 경우에는 대리점을 방문하기 전에 모바일 기기로 여러 자동차를 비교하고 다른 소비자들이 작성한 리뷰를 읽는다. 게다가 대리점에서 자동차를 고를 때도 여전히 모바일 기기 스크린을 계속 보기 때문에 판매원들이 고객과 대화하면서 눈을 마주치기도 어려울 정도다.

존 피츠패트릭[70]은 자동차 제조사·브랜드·딜러가 모든 세대의 구매자들과 연결되도록 돕는, 기술 기반 멀티채널 마케팅 업체, 포스마케팅Force Marketing의 CEO다. 포스마케팅의 가장 인기 있는 서비스는 시청자가 최근 검색한 자동차 목록을 기반으로 맞춤형 영상을 제공해 딜러와 고객을 이어주는 비디오 마케팅 플랫폼, 드라이브Drive다.

포스마케팅은 플랫폼에서 수집한 고객 데이터를 분석한 결과, 신세대 소비자들의 구매 방식과 자동차 기업이 그들과 이어지고자 시도하는 방식 사이에 깊은 간극이 있음을 발견했다. 존 피츠패트릭이 이끄는 마케팅 팀이 가장 큰 기회로 본 대목은 영상 플랫폼이다.

"페이스북과 유튜브 영상은 자동차 구매자의 85퍼센트, 92퍼센트에게 도달하지만, 이러한 영상 플랫폼에서 적극적인 영상 홍보 전략을 펴는 자동차 딜러의 비율은 3퍼센트에서 4퍼센트 미만입니다.

연령대가 낮은 자동차 구매자일수록 영상을 보고 구매를 결정하지만, 더 나이 든 세대들도 자동차 구매를 고려할 때 영상을 시청하는 경우가 늘고 있습니다. 2018년과 2019년 사이에 18~24세 고객들의 영상 소비는 57퍼센트 증가했습니다. 하지만 이러한 급증은 다른 세대에게도 나타납니다. 각 연령대별 고객의 자동차 광고 영상 시청 증가율은 다음과 같습니다."

- **25~34세** | 60퍼센트
- **35~44세** | 90퍼센트
- **45~54세** | 92퍼센트
- **55~64세** | 140퍼센트
- **65세 이상** | 131퍼센트

존 피츠패트릭은 자동차 구매를 고려하는 소비자들이 카오디오 시스템과 아이폰의 원활한 연결 가능성부터 교통 체증으로 인해 40분간 자동차 안에 있어야 할 때 누릴 수 있는 편의성까지 모든 것을 체크해주는 영상을 보고 싶어 한다고 말한다.

그는 젊은 고객들이 자신의 정보를 기업들이 활용해 맞춤형 마케팅을 제공해주길 기대하는 정도와 실제 기업들의 마케팅 양상 간의 큰 괴리를 발견했다.

"나는 데이터야말로 새로운 석유라고 생각합니다. 다른 기업들도 그렇게 말하지만, 정작 행동을 취할 때는 데이터를 제대로 활용하지 않습니다. 자신이 가진 데이터를 오용하는 이가 많습니다. 그들이 잘 빠지는 함정은 각각의 소비자에게 여러 메시지를 보내지 않고, 여러 소비자에게 하나의 메시지를 보내려 한다는 겁니다.

소비자와 연결되려면, 그러한 사고방식을 바꿔야 합니다. 신기술을 이용해 각각의 소비자에게 맞춤형 마케팅을 하지 않는 기업, 소비자들이 원하는 타이밍에 원하는 방식과 억양으로 홍보하지 않는 기업은 소비자와 이어지지 못하고 어려움에 처할 겁니다.

기업이 개인정보를 가지고 있다는 사실에 소비자들이 겁을 먹던 시대는 지나갔습니다. 이제 소비자들은 기업이 개인정보를 가지고 있다는 사실을 알고 있습니다. 따라서 개인정보의 적절한 활용에 대한 소비자들의 기대수준이 높아졌습니다."

이는 다른 업종도 그렇지만, 자동차 업종 기업들이 명심해야 할 대목이다. 자동차 기업들은 특히, 맞춤형 영상 홍보와 고도로 개인화된 메시지를 잘 활용할 경우 더 크게 성공할 기회를 얻을 것이다.

• 주택임대와 내 집 마련

Z세대는 부모 세대가 2008년 금융위기 이전에 거액의 주택담보대출을 받았다가 부채를 갚지 못해 주택을 압류당하고 쫓겨나는 모습을 보면서 자랐다. Z세대의 91퍼센트는[71] 언젠가 집을 소유하고 싶다고 말한다. 하지만 이들은 무리해서 집을 사기보다는 본인에게 크게 부담되지 않는 가격대의 집을 사는 데 주력할 가능성이 높다.

흥미롭게도 Z세대는 이미 이전 세대와 비슷한 수준으로 주택을 매입하고 있다. 이는 Z세대 청년들의 필요를 충족해주는 일정 수준의 주택을 짓는 건설업자, 다음 세대가 집을 사야 본인이 소유한 집을 팔 수 있는 기성세대에게 있어 좋은 징조다. 개인 신용 평가사, 트랜스유니온의 자료에 따르면,[72] Z세대 주택 구매자의 수는 2018년 15만 명에서 2019년 31만9천 명으로 2배 이상 늘었다.

정보통신기술의 발전은 Z세대가 월세를 주고 아파트나 주택에 살지, 집을 매입할지 결정할 때 도움을 준다. 월세를 내냐, 주택담보대출을 받고 집을 사느냐의 갈림길에 선 Z세대에게 참고할 만한 정보를 제공하는 웹사이트와 서비스가 무수히 많다. 내 집 마련을 가장 많이 하는 연령대의 초입으로 접어듦에 따라 이러한 서비스를 이용하는 Z세대가 증가할 것이다.

장기적으로, Z세대는 구매자이자 임차인으로서 부동산 시장에 호재로 작용할 것이다. 그들은 돈을 보수적으로 관리하고, 되도록 대출(특히 학자금 대출)을 적게 받으려 하고, 신용점수 관리를 신경 쓰는 성향이 강하다.

우리는 부동산 디벨로퍼와 기관투자자들에게 Z세대가 원하는 요소를 반영한 집을 건설해야 한다고 강조한다. Z세대는 본인이 원하는 라이프스타일에 부합하는, 마당이 거실처럼 편안한 느낌이 나고 집 안의 모든 것이 사물인터넷으로 연결된 집을 원한다. Z세대는 결혼하고 아이가 생기기 전에는 넓은 집보다는 직장까지 편하게 갈 수 있는 위치의 집을 선호한다.

영리한 부동산 업계 리더들은 이러한 트렌드에 신속히 적응하고 있다. 학생용 임대주택 시장에서도 밀레니얼 세대에 비해 기대수준이 높고 요구하는 바가 다른 Z세대에게 부응하려는 노력이 보인다. Z세대 대학생들은 깔끔하고, 피트니스 센터와 실외활동 공간이 있고, 생필품을 살 수 있는 상점들을 편히 이용 가능한 임대 아파트를 원한다. 하지만 Z세대는 학교나 직장까지 빨리 갈 수 있는 곳에 위치한 좁은 집을 낮은 임대료를 내고 살 수 있다면, 건물 외관과 실내 면적은 포기할 수 있다. 그래서 마이크로아파트micro-apartment가 인기를 끌고 있다. 미국 최대 기숙사형 청년주택 디벨로퍼, 아메리칸 캠퍼스 커뮤니티스American Campus Communities를 비롯한 학생용 주택 시장의 주요 업체들은 이러한 Z세대의 성향을 고려한다. 낡은 주택을 매입해 Z세대의 취향에 맞게 개조한 다음에 낮은 월세를 받고 임대하는 투자자도 늘고 있다.

〈뉴욕타임스〉는 학생용 임대주택 시장에서 Z세대와 밀레니얼 세대의 성향 차이를 보도한 바 있다.[73] 밀레니얼 세대는 실내수영장, 태닝 기계, 록클라이밍장 같은 리조트 스타일의 편의시설을 갖춘 주택에 끌린 반면, Z세대는 날로 늘어나는 대학 등록금 부담 때문에 되도록 월세가 싸고 생필품을 구매하기 편한 집을 선호한다. Z세대가 바라는 편의시설은 아마존으로 주문한 택배상품을 찾아갈 수 있는 아마존 로커Locker, 우버나 리프트 같은 승차 공유 서비스로 연결된 운전자나 음식 배달원을 만날 수 있는 로비 공간, 공공독서실이다.

호화로운 인테리어와 럭셔리한 시설보다는 낮은 임대료, 생활 편의성, 집의 위치가 Z세대가 집을 고를 때 중시하는 기준이다. 그래서 소형 아파트, 그리고 긱 이코노미gig economy 일자리를 가진 프리랜서를 위해 설계된 거주 공간이 선호된다. 호화로운 편의시설을 줄인 소형 아파트들은 낮은 임대료, 자동차 관련 지출 절약, 직장, 근린생활시설, 오락시설, 애완견 공원까지 빨리 갈 수 있는 위치 등, Z세대가 실제로 원하는 조건을 충족하기 때문이다!

Z세대에게 집과 자동차 구매는 거주 위치에 따라 크게 좌우된다. Z세대가 이전 세대들이 최근에 보이는 트렌드대로 직장과 도시적 라이프스타일을 좇아 도심에서 거주한다면 자동차 구매의 중요성이 낮아지고 번거롭게 느껴질 것이다. 그러다 보면 주택 매입 결정을 내리기도 어려워질 것이다. 반면 인구밀도가 낮거나 통근 가능한 지역에서 거주·근무하는 Z세대라면 미래에 자동차와 집을 구매할 가능성이 높다.

Z세대의 집, 자동차 구매에 관해 확실히 예상 가능한 트렌드는 그들이 사물인터넷으로 연결된 커넥티드 홈, 커넥티드 카를 원하리란 점이다. Z세대의 절반 이상(53퍼센트)이 사물인터넷으로 연결된 집[74]에서 살고 싶다고 답했다.

Z세대는 아마존 링의 보안 카메라로 현관에 누가 와 있는지 볼 수 있고, 스마트 온도조절기 네스트Nest가 실내 온도에 따라서 냉난방을 자동 조절하고, 스마트 가전제품과 스마트 조명시설이 사용자의 움직임에 따라 작동하는, 집 안의 모든 물건이 인터넷으로 미리 연결되어 있는 사물인터넷 환경에서 살길 기대할 것이다.

이런 기대는 자동차에도 이어질 것이다. Z세대는 가치와 내구성을 중시하는 성향에 맞게 안전하고 오래 탈 수 있는 자동차, 그러면서도 사물인터넷의 모든 혜택을 누릴 수 있는 자동차를 원할 것이다. 자동차와 스마트폰의 통합, 자동차로 이동 중에 스포티파이나 판도라에 접속해 음악을 듣고 팟캐스트 방송을 틀 수 있는 환경, 다양한 센서를 토대로 한 자율주행과

내비게이션 기능은 Z세대의 기본 요구사항이 될 것이다.

향후 5년 내에 Z세대의 3분의 1 이상이 자신이 필요로 하는 정보를 미리 파악해 알려주는[75] 사물인터넷 환경을 원하게 될 것이다.

Z세대가 스마트 주택과 스마트 자동차를 구매할 때 문제는 금리와 대출 접근성인데, 이 부분은 현재와 크게 달라지지 않을 것이다.

• 보험과 투자

2017년 Z세대 현황 조사에 따르면,[76] Z세대의 12퍼센트가 벌써부터 은퇴 대비 저축을 하고 있었다! 우리의 조사대상이 14세부터 22세 사이 미국인들이었다는 점을 감안하면 놀라운 현상이다. 미래를 대비해 미리부터 저축하고 투자하려는 Z세대의 성향은 그들에게 좋은 징조일 뿐 아니라 금융 서비스 산업에도 희소식이다. 그렇지만 Z세대의 부상으로 혜택을 받으려면 소통, 기술, 금융에 대한 Z세대의 기대수준과 성향을 충족해야만 한다. 금융 상담원에 대한 Z세대의 요구를 충족하고자 금융사들이 내놓은 서비스로는 로보어드바이저, 휴일 없이 언제나 고객의 답변에 대답해주는 AI 챗봇, 은행 업무를 저비용으로 처리 가능하고 소액으로도 계좌를 개설할 수 있는 온라인 전용 투자 솔루션이 있고, 이 모든 서비스를 스마트폰으로 이용 가능하다.

벌써부터 응급사태와 은퇴를 대비해 저축하려는 Z세대의 성향은 흥미롭게도 학자금 대출 상환과 부족한 소득으로 인해 은퇴 대비 저축을 연기해온 밀레니얼 세대와 대비된다. 게다가 Z세대는 윗세대로부터 부를 이전받아 은퇴자금 마련이 수월해질 가능성이 있다. 그러한 부의 이전이 언제, 얼마나 일어날지에 대해서는 의견이 분분하고, 아직 '가정'의 영역이지만,

결국 언젠가는 일어날 것이다.

Z세대에게 계좌의 돈이 얼마나 불어나고 있는지 알기 쉽게 보여주고, 그들이 친구에게 추천하는 모바일 기술 솔루션을 제공하는 금융사들의 미래는 밝다. Z세대가 은퇴할 무렵에는 정부가 사회적 안전망과 의료보험 혜택을 제공하지 못할 가능성이 높다. Z세대가 지금부터 은퇴 대비 저축과 투자에 나선다면, Z세대도 금융 산업도 혜택을 받을 것이다.

전통적인 투자회사들은 자사의 재무설계사들이 Z세대와 잘 소통할 수 있도록 훈련시킬 필요가 있다. 현재 미국 재무설계사들의 중위연령이 51세임을 감안하면, 그들에게 있어 Z세대는 자식뻘이나 손자뻘일 가능성이 높기 때문이다. 이때 재무설계사들이 받는 훈련은 '요새 젊은이들은……' 이라는 막연한 이야기가 아니라 Z세대에 대한 데이터를 기반으로 정보통신기술과 통합된 형태의 재무설계 서비스를 Z세대에게 제공할 수 있는 훈련이어야 한다. 재무설계사들에게 희소식은 Z세대가 본인이 신뢰하는 제품과 서비스를 친구들에게 소개하려는 성향이 강하기에, 지금 Z세대 고객을 확보하면 향후 수십 년간 고객을 확보하기 수월해지리란 점이다.

이제까지 Z세대는 부모의 보험에 의존해왔지만, 나이가 들면서 본인 명의로 건강보험, 치과보험, 안과보험, 자동차보험 등에 가입해야 하는 상황에 이르렀다. 그렇기 때문에 보험사들도 Z세대 고객에 대비해야 한다. 이미 Z세대는 온라인으로 자동차보험과 세입자보험에 가입하고 있다. Z세대 취업자가 늘수록, 단체보험을 제공받고, 나중에는 생명보험 가입을 고려하는 Z세대 구성원이 늘 것이다.

하지만 핀테크 기술로 인해 은행업계에 지각변동이 일어나듯, 보험업계도 인슈어테크insurtech 기술의 발전으로 한바탕 뒤집어지는 중이다. 제브라Zebra, 폴리시지니어스Policygenius 같은 인슈어테크 기업들은 고객들이 에어비앤비로 숙소를 예약할 때만큼이나 투명하고 쉽게 자동차보험, 생명보험을 비교하고 구매할 수 있는 환경을 만들었다. 새로운 기술기업들이 보험시장에 밀려듦에 따라 전통적인 보험사들은 막대한 압박을 받을 것이다. 대다수 사람들이 보험에 가입할 때 먼저 인터넷 검색부터 하고, 인슈어테크 기업들이 그러한 인터넷 검색을 이용해 보험가입 희망자를 끌어들이고, 보험심사를 신속히 처리하는 시대로 접어들고 있다. Z세대는 집이나 직장에 찾아온 보험사 직원에게 상품 안내 책자를 받고, 보험 상품에 관한 설명을 듣고 나서 보험 가입 여부를 결정하던 이전 세대들과 달리, 보험사 직원을 만나지 않고도 인터넷으로 쉽고 신속하게 보험에 가입할 수 있는 시대만 아는 세대가 될지 모른다.

금융 서비스와 보험업에서 Z세대의 부상은, 이미 거대한 변화의 바람을 불러일으킨 세대로 알려진 밀레니얼 세대가 촉발한 트렌드와 매우 다른 트렌드를 예고하고 있다. Z세대는 즉각적 보험료 책정, 신속한 보험 가입, 다양한 결제 옵션과 할부기간 제공, 자주 묻는 질문들에 대한 영상 답변, 바람직한 행동(이를테면, 운동)을 하는 고객에 대한 할인이나 보상, 스마트폰을 통한 즉각적인 보험금 청구를 기대할 것이다. 그리고 이 모든 것이 보험사 직원과 이야기하지 않고도 가능하길 바랄 것이다. 이러한 트렌드는 Z세대가 기업에 취업하고, 금융업과 보험업계의 새로운 변화를 촉발하는 동인이 되고, 거대한 부를 이전받아 금융업계의 큰손으로 떠오름에 따라 더욱 가속화될 것이다.

• 여행, 숙박, 관광

여행 산업은 이미 밀레니얼 세대의 부상으로 엄청난 변화를 겪었다. 밀레니얼 세대는 축제에 참가하기 위해 낯선 사람의 집에서 숙박하는 데 만족하고, 애그리게이터 사이트aggregator site(여러 회사의 상품 정보를 모아 제공하는 웹사이트 - 옮긴이)를 이용해 여행 계획을 짜고, 마일리지 서비스를 제공하는 유명 브랜드 호텔보다 독특한 방과 특이한 식사를 제공하는 부티크 호텔을 선호했다. Z세대는 이러한 변화에 맞춰 등장한 앱들(에어비앤비, 카약Kayak, 로컬러Localeur, 익스피디아Expedia)의 수혜자다. 지난 10년간 관광숙소에 관한 평점과 리뷰가 급증함에 따라, Z세대는 어느 숙소에서 묵을지, 그 지역에서 주민들이 자주 찾는 곳은 어디인지 다각도로 볼 수 있게 됐다. 로컬러가 좋은 예다.

로컬러는 현지 주민들이 머물고 놀고 먹고 마시고 파티하는 장소를 보여준다. Z세대는 저렴한 비용으로 현지인들이 경험하는 것을 '진짜로' 경험하는 여행을 하고자, 공유경제와 모바일 앱에 더 의존하게 됐다. 다시 말해, 밀레니얼 세대와 공유경제는 전통적 여행 서비스와 숙박 서비스의 벽을 허물었고, Z세대는 이러한 변화의 혜택을 어릴 때부터 누릴 것이다! Z세대의 특징은 더 쉬운 체크인·체크아웃 절차와 결제 옵션 (이를테면 문자 메시지로 신용카드를 결제하는 에브리웨어) 그리고 숙소와 이벤트, 음식, 음료, 모임, 경험이 더 밀접하게 통합된 여행 경험을 기대한다는 것이다.

• 주얼리, 액세서리

Z세대 구성원들이 20대로 접어듦에 따라, 보석과 액세서리가 그들의 개

인 정체성과 브랜드에 핵심적 역할을 할 것이다. 지금까지 Z세대의 보석 구매 양상은 두 갈래로 나뉘었다. 한쪽은 소셜미디어에 올릴 사진을 찍고자 싼 보석 아이템을 여러 개 사는 이들이었다. 다른 한쪽은 유명 브랜드 반지부터 지갑까지 럭셔리 제품 구매에 아낌없이 돈을 쓰려는 이들이었다. 하지만 Z세대가 나이가 들어 소득이 증가하고 약혼식 등 인생단계에서 중요한 행사를 거침에 따라, 지금까지 구매한 보석보다 미래에 구매할 보석이 더 많으리란 것은 분명하다.

우리는 Z세대의 주얼리 제품 구매에서 두 개의 트렌드가 계속되리라 예상한다. 첫째는 켄드라스콧Kendra Scott처럼 덜 비싼 하이스타일 브랜드 제품을 사는 것이다. 켄드라스콧 제품은 품질에 비해 가격이 너무 비싸지 않아서 주얼리 브랜드로는 드물게도, 저렴해 보이지 않고 괜찮은 브랜드라는 이미지를 가지고 있다. 둘째는 밀레니얼 세대가 시작한 트렌드인 (사회적 대의와 가성비라는 측면에서) 전통적 방식으로 채굴된 다이아몬드의 대안을 찾는 것이다. Z세대는 지금까지 소비 패턴에서 대체로 공리주의자 같은 모습을 보였다. 한편 현재 Z세대는 새로운 주얼리, 액세서리 브랜드가 소셜미디어와 인플루언서 광고를 펼치기에 이상적인 연령대와 인생단계에 있다. 소셜미디어와 인플루언서 광고는 전통적인 매장을 열 때 초래되는 막대한 비용 지출 위험을 줄인다. 현재 주얼리 브랜드들은 셀럽과 연계하여 소셜미디어로 먼저 성공적인 인게이지먼트를 구축한 다음에, 오프라인 매장을 여는 선택을 한다.

Z세대가 나이가 들고 소득이 증가함에 따라 현재 이미 구매 중인 의류, IT

기기, 음식 등의 상품에 대한 지출을 더 늘릴 것이다. 더 장기적 전망을 살펴보자면, 우리의 조사에 응하는 대다수 Z세대 구성원이 언젠가 집을 사고, 결혼하고, 자녀를 최소한 1명 이상 낳을 계획이라고 말한다. 하지만 대다수 Z세대 구성원이 결혼하고 첫 아이를 낳기까지는 아직 10년 이상 지나야 한다. 그렇기에 가까운 미래에 Z세대의 지출은 대부분이 가족을 부양하는 목적보다는 본인의 경험, 필요, 욕구에 따라 결정되리라 예상한다. Z세대가 20대 시절에 어떤 지출 양상을 보이고 더 자립적인 소비자이자 시장 인플루언서가 될지 기대된다! 우리는 Z세대가 벤모, 캐시앱, 젤 등의 앱으로 비용을 지불하는 과정을 면밀히 관찰할 것이다.

8장

Z세대의 브랜드 로열티를 얻는 법

"저는 광고를 보고 옷을 사는 경우가 별로 없어요.
학교에서 애들이 입는 옷을 보고 마음에 드는 게 있으면 사요."
_ Z세대 남학생(15세)

2016년 실적을 집계한 스프린트Sprint 경영진은 새로운 게임 플랜이 필요하다고 판단했다. 미국 이동통신 시장점유율 1위를 놓고 버라이존Verizon, AT&T가 경쟁하는 동안, 스프린트는 제자리걸음을 하고 있었다. 스프린트는 2016년에 12억 달러의 순손실[77]을 기록했다. 2016년까지 해오던 방식대로 계속해서는 안 된다는 점이 명확했다.

나이키와 마찬가지로, 스프린트 경영진은 자사의 미래가 Z세대의 손에 있다고 판단했다. 물론 나이키가 멋진 운동화를 팔아야 하듯, 스프린트는 쓸 만한 이동통신 서비스를 제공해야 했다. 하지만 스프린트 경영진은 자사가 살아남으려면 단순히 이것에 그쳐서는 안 된다는 점을 잘 알고 있었다. 스프린트가 자신들을 바라보고 이해하는 기업이라는 인식을 하루 6시간, 또는 그 이상의 시간 동안 휴대전화를 사용하는 젊은 고객들에게 심어

줄 필요가 있었다.

스프린트 경영진은 스프린트가 Z세대의 꿈과 역동적인 개성을 이해하는 기업이라는 점을 Z세대에게 알려야 했다. 그들은 Z세대가 삶의 모든 측면에서 개인적으로, 전문적으로, 정치적으로, 사회적으로 경계를 허물고 싶어 한다는 점을 알았다. 스프린트는 자사의 이동통신 서비스를 사용하는 것이 이러한 일들을 하는 데 도움이 된다고 Z세대를 설득해야 했다.

하지만 스프린트 경영진은 12억 달러의 연간 손실 외에도 또 다른 문제에 직면했다. 바로, Z세대에게 어떻게 어필해야 할지 전혀 모른다는 것이었다.

그래도 그들은 최소한이나마 자신들의 문제점을 자각했다. 그래서 Z세대 마케팅 전문가들로 구성된 새로운 마케팅 팀, '캔디바Candy Bar'를 꾸리고, #라이브언리미티드#LiveUnlimited 광고 캠페인을 시작했다.

이 광고 캠페인은 Z세대가 자주 찾는 플랫폼(소셜미디어와 유튜브)에서 Z세대에게 개인의 눈높이로 말을 걸었다. 캔디바는 Z세대가 "지금 내 말이 들리나요?" 하고 묻는 광고 속 남자에게 관심을 가지지 않으리란 사실을 알고 있었고, Z세대는 스프린트가 버라이즌 이동통신 가입자였던 이 남자를 고객으로 빼왔다는 사실을 신경 쓰지 않았다.

하지만 Z세대는 프린스 로이스, 렐레 폰스, 브래들리 마틴, 레이첼 쿡, 제라드 아담스 같은 인스타그램과 유튜브 인플루언서들이 하는 말은 확실히 신경 썼다. 지금 언급한 인플루언서들이 누구인지 모른다고? 괜찮다. 하지만 Z세대를 이해하고 Z세대의 마음을 사로잡고 싶은 기업이라면, 이러한 인플루언서들이 누구인지 아는 사람을 채용하고, 그들의 말에 실제로 귀를 기울이는 편이 현명하다.

스프린트의 #라이브언리미티드 캠페인은 이러한 인플루언서들을 모두 모아 찍은 영상 하나를 유튜브에 올렸다. 이 영상에서 그들이 한 말은 데이터 요금제, 5G 네트워크, 다운로드 속도, 로밍 요금과 전혀 상관이 없었다. Z세대의 롤모델인 인플루언서들이 한 말은 자신의 시간표대로 인생을 살아가라고 시청자들을 격려하는 내용이었다.

광고 영상의 내용은 이랬다. Z세대 아이가 거실 소파에 앉아 스마트폰으로 유튜브 영상을 보고 있다. 도합 5천만이 넘는 소셜미디어 구독자를 거느린 렐레 폰스가 영상 속에서 "나는 네가 네 방식대로 인생을 살도록 영감을 주고 싶어" 하고 말한다. 그러더니만 아이의 스마트폰에서 나온다. 또 다른 인플루언서인 브래들리 마틴이 스마트폰 밖으로 나와서 "너 자신을 밀어붙여서 다음 레벨로 올라가야 할 때야" 하고 말한다. 이런 식으로 여러 인플루언서들이 Z세대 아이의 스마트폰 밖으로 나와, 아이에게 희망을 주는 말을 한다.

영상 내내, 그리고 모든 소셜미디어 플랫폼에 다음과 같은 광고 슬로건이 흘러나왔다. 한 번뿐인 인생이니 매일 한계 없이 살아가는 쪽을 선택해.

스프린트는 2017년 여름에 이 광고를 인플루언서들이 자신의 소셜미디어 플랫폼을 통해 소개하도록 했다. 그래서 광고 결과는 어땠을까? 한 레딧 유저는 스프린트에게 '엄지 척'을 날리며[78] 이렇게 말했다.

"이건 모든 기업이 봐야 할 광고야. 밀레니얼 세대 때문에 기업이 실패했다고 탓하지 말고 (T모바일과 스프린트처럼) 우리가 기업의 미래라는 사실을 깨달아야 해. 이 광고는 우리와 우리를 겨냥한 시장을 긍정하기 때문에 마음에 들어. 지금 돈이 몰리고 앞으로도 돈이 몰릴 시장이 어딘지 아는 거지. 스프린트가 영리한 수를 뒀어."

그렇다면 이 광고로 스프린트는 어떠한 이득을 보았을까? (박수 치는 이모티콘이 등장할 때다.) 스프린트는 2017년에 사상 최고의 실적을 기록했다. 불과 1년 만에 스프린트의 실적은 12억 달러의 순손실에서 74억 달러의 순이익으로[79] 전환되었다.

스프린트의 흑자 전환 비결로 이 광고만 꼽는 것은 합당치 않을 것이다. 그렇지만 이 광고는 분명 흑자 전환에 상당 부분 기여했다. 그리고 Z세대와 이어지기 위한 스프린트의 접근법에서 우리가 얻을 교훈이 많이 있다.

첫째, Z세대는 단순히 합리적 가격과 신뢰할 만한 품질 이상의 것을 브랜드에 요구한다는 사실이다. WP엔진의 최고마케팅경영자, 메리 엘런 듀건이 말한다.[80]

"Z세대는 브랜드를 사지 않습니다. 브랜드에 합류하죠."

Z세대에게 브랜드는 본인이 지향하는 정체성의 표현이다. Z세대는 브랜드 특유의 느낌이나 경험을 (인터넷에서나 현실 세계에서나) 일관되게 제공하는 브랜드를 원한다. #리브언리미티드 캠페인은 Z세대를 고객으로 유치하고자 훌륭한 5G 서비스 제공을 약속하지 않았다. 그것은 광고에서 말하지 않아도 당연히 제공해야 하는 서비스였다. 스프린트는 한계를 부숴줄 브랜드와 함께하고 싶은 어린 고객들에게 꿈을 좇을 때 쓸 도구(쓰기 좋은 스마트폰과 안정적인 이동통신 서비스)를 제공함으로써 그들을 고객으로 유치했다. 진정으로 한계 없는 삶을 살고 싶다면 스프린트와 함께하라는 메시지를 전한 것이다.

Z세대는 브랜드를 선택하기 전, 해당 브랜드가 대표하는 이미지를 고려한다. 브랜드 이미지는 기업이 제품을 제조하는 과정, 제품이 고객의 성취를 돕는 정도, 기업이 진지하게 사회적 책임을 지는 정도에 따라 결정된다. Z세대는 본인이 살아가는 방식, 또는 본인이 추구하고 싶은 삶의 방식을 반영하는 브랜드를 원한다. Z세대 구성원, 케이트가 말한다.

"저는 여러 아웃도어 브랜드를 팔로우해요. 레이REI, 내셔널지오그래픽 같은 브랜드들이죠. 저는 그냥 아웃도어가 좋아요. 레이 브랜드 제품들과 아웃도어 장비들이 상징하는 아웃도어 미학을 사랑하죠. 저는 대학을 졸업하고 애팔래치아 산맥의 산책로를 따라 하이킹할 계획인데, 아웃도어 제품들을 보면 여행이 기대돼요. 헬멧, 배낭, 텐트 같은 아웃도어 장비들을 보는 일은 재밌어요.

저는 인스타그램에서 레이 브랜드를 팔로우해요. 일상에서 해방감을 느끼고 싶어서죠. 학교에서는 늘 머리를 써야 하는데 인스타그램에서 아웃도어 사진을 보는 것은 머리를 쓸 필요가 없고, 마치 휴가를 떠나는 기분이에요. 그래서 좋아요. 스트레스가 풀리거든요."

브랜드의 기능에 대한 케이트의 시각은 이전 세대와 매우 다르다. 제품은 케이트가 레이, 내셔널지오그래픽 등의 브랜드에 끌리는 이유를 구성하는 일부분일 뿐이다. 기업이 파는 제품 품질보다 Z세대 고객들에게 어필하는 것은 바로 기업이 소셜미디어 플랫폼에 올리는 사진들이 반영하는 라이프스타일이다. 그렇다면 케이트는 어떻게 아웃도어 제품에 빠지게 되었을까.

"스마트폰으로 넷플릭스와 유튜브 영상을 보다가 아웃도어에 관심이 생겼어요. 제가 아웃도어에 관심을 가지게 된 계기는, 이상하게 들리겠지만, 넷플릭스 드라마 재방송 시청이었어요. 〈길모어 걸스〉를 시청하다가 극중 인물이 퍼시픽 크레스트 트레일을 따라 하이킹하기로 계획하는 장면이 나왔는데, 저는 그곳이 어딘지 몰라서 검색을 해봤죠.

이를 계기로 제 마음속에서 아웃도어에 대한 불이 지펴졌죠. 그 후로 저는 한 유튜버의 하이킹 영상들을 쭉 보고 다른 추천 영상도 보았습니다. 이 유튜버는 하이킹하는 기간에 브이로그 영상을 올리는데, 저는 그 유튜버가 올린 영상을 수백 편 이상 봤어요. 한 번 하이킹할 때마다 관련 영상이 수백 편 올라오거든요."

Z세대와 이어지려면 우선, 그들이 어떤 종류의 콘텐츠를 언제 어디서 소비하는지부터 관심을 기울여야 한다. 여기까지 책을 읽은 독자라면 Z세대가 어떻게 스마트폰을 보는지 이해할 것이다. 그들은 숙제를 확인하기 위해 학교 홈페이지에 접속하지 않는다. 그 대신, 선생님이 스냅챗을 통해 숙제가 있다고 상기시켜주면 숙제를 시작한다. 그들은 길거리 광고판에 무슨 광고가 붙었는지 신경 쓰지 않고, TV에만 나오는 광고는 거의 보지 않는다. 하지만 유튜브나 틱톡으로 알게 된 사람이 사용하는 제품, 열띤 반응을 이끌어내는 인스타그램 게시물에서 언급된 제품은 Z세대의 장바구니에 들어갈 가능성이 높다.

모든 Z세대 마케팅에서의 핵심은 진정성이다. Z세대는 기업에게 강매당하길 원치 않는다. 그들은 자기 또래의 강력한 인플루언서들이 쓰는 제품을 사려 한다. 그들은 또래의 추천을 다른 어떤 광고보다도 신뢰한다.

이는 희소식이다. 기업 입장에서는 어린 소비자들과 이어질 기회가 더 많아졌기 때문이다. 그들이 무엇을 원하는지 귀를 기울여라(그들은 우리의 인터뷰에서 그것이 무엇인지 말했다). 그러면 그들이 어디에 있든 (그들의 스마트폰을 통해) 그들과 이어질 수 있다.

⊙ Z세대의 고객여정

판매와 마케팅 관련 업무를 하는 이라면 '고객여정customer journey'이란 개념에 익숙할 것이다. 고객여정이란 고객이 구매를 결정하기 전에 밟는 절차를 가리키는 용어다.

고객여정의 기초는 물물교환 시대 이후 그리 크게 변하지 않았다. 장기 고객을 확보하고 싶은 기업은 고객이 제시받은 조건을 이해하고, 그것이 자신에게 맞는 상품이라고 판단하고, 구매하고, 다시 구매하고, 다른 사람에게도 동일 상품을 추천하도록 유도해야 한다.

각 단계를 달성하는 방법은 꾸준히 진화한다. 이전 세대들은 신문, TV, 라디오, 심지어 전화번호부를 통한 광고를 접하고 브랜드를 인지했다. 하지만 Z세대에게는 이러한 광고들(특히 전화번호부를 통한 광고들)의 중요성이 크게 바뀌었다. Z세대에게 마케팅하려는 광고주들이 직면하는 현실은 불과 10년도 안 되는 세월 사이에 완전히 달라진 듯 보인다. 우리는 Z세대를 충성도 높은 고객으로 확보하려는 수백 개 기업의 마케팅을 돕는 과정에서 이와 같은 문제를 거듭 발견했다. 그래서 고객여정을 Z세대 버전으로 정리해서 설명하고자 한다.

• 포지셔닝

모든 브랜드는 고객들이 브랜드와 자신을 연계하도록 설득하기에 앞서, 먼저 자신이 어떠한 브랜드인지 알아야 한다. Z세대 고객들과 이어지기 위한 마케팅에서는 이것이 전에 없이 중요해졌다. 그들은 특정 브랜드의 제품 구매를 고려하기 전에 해당 브랜드가 무슨 가치를 대표하는지 알고 싶어 한다. 그래서 이런 질문들을 던진다. 이 브랜드는 어떤 스토리가 있는가? 이 브랜드는 무엇을 목표로 하는가? 이 브랜드는 어떤 문제를 해결하고자 노력하는가? 이 브랜드의 리더들은 기업을 어떻게 대표하는가? 이 브랜드는 세상을 어떻게 보고 세상에 어떻게 참여하는가?

러브 유어 멜론Love Your Melon은 밀레니얼 세대 창업자 재커리 퀸, 브라이언 켈러가 운영하는 의류 회사다. 2012년 미네소타주 세인트폴에 위치한 세인트 토머스 대학교의 기업가 강좌 프로젝트로 출범한 러브 유어 멜론은 2017년 말 매출액이 3천150만 달러에 달한다. 이 회사의 사명은 소아암 환자를 지원하는 것이다. 그들은 탐스슈즈, 와비파커 같은 브랜드들이 채택해 유명해진 모델로 시작했다. 즉, 러브 유어 멜론 모자를 하나 사면, 소아암 환자에게 똑같은 모자를 하나 기부하는 것이었다. 이후 이 모델은 진화해 지금은 순이익의 50퍼센트를 소아암 환자를 돕는 비영리 단체들에 기부한다. 2012년 이후 러브 유어 멜론은 621만4천565달러의 금액과 18만 개 이상의 비니 모자를 기부했다.[81]

Z세대는 모든 기업이 그러한 명시적 기부 행위를 목적으로 삼도록 설계

되지 않았다는 사실을 이해하고, 모든 브랜드가 이익의 50퍼센트를 기부하리라 기대하지 않는다. 하지만 그들은 브랜드가 어떤 가치를 추구하는지, 기업 리더들이 과연 수익 이상의 무언가에 관심을 가지는지 알고 싶어 한다.

• 인게이지먼트와 인지도

이 단계의 고객여정은 구매 유입 경로sales funnel의 초입에 해당한다. 기업이 할 일은 자사 제품이 고객을 위한 제품이라고 고객들을 설득하는 것이다. 설령 그들이 당장은 구매할 의사가 없더라도 말이다.

하지만 Z세대는 이전 세대들에게 브랜드 인지도를 높이는 데 효과적이었던 전통적인 마케팅 전략에 관심이 별로 없다. 다시 말하건대, Z세대는 광고판이나 신문 광고, TV 광고를 신경 쓰지 않는다. 그들에게 보다 큰 영향을 주는 것은 친구의 추천인데, 이러한 '친구'들에는 의견을 신뢰하지만 현실에서 직접 만날 가능성은 없는, 온라인에서만 만나는 인물들도 포함된다.

브랜드 인게이지먼트engagement는 단순히 Z세대 고객에게 브랜드를 제시하는 것보다 훨씬 큰 의미를 지닌다. (인게이지먼트란 고객의 관심과 참여를 유도하고 상호작용을 통해 브랜드 경험을 창출함으로써 고객과 관계를 강화하고 고객 충성도를 높이는 과정을 가리킨다. 인게이지먼트의 핵심은 고객과의 관련성과 관여도다. - 옮긴이) Z세대는 가치를 신경 쓴다. 이 말은 그들이 소비하는 맥락에도 적용된다. 인게이지먼트의 방법 중에는 사람들이 궁금해 하는 것을 알려주는 영상, 소셜미디어 사진 콘테스트, 구매와 상관없이 관계를 형성하는 그 밖의 활동들도 있다. 와비파커는 인스타그램을 통해 고객 흥미를 유발하고 인게이지먼트를 유지한다. 2019년에 와비파커는 뉴욕공립도서관과 함께 인스타그램에서 '도서관 잡학 퀴즈' 대회를 열었다. 퀴즈의 정답을 알아맞힌 팔로워들은 추첨을 통해 무료 안경을 받을 수 있었다.

인게이지먼트 단계는 처음으로 Z세대의 열망과 이어질 기회이기도 하다. 아웃도어 브랜드 레이는 Z세대가 하이킹 관련 제품에 관심을 보이기 훨씬 전부터 하이킹 산책로의 멋진 풍경 사진들을 올려 Z세대의 관심을 끌었다.

브랜드 인게이지먼트와 브랜드 인지도를 높이기 위한 활동에는 온라인 광고, 매장 프로모션, 상품 최초 구매 시 쿠폰 지급, 콘텐츠 마케팅, 평점과 리뷰 등이 포함된다.

Z세대를 고객으로 확보하기 위해서는, 적절한 인게이지먼트와 인지도 확보가 너무도 중요하다. 우리에게 의뢰한 기업들은 보통 이 단계에서 가장 큰 변화를 거칠 필요가 있었다. 인게이지먼트와 인지도에 대해서는 이번 장의 나머지 부분에서 더 다뤄보기로 하겠다.

• 최초 구매

이 단계는 고객이 최초 구매를 결정하는 순간을 가리킨다. Z세대 구성원들은 쉽고 리스크가 적은 구매 경험을 원한다. 기업은 구매와 반품 절차를 간단하고 용이하게 만들어야 한다.

Z세대에게는 원클릭 결제가 일상이다. 많은 Z세대는 지금까지 원클릭 결제가 언제나 가능한 환경에서 온라인 쇼핑을 해왔다. 상품을 둘러보고 결제하는 데 필요한 절차가 간략할수록 Z세대가 최초 구매를 결정할 가능성이 높다. 그래서 아마존이 도입한 것이 원클릭 주문 시스템이다. 다른 기업들도 간단하게 회원 가입하고 결제하는 시스템을 도입해야 한다. 게

다가 Z세대는 새 사이트에 접속해 새 상품을 결제할 때 다른 결제정보를 입력할 필요가 없도록, 인터넷 브라우저나 스마트폰에 저장된 결제계좌 정보를 계속 사용하길 바란다. Z세대 고객을 확보하려는 기업에게 이것은 필수다. Z세대는 쉽게 상품을 고르고 결제하지 못하는 웹사이트에서 쇼핑을 하지 않을 것이기 때문이다.

소매업체들은 결국 벤모, 캐시앱처럼 Z세대가 이미 사용 중인 간편 송금 서비스를 포함하는 결제 옵션을 제공해야 할 것이다. 소매업체들은 매장을 방문한 Z세대 고객이 결제 앱으로 결제할 수 있도록 준비해야 한다. Z세대 대다수는 아직 신용카드를 발급받을 수 있는 나이가 아니거나 신용카드 발급을 원치 않고, 현금을 들고 다니지 않고, 심지어 지갑도 안 가지고 다니는 경우가 많다! 그들에게 장사하려는 업체들은 그들의 성향에 적응하여, 인터넷 결제든 매장 내 결제든 결제 절차를 최대한 단순화하는 편이 좋다.

쉬운 환불 절차도 구매 경험만큼이나 중요하다. 전통적 소매업체의 접근법과 반대로, 쉽고 리스크 없이 환불할 수 있도록 하면, Z세대는 써보지 않은 제품을 온라인으로 최초 구매하려는 마음을 먹게 된다. 구매처에 제품을 무료 반송하고 전액 환불받게 하는 업체는 Z세대 고객들이 느끼는 부담과 위험을 낮출 수 있다. 이는 오늘날 모든 온라인 쇼핑 업체들에게 해당하는 말이지만, Z세대 소비자들이 나이가 들어감에 따라 쉬운 무료 반송이 모든 업계의 표준이 될 것이다. 그리고 이에 적응하지 못하는 기업은 도태될 것이다. 소비자 조사기관 나바에 따르면,[82] 쇼핑객의 96퍼센트가 환불 경험을 토대로 다시 구매할 의향이 있다고 답했다. 69퍼센트는 반송 비용 지불을 요구하는 소매업체의 상품은 재구매하지 않겠다고 답했다. 67퍼센트는 재포장 비용을 청구하는 소매업체는 다시 이용하지 않겠다고 답했다.

매트리스든 자동차든 청바지든 쉽게 환불할 수 있어야 Z세대가 구매에 스트레스를 덜 느끼고 구매 버튼을 누르게 된다.

• 브랜드 충성도 얻기

Z세대의 재구매를 이끌어내려면 어떻게 해야 할까? Z세대에게서 브랜드 충성도를 확보하려면, 뛰어난 품질의 제품과 서비스 경험만으로는 불충분하다. 뛰어난 품질의 제품과 서비스 경험은 기본이다. Z세대는 브랜드가 달성하겠다고 천명하는 사명, 직원들이 일하는 모습, 브랜드가 세상에 미치는 영향, 그리고 방문과 구매의 용이성(그리고 스마트폰 앱을 통한 즉각적 환불)에 따라 브랜드에 충성을 바칠지 결정한다. 브랜드 충성도는 최근 들어 더 중요해졌다. Z세대를 포함한 모든 연령대의 소비자들이 더 싼 제품을 검색해서 살 수 있게 됐기 때문이다. 소비자들이 그런 싼 제품 대신 우리 제품을 재구매하도록 유도하려면 브랜드가 대표하는 가치, 그것을 소통하는 방식, 세상에 긍정적인 영향을 미친다는 점을 보여주는 방식에 신경을 써야 한다. 브랜드 포지셔닝positioning, 브랜드 인게이지먼트, 브랜드 인지도 구축 단계에서 일관되고 투명하게 그러한 메시지를 높은 퀄리티의 영상으로 전달해야 브랜드 충성도를 높일 수 있다.

Z세대 구성원들의 구매력이 증가하고, 그들이 브랜드와 제품, 서비스에 가장 영향력을 많이 미치는 연령대로 접어듦에 따라, 브랜드 충성도는 점점 더 중요해질 것이다. 그러한 Z세대에게 유형의 경험(이를테면 손쉬운 구매와 환불 경험)과 무형의 메시지(이를테면 브랜드가 제품을 넘어서는

사회 정의를 대표한다는 점)를 지속적으로 전하는 브랜드가 재구매라는 선택을 받게 된다.

Z세대가 다양한 카테고리의 고가 상품 구매를 확대함에 따라, 브랜드 충성도가 기업의 성공을 좌우할 것이다. 오랜 역사를 자랑하는 레거시 브랜드들도 이전 세대들의 관심만 받아서는 성장은 고사하고 생존하기조차 어렵다는 사실을 인식하고 있다. 스타트업이든 기성 기업이든, 모든 기업이 자사 브랜드가 Z세대 고객에게 적합한 제안을 하고 있는지, 지금부터 점검해야 한다.

• 지인에게 소개하기

소비자들이 상품에 대한 긍정적인 입소문을 내고 지인에게 상품을 소개하게 유도하는, '입소문 마케팅'은 Z세대의 직접적 구매를 이끌어내는 효과가 가장 큰 마케팅 방식이다. Z세대의 호평과 추천을 받기 위해 브랜드 리더들이 알아야 할 것은 무엇일까? 첫째, Z세대가 실제로 제품이나 서비스를 구매하지 않았어도, 매출 증가를 유발할 수 있다는 사실을 인지하라. Z세대는 인스타그램이나 스냅챗에서 "최근에 나온 나이키 제품이 마음에 드는데" 또는 "이 식당은 분위기가 좋은데!"라고 말하는 것만으로도 다른 이의 구매를 유도할 수 있다. 물론 가장 영향력 있는 추천은 상품을 직접 구매한 Z세대가 소셜미디어를 통해 또래 집단에게 상품을 추천하는 것이다. 기업이 이러한 추천을 촉진하는 데 필요한 기술은 예술이자 과학이다.

Z세대의 추천을 이끌어내는 가장 쉬운 방법은 제품, 서비스, 브랜드가 대표하는 가치, 브랜드가 달성하겠다고 천명하는 사명이 마음에 든다고

친구들에게 말해달라고 요청하는 것이다. Z세대가 게시물을 올릴 경우, 그것이 단지 이모티콘 하나로만 된 게시물일지라도, 기업은 즉각 사무적, 기계적이지 않은 방식으로 응답해야 한다. 친구들과 함께 다시 올 경우 할인을 제공한다든지, 다음에 다시 올 경우 쿠폰을 제공한다든지, 친구에게 소개하면 즉각적 보상을 해주는 것이 Z세대의 소개를 이끌어내는 데 도움이 될 수 있다. 물론 최고의 추천은 고객이 좋은 경험을 했을 때 촉발되지만, 5초 정도만 시간을 내서 스냅챗 친구들에게 경험담을 보내달라고 넌지시 요청하는 것은 Z세대가 자주 접속하는 디지털 플랫폼에서 입소문 마케팅을 하는 방법 중 하나다.

자연스러운 추천을 촉진하는 또 다른 방법은 디지털 플랫폼을 통해 가치 있는 콘텐츠 영상을 공유하는 것이다. 화장품 브랜드 글로시에는 셀럽, 화장 전문가가 출연하는 '함께 화장해봅시다' 영상과 눈썹 그리는 법을 알려주는 영상을 디지털 플랫폼에 올린다. 시청자들은 이 영상을 공유하는 과정에서 자연스럽게 브랜드를 언급하게 된다. 이는 브랜드 인지, 인게이지먼트, 소개 사이의 경계를 허문다.

기업은 Z세대가 공유할 법한 (자사가 제작한, 또는 파트너십을 통해 제작한) 콘텐츠 영상에 브랜드가 통합되는 방법을 궁리해야 한다. 자전거 수리 도구 제작사, 파크툴Park Tool은 바이크 핵스라는 유튜브 채널을 운영하는 산악자전거 인플루언서 시스 알보와 파트너십을 통해 유기적 추천, 인게이지먼트, 브랜드 인지도를 개선했다. 파크툴은 시스가 가게에서 쓸 만한 도구를 정기적으로 보내주고, 미네소타주에 위치한 본사 건물에 시스를 초청해서 본사 풍경을 영상으로 찍어서 올리게 했다. 이는 파크툴의 아이콘과도 같은 파란색 손잡이가 달린 도구가 시스의 사용 안내 영상들에 등장하고, 시스의 160만 팔로워들이 파크툴 본사의 모습을 본다는 뜻이다. 파크툴은 자전거 수리 교육에 초점을 맞춘 영상들을 팔로워 수 30만에 달하는 자사 유튜브 채널에 올린다. 사람들이 파크툴의 사용 안내 영상을 공유할 때마다 유기적 추천이 일어나는 셈이다. 브랜드 인지, 인게이지먼트, 신뢰, 브랜드 충성도는 아직 제품을 구매하지 않은 사람들에게도 미리 형성시켜야 한다. 그렇게 해야 파크툴의 도구 사용 안내 영상을 본 사람들이 자전거 수리 도구를 구매할 때가 되면, 파크툴 제품을 구매할 가능성이 높아지기 때문이다.

고객여정은 모든 단계가 중요하다. 그중에서도 브랜드 인게이지먼트, 브랜드 인지는 기업들이 전략을 통해 가장 큰 변화를 일으킬 필요가 있는 단계이자, 기업들이 가장 어려워하는 단계, 그리고 가장 큰 기회가 있는 단계다. Z세대 구성원들은 제품을 구매하기 전에 수개월간 고민할 수 있다. 그리고 그 기간에 그들의 브랜드에 대한 의견은 그들이 소비하는 콘텐츠에 지속적인 영향을 받는다. 다음 장에서는 기업과 관계를 맺으려는 Z세대의 결정에 영향을 미치는 요소들을 더 면밀히 살펴보도록 하겠다.

9장

고객 인게이지먼트와 인지도

"최근에 제가 산 모든 상품은 유튜브 영상에서 추천된 제품이에요.
유튜브에서 재키 에이나가 더말로지카 세안제를 쓰는 모습을 보고
저도 그 제품을 사게 됐어요."

_Z세대 구성원

2018년 베일러 대학교의 마케팅 책임자 제이슨 쿡이 이끄는 마케팅 팀은 [83] 입학 지원자들을 끌어들일 새로운 방법을 궁리했다. 2016년 12월 베일러 대학교의 최고마케팅경영자로 임명된 제이슨 쿡은 큰 임무를 떠맡았다. 당시 미식축구부 학생들이 성범죄로 기소된 사건 때문에 베일러 대학교가 미국 전역의 신문 헤드라인을 장식한 참이었다. 이후 학교 측은 교내 안전과 범죄 예방을 위한 여러 조치를 취했지만, 베일러 대학교란 브랜드를 다시 포지셔닝하고 Z세대 학생들에게 신뢰를 얻으려면 그 밖에도 특단의 조치가 필요하다고 판단했다.

제이슨 쿡과 팀원들이 마케팅 전략을 고민하고 있을 때, 팀원 한 명이 일란성 쌍둥이 유튜버 브루클린 맥나이트, 베일리 맥나이트가 여러 영상에서 계속 베일러 대학교를 언급한다는 사실을 알게 됐다. 그것은 별로 신

경 쓸 일은 아니었다. 이 유튜브 채널의 구독자 수가 600만 명이라는 사실만 빼면 말이다.

브루클린 맥나이트, 베일리 맥나이트는 대학 탐방 브이로그로 베일러 대학교 영상을 여러 편 올렸다. 마케팅 팀에게는 희소식처럼 들릴 만한 일이지만, 제이슨 쿡과 팀원들은 아직 흥분하지 않았다. 맥나이트 자매는 아직 학교에 입학하지 않았기 때문이었다. 제이슨 쿡은 이렇게 말했다.

"7개월 뒤에 우리 학교는 정상적인 절차로 지원한 브루클린과 베일리에게 합격 통지서를 보냈고, 두 자매는 입학할 의향이 있다고 연락했습니다. 그래서 우리는 두 자매와 협력하여 우리 학교에 대한 대중의 관심을 높일 방법을 궁리했습니다."

그렇게 해서 맥나이트 자매와 쿡의 마케팅 팀이 손을 잡았다. 그들의 협업은 단순한 학교 홍보 계약이라기보다는 파트너십에 가까웠다. 맥나이트 자매는 Z세대 학생들과 잘 이어지기 위한 방법을 베일러 대학이 이해하도록 돕고자 했다.

"대학교 마케팅은 어떤 의미에선 엄청난 난제입니다. 비슷한 대학 광고가 넘쳐나는 상황에서 각 대학을 구분하기가 점점 더 어려워지고 있기 때문이죠. 우리는 기성세대의 전통적 마케팅 기법으로는 Z세대 학생들에게 진정성 있게 도달하지 못하리란 사실을 알았습니다. 따라서 우리는 맥나이트 자매와의 협업을 통해 Z세대 학생들의 인게이지먼트를 늘리기 위한 방법을 배우게 돼 기뻤습니다."

제이슨 쿡은 Z세대 개인의 마음을 끄는 영상의 힘, 새로운 경험에 대한 Z세대의 관심이 Z세대 학생들의 흥미를 끄는 요소임을 맥나이트 자매에게 배웠다고 인정했다.

맥나이트 자매는 베일러 대학교 캠퍼스에서 보내는 일상을 브이로그로 찍어서 올렸다. 기숙사 방으로 이동하는 동안 팬들과 만나는 모습, 여학생 클럽에 가입하는 과정, 첫 미식축구 경기 관람 모습 등의 영상이 사람들 사이에서 인기를 끌었다. 제이슨 쿡과 마케팅 팀은 개인적 경험을 담은 이러한 영상들 속에 Z세대 학생들과 소통하기 위한 작업을 통합했다.

"우리는 학장님이 학생들과 소통하는 방식을 바꾸었고, 학장님은 이에 적극 응하셨습니다. 올해 학기 초, 학장님은 건물 앞에서 지나가는 학생들에게 아이스크림을 나눠주셨습니다. 이제 학장님은 커피를 마시며 대화하자고 학생들을 학장실로 초대하는 대신, 학생들이 있는 곳에 가서 학생들과 어울리고 계십니다."

베일러 대학교는 이메일로 학생들과 소통하는 방법도 바꾸었다. 전에는 학장이 격식을 갖춘 장문의 이메일을 한 학기에 한 번 학생들에게 보냈다. 반면에 지금은 매주 목요일에 중요 뉴스를 다섯 개 문장으로 요약한 이메일을 학생들에게 보낸다. 현재의 이메일 형식이 학생들이 스마트폰으로 보는 글들의 형식에 보다 가깝기에 개인적이고, 읽기 쉽고, 학생들과 지속적 관계를 도모하기에 유리하다.

대학 지원자들을 모집하는 대학 직원이든, Z세대 손님을 늘릴 방법을 고민하는 식당 주인이든, 새로운 운동복을 판매하려는 회사 직원이든 마찬가지다. Z세대 구성원들에게 브랜드 인지도와 인게이지먼트를 늘리는 최선의 방법은 솔직하고 개인적인 연결이다. 이를 달성하는 방법은 많다. 솔직한 연결의 예는 친구(실제 친구 또는 인스타그램 인플루언서)의 정직한 추천이다. 개인적 연결의 예는 잠재적 고객에게 당사가 그들의 필요에 관심을 기울이고 있다고 말하는 맞춤형 광고다.

제이슨 쿡과 베일러 대학교 마케팅 팀이 발견했듯, 솔직성과 진정성을 브랜드 인지도 구축부터 개인적 고객 경험 창출까지 모든 마케팅 단계에 통합하는 기업이 Z세대 구성원들과 관계를 강화하고, 그들을 충성스러운 고객으로 확보할 것이다. Z세대 구성원들은 자신이 자주 이용하는 영상 플랫폼에서 등장하는 브랜드, 자신의 삶과 연계되는 고객 경험을 창출하는 브랜드에 관심을 보인다.

⊙ Z세대의 구매 결정에 가장 큰 영향을 미치는 사람들

"저는 어떤 제품을 사야 좋을지 친구들에게 물어보려고 스냅챗을 자주 써요. 저번에 와비파커 매장에 갔는데 선글라스 가격이 다소 비쌌어요. 저는 먼저 착용해보고 구매하고 싶어서 매장에 간 거였어요. 저는 스냅챗으로 친구들에게 어떤 선글라스가 괜찮은지 물어봤어요. 저는 친구들이 좋다고 한 선글라스 사진을 찍어서 집에 돌아와 그 상품을 주문했어요. 선글라스 하나 사려고 수고를 많이 들인 셈이죠."

_Z세대 대학생

다양한 제품과 서비스 선택지가 있는 현실에서 우리는 Z세대를 고객으로 끌어들이는 요소들을 연구했다. 이러한 요소들을 이해하면 고객 제안과 핵심 판매 채널에 맞는 브랜드, 판매, 마케팅 전략을 설계하는 데 도움이 될 것이다.

2018년 Z세대 현황 조사에서[84] 우리는 Z세대의 구매 결정에 가장 큰 영향을 미치는 사람은 친구와 가족이라는 사실을 발견했다. 그다음으로 영향을 미치는 것은 브랜드 플랫폼이다. Z세대가 자신의 구매 결정에 영향을 미쳤다고 가장 많이 언급한 브랜드 플랫폼은 아마존, 나이키, 아디다스다. 이는 끊임없이 데이터를 분석해 그 정보를 토대로 우리가 필요하거나 원한다고 생각하기도 전에 해당 제품을 추천하는 아마존 인공지능을 포함한다. 그다음으로 Z세대의 구매 결정에 큰 영향을 미치는 요소는 소셜미디어, 셀럽, 온라인 인플루언서였다.

최근 6개월간 구매 결정에 가장 큰 영향을 미친 요소
질문 | 최근 6개월간 제품이나 서비스 구매에 가장 많이 영향을 미친 요소 3가지를 열거하시오. **응답자** | 2,580명
1. 개인적 관계 **2. 브랜드명** **3. 소셜미디어, 온라인 인플루언서, 셀럽**
온라인 인플루언서에 대한 Z세대의 생각 "저는 인플루언서들이 내놓는 콘텐츠에 관심이 있어요. 그렇지 않았다면 그들을 팔로우하지 않았겠죠. 괜찮은 인플루언서들을 팔로우하면, 그들이 직접 써보고 마음에 드는 제품을 소개해요. 저는 그런 영상을 보고 여러 제품을 구매했어요."

Z세대는 최초 구매 전에 다른 이의 조언을 구하는 세대다. 그러므로 기업들은 Z세대의 친구와 가족들이 제품이나 서비스를 언급하도록 유도할 필요가 있다. 예를 들어 Z세대의 의류 구매, 식당 방문은 또래 친구들의 추천에 영향을 받는다. Z세대의 거래 은행 선택, 비싼 IT기기 구매는 부모에게 영향을 받는다. Z세대를 고객으로 확보하려면 광고만으로는 효과를 거둘 수 없고, Z세대의 인플루언서들이 브랜드, 제품, 서비스를 지지하도록 유도해야 한다.

인터넷에서 입소문을 내려면 평점, 리뷰, 소셜미디어 게시물, 상호작용이 필요하다. 이미 제품을 구매한 사람이 리뷰를 쓰거나 구매 경험을 인터넷으로 공유하도록 유도해야 한다. 가장 기본적인 리뷰 형태는 댓글, 사진, 영상을 추가할 수 있는 별 다섯 개짜리 평점 시스템이다. 밀레니얼 세대가 이미 평점과 리뷰 시스템의 대중화에 기여했다. Z세대는 웬만한 제품과 서비스를 구매할 때, 특히 최초 구매 시에 기본적으로 평점과 리뷰를 참고하는 세대다. 2019년 Z세대 현황 조사에서,[85] 미국 Z세대의 70퍼센트가 정말로 사고 싶었는데 나쁜 평점이나 리뷰 때문에 구매를 포기한 적이 있다고 답했다.

제품 리뷰를 올려달라고 요청할 때는 Z세대가 리뷰를 올리기 쉽도록 게시물 등록 시스템을 만들고, 리뷰가 올라오면 공유해줘서 고맙다고 즉각 응답하라. 이것이 Z세대 리뷰어들이 바라는 신속한 피드백 루프를 조성한다. 이것은 또한, 리뷰를 읽는 사람들에게 해당 제품을 판매하는 업체가 사무적으로 틀에 박힌 반응을 보이는 것이 아니라, 진심으로 리뷰를 읽고 반응한다는 인상을 준다. Z세대 리뷰어는 리뷰에 감사함을 표하는 업체에게 종종 댓글을 달고, 이는 긍정적인 리뷰나 댓글이 달릴 수 있는 모멘텀을 만든다. 다시 말해, 긍정적인 리뷰를 올리는 Z세대에게 경험을 공유해줘서 고맙다고 반겨야 한다.

평점과 리뷰 등록 과정의 단순화, 신속한 피드백에 더해, Z세대와 인플루언서들이 제품, 서비스, 경험을 계속 언급하도록 공유할 가치가 있는 순간을 만들어야 한다. 식당에 의외의 예술적 조형물을 설치하거나, 기부로 이어지는 해시태그를 달거나, 지역 공동체를 위해 사람들을 끌어모으는 토요일 이벤트를 개최하는 것이 그 예가 될 수 있다.

공유할 가치가 있는 디테일의 예로는 유튜버, 인스타그래머, VIP 고객 집단 같은 핵심 인플루언서들에게 제품을 보내는 영상이 있다. 유튜버들이 언박싱 영상을 올리고 싶은 마음이 들도록 제품을 독특하게 포장하는 방안, Z세대가 틱톡에 재미있는 제품 사진을 올리도록 유도하는 방안을 생각해보라.

서비스 경험 역시 소셜미디어에서 입소문에 오를 여지가 많다. Z세대에게 여러 임대주택을 보여주는 부동산 중개업체라면 여러 집들을 둘러보는 경험을 재미있게 구성하는 방안을 고민해보라. 예를 들어, 부엌에 (인스타그램에 사진을 올리고 싶어지는, 다양한 색상의 디저트가 있는) 디저트 바를 만들고, 잠재적 고객이 주택의 특징을 알 수 있도록 눈길을 끄는 문구('거실 창문에서 도심 풍경이 얼마나 잘 보이는지 확인해보세요', '위를 보세요. 천장을 양철로 만들어서 벽난로를 사용하기 편하게 해놓았습니다!')를 적은 종이를 임대주택 여기저기에 붙여놓아라. 에어비앤비로 집을 빌려주는 집주인이라면, 고객이 '퀴즈 게임'을 하는 기분으로 집 주변을 돌아다닐 수 있게 동네 정보를 묻는 질문들이 적힌 지도를 고객에게 제공할 수 있다.

예상치 못한 시각적 경험을 제공함으로써 Z세대 고객들이 스마트폰을 주머니에 넣어둔 채 가만히 있는(이는 Z세대에게 드문 일이다) 게 아니라, 스마트폰을 꺼내 사진을 찍고 소셜미디어에 올리도록 유도할 수 있는지가 Z세대를 고객으로 끌어들이는 데에 있어 관건이다.

가장 연령이 낮은 (12세 이하) Z세대 구성원들의 경우, 최초 인지와 입소문을 일으키기 위한 효과적인 방법은 부모를 통해 어린이들과 관계를 맺는 온라인 광고 전략과 학교 파트너십이다. 이유는 무엇일까? 12세 이하 Z세대 구성원들의 부모는 X세대와 밀레니얼 세대다. X세대와 밀레니얼 세대 부모가 Z세대 자녀를 위해 제품을 구매하고 추천하는 데 영향을 미치는 방법으로 가장 효과적인 것은 여전히 전통적 미디어 채널, 마케팅 채널, 디지털 채널이다. 특히 소셜미디어 피드에 올라가는 맞춤 영상들은 Z세대 자녀용 제품이나 서비스에 관해 더 알고 싶도록 유도하는 콘텐츠, 맥락, 즉각적인 통찰이나 시각을 제공함으로써 X세대, 밀레니얼 세대 부모들에게 영향을 미치는 수단이다.

Z세대가 나이가 듦에 따라 (그들의 부모들이 여전히 중요한 영향을 미치겠지만) 부모의 의견과 무관하게 제품을 구매할 자유를 더 많이 얻게 될 것이다.

⊙ 모바일이 전부다

여기까지 읽은 독자라면, Z세대에게 도달하기에 가장 좋은 경로가 바로 스마트폰임을 눈치챘을 것이다. Z세대는 늘 스마트폰을 끼고 산다(설문조사에서, Z세대는 15분만 스마트폰에서 떨어져 있어도 초조감이 높아진다고 답했다). Z세대는 스마트폰에 정서적으로 깊이 의존한다. 그렇기에 스마트폰은 브랜드가 Z세대를 만날 수 있고, Z세대가 브랜드와 관계를 맺을 준비가 되어 있는 채널이다. Z세대의 높은 스마트폰 의존도는 이미 직장에 들어간 Z세대 직원, 시장에서 구매하는 Z세대 소비자들의 '노멀(표준)'에 대한 시각에 영향을 미쳤다. 따라서 이제는 B2B 기업들조차도 모바일 기술을 우선하는 전략을 채택할 필요가 있다.

모바일 기술의 비중이 커짐에 따라, 레거시 브랜드들이 대처에 어려움을 느끼고 있다. 레거시 브랜드들의 디지털 경험은 이전 세대들이 주로 사용한 컴퓨터, TV 화면에 맞춰 설계됐기 때문이다. 모바일 우선 전략으로의 이행은 상당한 비용과 시간이 들 수 있지만, 투자할 가치가 있는 선택임은 분명하다. 우리의 고객사들 다수는 모바일 전용 홈페이지를 개설한 이후, 트래픽의 50퍼센트 이상이 모바일 전용 홈페이지에서 발생할 정도로 막대한 트래픽 급증을 경험했다. 또한 해당 기업의 오프라인 매장(이 만약 있다면) 방문객들이 스마트폰을 사용해 가격을 비교해가며 쇼핑하는 빈도가 높아졌다. 우리의 조사에 따르면, Z세대와 밀레니얼 세대의 70퍼센트가 오프라인 매장에서 제품들을 둘러볼 때 스마트폰으로 가격을 비교해본다고 답했다. 심지어 우리의 고객 중 상당수는 모바일 전용 홈페이지가 아닌 '모바일 친화적'인 홈페이지만 있을 뿐인데도, 대다수 트래픽이 모바일 기기 접속으로 발생한다고 털어놓았다.

브랜드가 모바일 친화적 홈페이지를 운영하는 것만으론 충분치 않다. 이제 브랜드들은 모바일을 최우선으로 삼아야 한다.

모바일 환경에서 자사 브랜드가 어떤 위치에 있는지 확인하고 싶다면, Z세대 집단에게 자사 브랜드 홈페이지와 디지털 제안을 경험해보게 하고 그들의 반응을 관찰해보라. Z세대들이 홈페이지를 어떻게 둘러보고 반응하는지 보면 놀랄 것이다. 우리는 세계 각국 기업들에게 이 방법을 추천했는데, 최고의 기술기업들조차도 Z세대의 반응에 충격을 받았고, 레거시 브랜드 관계자들은 벌린 입을 다물지 못했다. Z세대들은 역사가 오래된 기업들의 홈페이지, 플랫폼, 앱에 접속하는 데 어려움을 겪었다. 다른 세대들에게는 보이지 않는 홈페이지, 플랫폼, 앱의 작동방식과 관련된 문제점, 결점, 해결책이 'Z세대들의 눈'에는, 특히 세대 연구원의 눈에는 보인다. Z세대는 극히 쉽고 직관적으로 이용 가능한 웹사이트, 플랫폼, 앱을 기대한다. 그렇지 않으면 다른 디지털 채널로 떠나버릴 것이다.

모바일 접속을 우선하는 마케팅 활동이 중요한 이유 중 하나는 전통적인 컴퓨터 검색보다 스마트폰 검색을 우선시하는 검색엔진들에 있다. 스마트폰으로 검색하는 사람들이 점점 증가함에 따라 검색엔진은 그들에게 적합한 검색 결과를 제시하기 위해 스마트폰 검색 기록을 우선 집계한다. 기껏 스마트폰으로 검색했는데 막상 웹사이트는 모바일 환경에 적합하게 만들어지지 않아 웹사이트를 접속하기 위해 컴퓨터를 사용해야 한다면 여간 불편하지 않다. 이러한 점 때문에 검색엔진은 더 나은 사용자 경험을 제공하기 위해 모바일 전용 웹사이트 검색결과를 먼저 보여준다. 이는 사용자, 콘텐츠 제공자, 소비자 입장에서 자연스러운 현상이다.

⦿ 인터넷 영상과 비주얼로 광고하는 시대

Z세대는 어린 시절부터(일부는 부모의 스마트폰에서 유튜브 영상을 본 첫날부터) 시각적 학습자, 구매자로 조건화됐다. 그들은 끊임없이 자신을 찍는 부모, 그리고 주변 모습을 찍는 낯선 사람들을 보며 자랐다. 그들은 구글로 검색하기보다는 유튜브에서 검색하고 답을 알려주는 영상을 시청하도록 조건화됐다. 그들은 부모들이 찍어 페이스북에 올린 사진과 영상부터 유튜브에 올라간 학습 영상, 틱톡에 올라가는 장난스러운 영상까지 사진과 영상이 범람하는 환경에서 자랐다. 따라서 Z세대에게 도달하려면 사진과 영상을 이용해야 한다. 이에 대해 WP엔진의 CEO 메리 엘런 듀건은 이렇게 설명한다.

"Z세대는 인터넷을 주로 오락 용도로 사용하고, 그다음은 정보 검색용으로 사용하는 최초의 세대[86]입니다. 그들은 이전 세대와 아주 큰 차이를 보입니다. 베이비붐 세대의 73퍼센트, X세대의 69퍼센트, 밀레니얼 세대의 59퍼센트가 인터넷 사용의 주목적이 정보검색이라고 답한 반면, Z세대의 72퍼센트는 인터넷 사용의 주목적이 엔터테인먼트라고 답했습니다."

듀건은 Z세대의 '엔터테인먼트를 주목적으로 하는' 인터넷 접속 성향 때문에 이제 브랜드들은 '엔터테인먼트 지수'가 높은 웹사이트와 앱을 만들어야 하는 시대가 됐다고 지적한다.

"대다수 브랜드들은 자사의 콘텐츠가 정보를 잘 전달하는지, 적절한 독자에게 전달되는지만 신경 쓰고, 사람들을 재미있게 하는지는 신경 쓰지 않습니다. Z세대에게 있어 재미는 중요한 요소입니다. 자사 브랜드가 재미있는 브랜드인지, 심각한 브랜드인지, Z세대의 관심을 끌기 위해 어떤 재미 요소를 집어넣을지 고민해야 합니다. Z세대를 즐겁게 하고 Z세대의 마음을 사로잡는 방법을 이해하지 못하는 브랜드는 Z세대 고객들을 순식간에 잃기 때문입니다."

스프린트는 재미와 영감을 주는 쪽으로 #리브언리미티드 광고를 만들고 Z세대가 자주 접속하는 플랫폼인 유튜브와 소셜미디어에 올렸다. 아디다스는 영국 힙합 가수 스톰지와 협업으로 Z세대 사이에서 다시 인기를 끌었다. 스톰지는 아디다스의 신상품 출시를 알리는 의미로 아디다스 신발과 운동복을 입고 찍은 뮤직비디오를 발표했다. 엔터테인먼트와 광고가 융합된 것이다.

Z세대를 대상으로 한 광고에서는 광고 영상이 나가는 채널보다도 연관성 있는 영상과 비주얼이 더욱 중요하다. 브랜드는 광고 도입부만 보고도 "와"라는 탄성이 나오는 광고를 만들어야 한다. 그렇지 않은 광고는 Z세대가 스킵하기 때문이다. 아이러니한 점은 Z세대가 마음에 드는 광고 영상이 나올 때는 광고를 빨리 재생하고, 댓글을 달고, 공유한다는 사실이다. 그들에게 관련성이 있는 광고는 곧 댓글을 달고 싶어지는 참여형 콘텐츠로 바뀌기 때문이다. Z세대가 현재 인생단계에서 경험하는 희로애락,

신체상에 대한 걱정을 잘 반영한 광고 영상에는 Z세대 구성원들의 댓글과 공유가 이어진다.

최근에 특히 큰 반향을 일으킨 광고의 예로는, 수백만 달러를 미국 학생들에게 지원하는 기아자동차의 위대한 익명Great Unknowns 장학금 지원 광고, 근육을 키우기 위한 약물 복용을 삼가고 각자의 장점을 칭찬해주자는 메시지를 전달하는 액스Axe의 #프레이즈업#PraiseUp 광고, 손을 쓰지 못하는 장애인도 엑스박스 컨트롤러로 게임을 할 수 있다는 점을 보여주는 마이크로소프트의 위올윈We All Win 광고가 있다. 여러 플랫폼에 쓰일 수 있는 영상을 제작하고, 쉽게 측정 가능하며 고도로 맞춤화된 비주얼 광고 전략을 수립하는 것은 Z세대 고객을 확보하려는 브랜드들에게 절대적으로 중요하다.

브랜드 리더들에게 몇 가지 조언을 소개한다. Z세대를 대표하는 다양성을 보여주고 환영하는 모습을 보여라. Z세대의 고객구매여정에서 적절한 시점과 장소에 광고를 배치하라. 브랜드가 추구하려는 이유, 그 과정에서 Z세대가 브랜드와 함께해야 하는 이유를 시각적으로 선명하게 보여줘라.

신뢰를 구축하고 더 빨리 광고 효과를 얻으려면, 문자를 적게 사용하고 광고 영상과 Z세대 고객들과 인플루언서들이 제품을 사용하는 이미지를 통합함으로써 메시지를 시각화하라. 광고는 Z세대 시청자가 이어지는 광고 내용을 궁금해 하도록, 도입부부터 즉각 마음을 끌고 재미있어야 한다.

⊙ 의류, 스포츠, 음악, 음식, Z세대 문화의 융합

우리의 연구 과정에서 지속적으로 발견된 흥미로운 트렌드는 의류, 스포츠, 음악, 음식과 Z세대 문화의 융합이었다. 유명인이 음식과 의류를 광고하는 것은 새로운 현상이 아니다. 일부 기성세대들은 1984년에 마이클 조던이 나오는 광고를 보고 에어조던 운동화를 신었고, 1983년에 마이클 잭슨의 펩시콜라 광고를 보고 펩시콜라를 마셨다. 그 후 오랫동안 유명인들이 광고에 등장했는데, Z세대를 대상으로 하는 광고에는 마이클 잭슨, 마이클 조던처럼 엄청나게 유명한 인물이 등장할 필요가 없다. 수백만 달러의 광고 예산을 들이지 않아도 Z세대에게 브랜드 인지도를 구축할 수 있다. 재미있는 경험을 창출하거나, 브랜드가 충족하려는 바를 옹호하는 유튜버와 협업하는 것만으로도 충분하다.

의류, 스포츠, 음악, 음식의 융합은 재미있는 방식으로 Z세대의 관심을 끌고 그들에게 영향을 미칠 무한한 가능성의 문을 연다. 그것을 극한으로 보여준 사례가 타코벨Taco Bell이 2019년 8월 8일부터 12일까지 캘리포니아주 팜스프링스에서 운영한 '타코벨 호텔'이다. 이 호텔은 타코벨 브랜드에 흠뻑 빠져 지낼 수 있는 장소였다. 타코벨 핫소스 상자 모양의 베개와 수영장 튜브부터 타코벨의 매운맛을 표현하는 벽화까지, 인스타그램에 업로드할 사진을 찍기에 좋은 요소가 가득했다. 그리고 주말 내내 전부 Z세대로만 구성된 밴드(웰로우)와 Z세대 가수들(플레처, 위탄)이 이곳에서 공연했다. 타코벨은 기념품과 타코벨 브랜드 의류를 파는 임시 매장도 설치했다.

대중이 이용할 수 있었던 타코벨 호텔의 방은 70개였는데, 단 2분 만에 모든 방이 예약됐다. 타코벨의 목적은 Z세대 인플루언서들, 특히 유튜브 스타들이 타코벨 호텔에 머물면서 경험하는 바를 독자들과 공유하도록 유도하는 것이었다. 그리고 그 결과는 성공이었다. 어린 시청자들이 타코벨 브랜드에 관심을 보이는 효과를 낳은 것이다. 메이크업 아티스트이자 인플루언서, 기업가인 제프리 스타가 타코벨 호텔에 묵으면서 경험한 바를 담은 29분짜리 영상을 본인의 유튜브 채널에 올렸다. 제프리 스타가 누구인지 모르는가? 그의 1,700만 유튜브 채널 구독자들은 잘 알고 있다. 그가 올린 타코벨 호텔 영상은 6주 만에 1천만이 넘는 조회수를 기록했다.

웹사이트 이호텔리어eHotelier는 수년 전부터 호텔 직원들에게 소셜미디어에 사진이 잘 올라갈 수 있게 호텔 내부의 모습을 신경 쓰라고 조언해왔다. 이호텔리어는 독특한 조명, 다양한 인테리어, 럭셔리 아이템, 테마룸을 갖춤으로써 호텔 방문객들이 사진을 찍어 소셜미디어에 공유하도록[87] 유도하라고 조언했다. 호텔 시장에서 의외의 브랜드로 보이는 이케아는 스웨덴에 문을 연 이케아 비즈니스호텔을 운영하면서 이러한 조언을 받아들였다. 이케아는 예산이 빠듯한 Z세대 구성원들이 묵을 만한 방에 사진을 찍어 소셜미디어에 올리고 싶은 마음이 들 요소들을 배치했다. 이케아는 1964년부터 호텔업을 해온 전통 있는 호텔 체인이지만, 태양광 패널, LED 조명, 재활용품을 활용해 독특한 분위기가 나는 호텔 방을 제공한다.

모든 브랜드가 이렇게 몰입되는 경험을 제공할 수는 없고, 그럴 필요도 없다. 그렇지만 기업 마케팅 담당자라면 Z세대와 이어지는 라이프스타일, 가치, 인생철학을 자사 브랜드에게서 기대할 수 있다는 브랜드 약속을 정서적, 감각적으로 보여주는 방안을 고민해봐야 한다.

⦿ 검색엔진, 아마존

아마존은 Z세대를 위한 검색엔진이다. Z세대가 성인이 됨에 따라, 아마존은 기존의 비효율적인 부분을 개선해 더 매끄러운 모바일 경험(아마존 프라임, 원클릭 구매 시스템, 당일배송 서비스, Z세대가 게임을 하는 도중에 명령을 내릴 수 있는 인공지능 비서 알렉사)을 창출했다. 이러한 혁신 과정에서 아마존은 Z세대가 확장된 검색과 제품 리뷰를 통해 편리하게 생활할 수 있게 하고자 끊임없이 노력했고, 현재는 유기농 식품 체인 홀푸드 인수를 비롯한 사업 확장으로 그러한 목적을 달성하고자 한다. 아마존이 고객들의 여러 가지 문제를 해결해감에 따라(음성 명령을 수행하는 인공지능 기기 개발로 고객의 인게이지먼트를 확대하고 개선함에 따라) Z세대의 구매 경험은 개선됐다. Z세대는 아마존이 없었던 시절을 기억하지 못하는 세대다.

바로 이 점 때문에, Z세대의 관심을 받고 싶은 수많은 브랜드에게 아마존은 넘어야 할 산이다. Z세대는 구글에서 검색하지 않고, 자주 쓰는 웹브라우저를 열고 곧바로 아마존에 접속해 검색어를 치거나 말하고, 검색어에 부합하는 제품과 추천 상품을 보게 된다. 우리의 포커스 그룹 인터뷰에 참여한 수많은 Z세대 구성원들이 그렇게 한다고 밝혔다. Z세대는 어릴 적부터 (단어 스펠링을 배우기도 전에) 문자를 입력하지 않고도, 아마존의 인공지능 비서, 알렉사에게 무언가를 검색하라고 명령하고 검색 결과를 들어온 세대다.

최소한 모든 소비자직접판매direct-to-consumer(중간 유통업체 없이 아마존 같은 플랫폼에서 직접 고객에게 판매하는 비즈니스-옮긴이) 브랜드들은 아마존 전략을 채택해야 한다. 아마존을 통해 제품을 판매하는 것이 가장 간단한 방법이다. 자영업자나 작은 서비스 업체의 아마존 전략은 전자책을 만들고 동료 서비스 공급자들에게 제공함으로써, 해당 분야(배관 공사부터 웨딩케이크 만들기까지)의 전문가로 자리매김하는 것이다. 아마존 이외의 경로를 통해 판매하거나 소비자에게 직접 제품을 판매하기에, 아마존을 이용할 수 없는 업체라면 아마존이 제공하는 브랜드들뿐 아니라 아마존 그 자체가 자사의 경쟁상대가 된다는 것을 인식해야 한다. 아마존과 경쟁하고 차별화하는 방법을 연구함으로써 시장을 더 잘 이해해 자사만의 강점(고객 서비스, 사명, 열성 고객들의 온라인 커뮤니티)을 개발할 수 있다.

⊙ 온라인 인플루언서

여기까지 읽은 독자라면 온라인 인플루언서들이 Z세대에게 있어 신뢰의 매개체라고 결론 내릴 가능성이 높다. 인플루언서의 예로는 카다시안 가족, 더 록, 포스트 말론 등을 들 수 있다. 그런데 이런 셀럽만큼 이름이 널리 알려지진 않았어도 영향력은 더 강한, 제품, 서비스, 라이프스타일 인플루언서들도 있다. 셀럽들은 언론 헤드라인을 장식하고 인스타그램 게시물이나 유튜브 영상으로 매출을 끌어올려줄 수 있지만, 그 대가로 막대한 금액을 요구한다. 참 역설적이다. 인플루언서들은 제품이나 서비스를 홍보하는 대가로 돈을 받지만, Z세대는 그들을 신뢰하고 그들이 추천하는 제품이나 서비스를 구매하니 말이다. 하지만 인플루언서들은 점점 더 투명하고 측정 가능한 방식으로 판매 증진 효과를 일으키고 있다. 그렇기에 Z세대 고객에게 도달하려는 브랜드들은 인플루언서 마케팅 전략을 고려해야 한다. 심지어 기업과 인플루언서의 협업을 촉진하기 위해 인플루언서를 위한 기획사(한국에서는 MCN이라고 부른다. - 옮긴이)가 생길 정도다.

상당수 브랜드, 마케터, 제조업체, 서비스 제공자에게는 5천에서 5만 명 정도의 팔로워를 확보한 소규모 인플루언서와의 협업이 비용이 더 적게 들고 투자수익률이 높다. 팔로워 수가 1천 정도인 인스타그래머(나노 인플루언서)도 요새는 제품 스폰서 제안을 받고 있다. 나노 인플루언서는 의류부터 자동차 부품, 조리도구, 영양제, 최신 게임까지 모든 상품을 홍보한다. 적절한 인플루언서와 협업할 경우, 인플루언서를 팔로우하는 Z세대 구성원들에게 즉각적인 인지와 신뢰를 얻고, 적은 비용으로 계속 접근할 수 있다. 그들은 인플루언서가 홍보하는 브랜드의 분위기나 사명, 인플루언서가 언급하는 문제에 관심을 보이기 때문이다.

인플루언서 마케팅이 진화하고 Z세대의 연령이 높아짐에 따라, 그들이 고가 제품 구매 참고를 위해 인플루언서의 영상을 볼 때 더 높은 수준의 투명성을 요구하리라 예상된다. Z세대는 인플루언서가 추천하는 화장품과 의류를 구매하는 단계에서 은행 계좌를 개설하고, 보험에 가입하고, 자동차를 구매하는 단계로 나갈 것이다. 이런 고가 제품과 장기 서비스를 제공하는 기업들은 이미 프리미어 인플루언서들과 손을 잡고 있다. 가수 비욘세가 에이콘스(투자 플랫폼)의 투자자가 되고, 가수 스눕 독이 로빈후드(투자 앱)를 홍보하는 것이 그 예다.

⊙ Z세대의 최초 구매를 이끄는 동인

브랜드 인게이지먼트, 판매, 성장, 고객구매여정은 결국엔 구매로 이어져야 한다. '최초 구매'란 소비자가 제품이나 서비스에 대한 믿음이 생겨 '구매' 버튼을 누르고, 신용카드를 스와이프하고, 애플페이로 결제하거나 디지털 서명을 하는 순간을 가리킨다. 하지만 여기서 가장 중요한 것은 최초 구매를 실제로 유도하는 요소다. 그 요소란 대체 무엇일까? 이것은 우리가 2018년 Z세대 현황 조사 과정에서[88] 탐구한 질문이다. 우리는 최초 구매를 유발하는 5개의 핵심 동인을 식별했다.

최초 구매를 이끄는 가장 중요한 동인은 가격이다. 이는 Z세대의 재무적으로 보수적이고 실용적인 성향과 모든 상품(다른 곳에서 파는 동일 상품이나 같은 기능을 수행하는 대체상품)의 가격을 즉시 비교하는 버릇에 기인한다.

두 번째 동인은 구매의 용이성이다. 인터넷이나 오프라인 매장에서 얼마나 쉽게 상품을 찾고, 결제하고, 배송 받을 수 있는지에 따라 최초 구매가 결정된다. 쉽고 직관적이고 일관된 구매 경험을 소비자에게 제공하는 것이 중요하다고 우리가 고객사들에게 강조하는 이유다. 그 과정에서 우리가 발견한 큰 맹점은 온라인 쇼핑몰에서 최초 구매를 하기 위해 밟아야 하는 단계가 너무 많다는 것이었다. 소비자에게 더 많은 단계를 요구할수록, Z세대가 최종 결제 버튼을 누르지 않을 확률이 높아진다. 이는 오프라인 매장도 마찬가지다. 상품이 어디 있는지 찾기 어렵고, 계산대에서 오래 기다려야 하고, 다양한 결제수단을 제공하지 않는 오프라인 매장은 Z세대 고객을 유치하기 어렵다. 여기서 한 가지 예외는 중고품 가게다. 수고를 들인 끝에 마음에 드는 상품을 발견해서 희열을 느끼는 것이 중고품 구매 경험의 일부분이고, 이러한 과정은 Z세대가 중시하는 나름의 진정성과 가치를 제공한다.

세 번째 동인은 온라인 평점과 리뷰다. 이는 뒤에서 더 살펴보도록 하겠다.

네 번째 동인은 환불의 용이성이다. Z세대는 온라인에서 구매한 상품을 다시 상자에 넣어 반송할 수 있고, 온라인으로 구매한 매트리스를 써봤는데 마음에 안 들어서 자선단체에 기부하고 돈을 돌려받을 수 있는 시대에 자란 세대다. 요새는 온라인 중고차 판매업체 카바나에서 자동차를 쉽게 환불받을 수 있다. Z세대는 비싼 상품을 살 때도, 값싼 상품을 살 때처럼 쉽게 환불받을 수 있기를 기대한다. 환불의 용이성은 최초 구매를 유도하는 숨은 동인이다. 쉽게 환불할 수 있으면, 전에 써본 적이 없는 제품을 샀다가 제품이 만족스럽지 않아도 계속 가지고 있어야 하는 리스크가 줄기에, 구매를 선택하기 쉬워진다.

다섯 번째 동인은 지인의 추천이다. 이전에 해당 상품을 구매하거나 써본 적이 있는 지인의 추천은 온라인 리뷰보다 더 영향력이 강하다. 개인적으로 알고 신뢰하는 사람의 평가이기 때문이다. 지인의 추천은 최초 구매의 스트레스를 경감해준다. 나이가 들어 소파, 호텔, 임대주택 등, 인생단계와 연결된 상품을 고를 때 너욱 그러하다. 이미 구매하거나 빌려본 적 있거나 사용해본 지인이 추천하는 상품은 덜 위험하게 느껴지고, 구매해도 괜찮겠다는 확신이 든다.

⊙ 긍정적 평점과 리뷰를 유도하는 법

"유튜브 리뷰 영상에서 봤는데, 전에 들어본 적이 없는 제품이라면, 구글과 유튜브에서 다른 사람들이 이 제품을 어떻게 평가하는지 찾아봐요."

_ Z세대 포커스 그룹 인터뷰 참여자

Z세대는 온라인으로 제품이나 서비스를 구매할 때 (그리고 오프라인 매장에서 구매할 때도 점점 더) 평점과 리뷰를 참고한다. 이는 의류, 자동차, IT기기, 신용카드 같은 고가의 상품뿐 아니라 일상적인 상품을 고를 때도 해당되는 이야기다. Z세대는 식당 예약을 할 때에는 옐프Yelp, 집에서 시청할 영화를 고를 때는 넷플릭스, 24시간 동안 영화를 대여할 때는 아마존 프라임, 1년간 거주할 임대주택을 고를 때는 아파트먼트레이팅스ApartmentRatings, 렌터스 보이스Renter's Voice에 올라온 평점과 리뷰를 참고한다. 그렇다면 Z세대에게 평점과 리뷰가 얼마나 큰 영향을 미칠까?

우리가 수행한 2018년 Z세대 현황 조사에서, Z세대의 68퍼센트가 전에 써본 적이 없는 상품을 본인 돈으로 살 때 최소한 3개 이상의 리뷰를 읽거나 시청한다고 답했다. 아직 어린데도 구매하기 전에 꼼꼼히 살펴본다는 점을 보여주는 수치다. 심지어 Z세대의 16퍼센트는 상품을 최초 구매할 때 9개 이상(!)의 평점과 리뷰를 읽거나 시청한 다음에 결정하겠다고 답했다. 이 항목에선 여성이 더 높은 비율(21퍼센트)을 보였다. 여기서 알 수 있는 점은 평점과 리뷰가 제품이나 서비스 구매를 고려하는 사람들에게 의지할 수 있는 인간성, 솔직성, 검증, 공동체 소속감을 제공한다는 사실이다. 이러한 평점과 리뷰가 나쁘게 나오면, 아무리 광고에 돈을 많이 써도 효과가 없을 수 있다. 사람들은 광고가 전하는 정보보다 다른 사람들이 작성한 평점과 리뷰가 더 현실에 가깝다고 믿기 때문이다.

Z세대가 나이가 들어 더 많은 구매를 고민하게 되면서, 그들은 평점과 리뷰 출처를 비교하는 데 더 능숙해지고 있다. 우리의 포커스 그룹 인터뷰 참여자는 "유튜브에서 제품 리뷰를 볼 때는 다른 다양한 제품 리뷰와 교차검증해요"라 말한 바 있다. Z세대는 평점과 리뷰가 조작될 수 있음을 인식한다. 이를테면 인플루언서에게 제품을 좋게 평가해달라고 돈을 지불하거나, 평점이나 리뷰 작성자에게 무료 상품을 지급하거나, 별 다섯 개짜리 리뷰와 추천을 양산하기 위해 댓글 아르바이트나 프로그래머를 고용하는 방법으로 말이다. 이러한 리뷰 조작 가능성에 대비하고자 Z세대는 특정 제품이나 서비스에 관해 무엇이 진실인지 파악하고자 여러 플랫폼을 넘나들며 리뷰를 비교한다. 특히 중요하거나 고가 상품의 구매 결정 시에는 각기 다른 사람들이 올린 여러 유튜브 영상, 아마존 리뷰, 구글에서 상품 이름과 '리뷰', '평점'이란 단어를 함께 검색하면 나오는 결과물을 비

교한다.

Z세대에게 상품을 판매하려면, 사람들의 정직한 최근 리뷰, 평점, 영상, 증언을 촉진하는 것이 절대적으로 중요하다. 이는 일상적인 소액 판매(식당이나 음식 배달)뿐 아니라, 거액 판매(임대주택)에도 해당하는 말이다. 사람들이 꾸준히 평점을 매기고 리뷰를 작성하도록 유도하는 것은 Z세대의 최초 구매를 촉진하고 자사 브랜드와 Z세대 간의 지속적 신뢰를 쌓으려는 모든 규모의 사업체에게 중요한 일이다.

사실, 우리가 실시한 2017년 Z세대 현황 조사에서,[89] Z세대의 78퍼센트가 최근 30일간 상품 구매 결정 시, 온라인 평점과 리뷰를 최소 1회 이상 참고했다고 답했다.

Z세대는 이미 연간 수십억 달러를 지출하고 있다. 그들의 지출액은 향후 수십 년간 증가 일로고, 그들의 지출이 다른 세대들의 지출에 미치는 영향은 더 폭발적으로 늘 것이다. 지금 Z세대의 소비 마인드를 이해하는 사업체는 Z세대의 잠재력을 활용하기 위해 필요한 조치에 즉시 착수하고, 그들이 다른 세대에 미치는 영향에 혜택을 입는 포지션으로 이동할 수 있을 것이다.

3부

Z세대가 바꾸는 직장 세계

10장

Z세대 신입사원 받기

**“제가 보기에, 미래를 대비해 저축하기 위해서라도 돈을 버는 게 정말로 중요해요.
저는 금융 쪽 지식을 배우는 데 관심이 많아요.
저는 개인적으로 지금 돈이 있었으면 좋겠어요. 그래야 투자할 수 있고,
미래에 더 많은 일을 할 수 있고 어려움에 처하지 않을 테니까요.”**

_ 알렉산드로(16세)

리키는 16세가 되자 첫 직장을 찾기 시작했다. 부모님의 월세 지불에 보탬이 되기 위해서였다.

“부모님이 제가 갖고 싶은 걸 주셨듯이, 저도 부모님께 뭔가 사드리고 싶었어요.”

그래서 리키는 스마트폰을 켜 16세도 지원 가능한 일자리를 구글로 검색했다. 새로 생긴 인앤아웃 버거 체인점의 구인광고가 보였다. 리키는 즉시 전화했고, 면접을 보러 오라는 답변을 받았다.

“제가 고객을 잘 상대할 것이라고 판단한 매니저 분들이 면접 자리에서 즉시 저를 채용하셨어요.”

인앤아웃 버거 매장에서 일하게 된 리키가 처음에 느낀 감정은 압도적 부담감이었다.

"고객을 어떻게 상대할지, 버거와 프렌치프라이의 품질을 어떻게 맞출지가 관건이었어요. 정말 스트레스 받았죠. 길게 대기 중인 사람들을 상대해본 적이 있으세요? 드라이브스루 매장에서 고객의 주문을 받으면서 프렌치프라이를 튀기느라 정말 정신이 없었어요."

이런 상황에서 매장 매니저들은 리키가 계속 노력하고 근무하고 싶은 분위기를 조성했다.

"상사가 제게 '자네는 잘하고 있어. 힘든 상황에서도 묵묵히 최선을 다했네' 하고 말하면 제가 잘하고 있는 기분이 들고, 더 잘하기 위해 일에 집중하게 되죠.

고등학생으로서 돈을 버는 것은 의미가 커요. 저는 제가 일하는 매장에서 처음 뽑은 아르바이트였고, 저를 교육시킨 분들은 모두 저보다 직급이 높았어요. '그들은 어른이고 나는 고등학생이니, 내가 일을 못할 것이라 재단하지 않을까?' 하는 생각이 들었어요."

하지만 리키를 맞이한 것은 재단이 아니라 멘토십이었다.

"매니저 분들은 제가 위로 빨리 올라가고 싶다면 이런 것들을 배우라고 말씀해주셨죠."

인앤아웃 매장에서 리키가 가장 마음에 들었던 부분은 노력만 하면 빨리 성장할 수 있다는 점이었다. 일을 배우려는 의지가 강할수록 더 빨리 승진할 수 있었고, 조언도 계속 받을 수 있었다. 리키가 설명한다.

"직급이 높아지면 먼저 비디오를 하나 시청하게 돼요. 그다음에는 상급자들이 와서 일을 하는 방법을 알려줘요. 그러면 저는 혼자서 해봅니다. 일을 잘 처리하면 기분이 좋아져요. '오케이, 난 이 일을 할 수 있어.' 이런 생각에 자립심이 생기고 차분해집니다. 자동적으로 일을 처리하게 되고, 뇌가 잘 돌아가요. '아, 이렇게 하면 되지!' 하는 생각이 듭니다.

제 매니저 분들은 엄마 같아요. 저를 가족처럼 대해주시고 편하게 일할 수 있게 해주시죠. 제가 출근하면 늘 반겨주시고 제가 잘하고 있는지 확인하세요. 우리는 정말 가깝게 지내요."

리키의 경험은 Z세대가 고용주에게 바라는 바가 무엇인지 여러 가지를 알려준다. 이들은 신속하고 모바일 친화적인 업무 프로세스를 원한다. 또한 승진과 학습의 기회, 정보통신기술을 통한 멘토십(이를테면, 스마트폰 기반 직무교육)을 원한다. 그들은 각 직원을 개인적으로 염려해주고 고정관념에 따라 재단하지 않는 관리자 밑에서 일하고 싶어 한다. 직원에게 이런 근로환경을 제공하는 고용주는 Z세대 직원을 모집하려는 사업체들 사이에서 방어 가능한 차이™를 누리게 될 것이다. 하지만 각 포인트를 더 깊이 살펴보기 전에, 이 광범위한 조사를 통해 파악한 Z세대의 근로 태도를 짚고 넘어가고자 한다.

Z세대는 일하고 싶어 한다. 이들은 열심히 일하고 싶어 하고, 또 특히 안정된 기업에서 일하고 싶어 한다(사실이다. 그들 모두 긱 이코노미 일자리보다 전통적인 일자리를 선호한다). 이들 모두 유튜브 스타가 되고 싶어 하는 것은 아니다. 대다수는 실제 일자리를 원하고, 기업 내에서 성장하고 싶어 한다. 왜 이들은 안정된 기업에서 일하고 싶어 할까? 이들은 2008년 금융위기로 인한 대침체기에 밀레니얼 세대가 일자리를 잃고 고생하는 모습을 접하며 자란 세대다. 이런 경험 때문에 일자리의 안정성을 우선시하고, 종종 대기업 일자리를 안정된 일자리로 인식한다. 이들은 중소기업

보다는 대기업에서 일하고 싶다고 말한다. 실제로 맞든 틀리든 중소기업 일자리가 더 위험하다고 인식하기 때문이다.

더 깊이 들여다보면, Z세대는 지역적, 지구적으로 환경 개선에 기여하고, 임금 평등부터 직업교육까지 사회적 책임을 지고, 직원의 은퇴자금 마련을 위해 근무연한에 따라 고용주가 추가로 저축해주는 은퇴 플랜을 제공하는 직장에서 일하고 싶어 한다. Z세대는 (심지어 직장에 첫 출근하기 전부터) 상사와 더 많이 소통하길 바란다. 그들은 모바일 트레이닝 기회를 비롯해 현재의 기술 발전을 충분히 활용하는 근로 환경을 원한다. Z세대가 아직 어린데도 고용주에게 바라는 바가 명확하다는 사실이 의미하는 바에 대해서 이후부터 자세히 탐구해보고자 한다.

Z세대에게서 취업에 관한 이야기를 들을 때면 "무슨 일이든 기회만 주시면 열심히 하겠습니다"라는 식의 태도를 자주 접하게 된다. 다수의 청소년과 대학생을 고용 중인 CGK의 고객사들도 Z세대 직원들이 이러한 태도를 보이고, 직장에서 계속 근무하려는 의지가 밀레니얼 세대 직원들보다 강하다고 증언한다.

이것이 모든 Z세대 구성원들이 고용주가 채용해주기만 하면 출근해서 열심히 일할 것이라는 의미일까? 아니다. 인력중개업체 랜스타드의 자료에 따르면, Z세대의 43퍼센트가 합격통지를 받고 출근하지 않거나, 정상적으로 퇴근한 뒤 다음 날부터 연락을 끊고 잠적하는 일명 '고스팅 ghosting'[90]을 선택한 경험이 있다(걱정하지 말라. 기업이 이런 사태를 피하는 방법을 뒤에서 소개할 것이다). 하지만 Z세대는 일에 대한 열정을 가지고 있다. 이는 미국 전역의 Z세대, 그리고 퀵서비스 식당부터 제조업체까지 다양한 고용주에게서 발견한 고무적인 트렌드다. 한 고용주는 말한다.

“저는 Z세대를 고용할 기회가 있으면 고용할 겁니다. 그들은 분명 직장에 잘 적응하고 열심히 일할 테니까요.”

하지만 Z세대 채용에는 넘어야 할 산이 있다. 우선, 이전 세대가 같은 연령에 기록한 수치에 비해 근로 중이거나, 일자리를 찾는 Z세대의 비율이 낮다. 특히 청소년들이 그러하다. 미국 노동통계국에 따르면,[91] 16~24세 취업률은 1998년 65.9퍼센트에서 2018년 55.2퍼센트로 감소했다. 16~19세 취업률은 1998년 52.8퍼센트에서 2018년 35.1퍼센트로 떨어졌다! 일반적으로 청소년 실업률이 낮다고 이야기되지만, 사실은 과거 세대에 비해 요새 청소년들이 적게 일하고 있다. (일할 의사가 없는 사람은 실업자로 집계되지 않고, 구직활동을 하는 사람만 실업자로 집계된다. - 옮긴이)

청소년 취업률 감소 원인에 대해서는 많은 추측이 있지만, 다음과 같은 몇 가지 원인을 꼽을 수 있다. 첫째, 청소년 자녀들이 방학 때 일하는 대신 학업, 심화학습 프로그램이나 다른 활동에 집중하길 바라는 부모의 성향이다. 둘째, 저소득 청소년이 방학 때나 방과 후에 일할 만한 직장까지 갈 수 있는 저렴한 교통수단의 부족이다. 셋째, 청소년기에 일해야 한다는 사회적, 집단적, 또는 다른 압박의 부재와 일하는 청소년에 대한 낙인이다. 넷째, 지역 사업체에서 시간제 근로를 할 수 있게 지원하는 취업 프로그램의 감소와 참여율 부족이다. 원인이 무엇이든 간에, 청소년 취업률 감소는 어린 직원을 채용하고는 싶지만 어린 지원자를 만나지 못하는 기업들에게 고민거리를 안긴다.

Z세대의 취업률을 살펴보는 과정에서 구직 활동의 변화도 발견할 수 있

다. 젊은이들이 직접 방문해 입사 지원서를 제출하고, 합격통지 전화를 기다리고, 직장 근무만을 돈 버는 방법으로 인식하던 시절은 끝났다. 오늘날 Z세대는 케어닷컴Care.com, 파이버, 태스크래빗부터 리프트, 우버, 도어대시, 그럽허브까지 다양한 일자리 앱을 이용해 근로시간이 탄력적인 부업을 하고 신속하게 임금을 지급받을 수 있다. 온라인 인플루언서, 나노 인플루언서도 적절한 전략과 노력만 있으면(이를 설명하려면 책을 한 권 써야 한다!) 직업이 될 수 있다. 우리가 실시한 2018년 Z세대 현황 조사에 따르면,[92] Z세대의 23퍼센트가 부업(잔일, 단기 근로)을 통해 돈을 벌고, 9퍼센트가 본인 사업을 한다고 답했다. 인스턴트 파이낸셜의 조사에 따르면,[93] Z세대의 76퍼센트가 임금을 일당으로 받을 수 있는 선택권이 있는 일자리를 잡겠다고 답했다.

몇 년 전만 해도 존재하지 않았던 소득 옵션이 생김에 따라, 전통적 일자리를 찾는 Z세대 구직자들은 고용주에게 남다른 기대를 하게 됐다. Z세대의 특별한 기대는 입사 지원부터 온보딩onboarding(신입사원 교육), 트레이닝, 근로시간, 급여, 전문성 개발에 이르기까지, 모든 면에 영향을 미친다.

Z세대 고용시장에서 또 다른 게임체인저는 항상 인터넷에 연결돼 있는 오늘날의 근로문화(투명성, 직원 피드백, 온라인 리뷰)다. 직원들을 인간적으로 대우하지 않는 기업은 순식간에 악평이 퍼진다. 인터넷에 부정적 리뷰가 올라오거나 친구나 가족이 부정적으로 이야기하는 기업에 지원할 구직자는 없을 것이다. 소셜미디어 게시물과 리뷰는 소비자의 구매뿐만 아니라 직원 채용에도 큰 영향을 미친다. 우리는 기업 관계자들에게 이런 말을 한다. 전에 가보지 않은 식당에서 식사할지 고민할 때는 식당 리뷰를

확인하고, 식당에서 1년간 일할지[94] 고민할 때는 식당 직원들의 평점을 확인한다.

구직자의 74퍼센트가 입사 지원 전의 판단 기준으로서 온라인 직원 리뷰를 매우 중요하거나 다소 중요한 요소로 여긴다 답했다.

대학생 연령대 Z세대[95](그리고 밀레니얼 세대 커스퍼)의 42퍼센트가 취업사이트에 평점과 리뷰를 올린 기업에만 지원하겠다고 답했다.

하지만 긍정적인 면도 있다. Z세대 구직자들은 기대를 충족하는 기업에서 일하기 위해서는 전력을 다한다는 점이다. Z세대 구직자가 기업에 바라는 바는 앞서 언급했다. 신속한 입사 지원, 맞춤형 신입사원 교육과 트레이닝 프로그램, 멘토십, 성장과 학습의 기회, 직원을 잠재력 많은 개인으로 인식하고 인간적으로 대우하는 상사, 사회적·환경적 이슈에 책임을 다하는 모습이 그것이다.

하지만 일단 Z세대 직원이 들어와야 뭔가를 보여줄 것이 아닌가? 이번 장에서는 기업이 Z세대의 관심을 끌고, Z세대 입사 지원자를 모집하고, Z세대를 채용할 때 충족해야 하는 새로운 기준, '뉴노멀'에 대해 설명한다.

여기서 언급한 기준이 과도하거나 무리거나 불필요하다고 느끼는 고용주라면, 현재의 노동시장에서 모든 규모의 기업들이 더 많은 입사 지원서를 받고자 애쓰고 있다는 점을 알아야 한다. 나(제이슨 도시)는 "지원하지도 않은 사람들을 채용할 수는 없다"고 자주 말한다. 중요한 것은 직무에 적합한 사람들이 지원하도록 유도하는 것이다. 노동인구에서 Z세대가 차지하는 비중이 향후 15년간 계속 증가할 것이기에, Z세대에게 적응하고,

Z세대를 유인하기 위한 노력은 앞으로 선택이 아닌 필수다.

⊙ Z세대가 일자리를 찾는 법

먼저 친구에게 묻고 유튜브에서 검색하기

밀레니얼 세대와 달리, Z세대는 아직 어리고 이제 막 취업할 연령대에 접어들고 있다. 그래서 Z세대는 전에 써본 적이 없는 상품을 구매할 때 친구와 가족의 추천을 받듯, 일할 곳을 모색할 때도 친구와 가족의 의견을 참고한다. 이는 Z세대의 연령과 인생단계를 감안하면 자연스러운 현상이다.

우리는 2018년 Z세대 현황 조사에서[96] 이러한 현상을 발견했다. 밀레니얼 세대와 Z세대에게 구직활동을 할 때 누구의 의견을 참고하는지를 묻는 질문에서 Z세대가 가장 많이 고른 답변 2가지는 밀레니얼 세대가 가장 많이 고른 답변 2가지와 달랐다. 밀레니얼 세대는 인디드Indeed, 몬스터Monster 같은 구직사이트를 방문한다(67퍼센트), 기업 채용 사이트를 방문한다(65퍼센트)고 답했다. 반면, Z세대는 친구나 가족에게 묻는다(60퍼센트), 이미 해당 기업에서 근무 중인 지인에게 묻는다(57퍼센트)고 답했다.

그러면 친구와 가족에게 물어본 다음에는 어떻게 할까? 그들은 해당 기업의 문화에 대해 더 깊이 알고자 유튜브에 가서 검색한다고 답했다.

이는 주목할 만한 발견이다. 유튜브는 고용주와 리더들이 일반적으로 인식하는 것보다 Z세대의 구직활동에 훨씬 더 많은 영향을 미친다. Z세대는 잠재적 고용주에 관한 평판을 확인하기 위해 밀레니얼 세대와 X세대가 정보원으로 삼는 직장 평가 사이트 글래스도어나 링크드인 보다는 유튜브를 이용한다. Z세대의 24퍼센트만이[97] 입사를 고려할 때 해당 기업의 평판을 알아보고자 글래스도어를 이용하겠다고 답했다. Z세대는 실패 영상, 애완견 영상, 웃긴 립싱크 영상, 수학 강의 영상을 시청하는 플랫폼에서 기업 평판도 확인하는 셈이다.

직원 채용과 직원 관리를 담당하는 임원, 인사과 책임자, 관리자들이 주목해야 할 발견은 이뿐만이 아니다. Z세대의 40퍼센트가 유튜브를, 37퍼센트가 인스타그램을, 36퍼센트가 스냅챗을 통해 입사 지원 여부를 결정하겠다고 답했다. 아니, 스냅챗이라니?!?!

우리는 스냅챗을 좋아한다. 특히 필터 기능이 마음에 든다. 하지만 스냅챗을 입사 지원자를 모집하는 채널로 삼으려면, 전통적 관리자와 리크루터에게는 큰 인식의 전환이 필요할 것이다. 사실, 이미 시스코, 맥도날드, JP모건, 골드만삭스 같은 기업들이 Z세대 입사 지원자를 모집하기 위해 스냅챗을 활용 중이다.

골드만삭스는 스냅챗의 대학 캠퍼스 이야기 플랫폼에 골드만삭스에서 쌓는 커리어가 학생들의 다양한 기술, 교육적 배경, 관심사와 어떻게 교차할 수 있는지 보여주는 10초짜리 구인 영상을 시리즈로 올렸다. 60개의 타깃 캠퍼스에 있는 사람들에게만 노출된 이 영상들은 인턴십과 사회초년생 채용 기회에 관한 정보를 얻으려면 골드만삭스 홈페이지의 커리어 페이지를 방문해달라는 말과 함께 끝났다. 골드만삭스의 미디어키친 팀은[98] 스냅챗에서 영상이 나간 9일간 누적 시청자 수는 210만 명이고, 검색엔진에서 골드만삭스 홈페이지 커리어 페이지로 유입된 트래픽은 82퍼센트 증가했다고 밝혔다.

맥도날드는 한발 더 나아가 16~24세 직원들을 채용하고자 '스냅플리케이션Snaplications'이라 이름 붙인 활동을 한다.[99] 맥도날드는 직원들에게 맥도날드에서 일하는 이유, 맥도날드에서 일해서 좋은 점을 설명하는 10초짜리 영상을 스냅챗에 올리게 했다. 이 영상을 본 스냅챗 사용자가 스마트폰 화면을 스와이프하면 곧바로 맥도날드에 지원하는 웹사이트 페이지로 연결됐다.

AT&T는 Z세대 신입사원들이[100] '오래된 전화 회사에서 현대적인 미디어 기업으로 변신했다'는 말을 회사에게 듣기보다는, 직접 그 모습을 보고 싶어 한다는 점을 깨달았다. AT&T는 젊은 신입사원들을 모집하기 위해 입사 지원자들에게 문자 메시지와 스냅챗을 사용하고, 영상 인터뷰를 하고, AT&T에 출근하면 하루 일과가 어떻게 되는지 가상현실 고글로 볼 수 있게 했다.

Z세대 직원을 효과적으로 채용하기 위해 꼭 스냅챗을 사용해야 한다는 말은 아니다. 하지만 Z세대 직원을 채용하려면, 전에는 직원 채용 수단으로 고려하지 않았던 온라인 소셜 플랫폼을 활용해야 한다는 점을 이해해야 한다. 유튜브, 스냅챗, 틱톡, 인스타그램 등 모든 온라인 소셜 플랫폼을 다 활용할 필요는 없지만, 젊은 직원들을 끌어들이기 위해 이런 플랫폼 중 일부를 활용하는 방안을 고민해보라. 친구와 가족의 소개든, Z세대가 자주 접속하는 소셜 플랫폼에 올라오는 영상이든, 추천과 영상은 Z세대의 판단에 큰 영향을 미친다.

⊙ 입사 지원자 소개 프로그램

Z세대의 구매 방식과 구직 방식은 일견, 너무 유사해서 놀라울 정도다. 하지만 생각해보면 이는 자연스러운 현상이다. Z세대는 자신에게 정보를 알려주는 친구, 리뷰, 영상에 의존하면서 자랐다. 그렇기에 어떤 기업에 지원해야 할지 고민할 때, 구매 결정을 내릴 때와 같은 방식으로 기업을 조사한다. 사실 Z세대가 잠재적 직장으로 검색하는 업체 중 상당수는 자신이 (특히 청소년기와 대학 시절에) 소비자로서 자주 검색해본 업체다. 학생들에게 시간제 일자리를 제공하는 식당이든 아울렛이든 지역사업체든 말이다.

그런데 Z세대 채용을 생각 중이라면 스냅챗이나 유튜브, 인스타그램을 이용하기 전에 한발 물러서서 생각해보라. Z세대는 직장에 대한 정보를 어떻게 검색하는가? 이에 대해 생각해보면 가장 강력하면서도 효과적이고, 다른 업체들이 이용하지 않은 자원을 이미 가지고 있음을 발견하게 될 것이다. 그 자원이란 바로 현재 근무 중인 직원들이다.

Z세대가 구직 시 정보원으로 삼는 주요 대상은[101] 친구, 가족, 그리고 지원하려는 직장에서 현재 근무 중인 직원들이다. 이 점을 염두에 두고, 자사의 사원 추천 모집 시스템이 잘 작동하고 있는지 확인해봐야 한다.

로널드 캐스너는 세계 최대 직원 채용 소프트웨어 기업, iCIMS의 사장[102]이자 최고운영책임자COO다. iCIMS는 매년 전 세계적으로 400만 명 이상의 신입사원을 채용하는 4천 개 이상의 기업에게 소프트웨어 솔루션을 제공한다. 이 기업은 1천 명 내외의 자사 직원들에게 풍요로운 근무 경험을 제공하고자 지속적 직원훈련, 일과 생활의 균형, 뉴저지 지역 공동체 환원에 중점을 두고 막대한 투자를 해왔다.

캐스너는 자사의 최대 신입사원 모집 채널은 직원의 추천이라고 밝혔다. 그래서 iCIMS는 Z세대가 취업을 생각할 때 가장 먼저 참고할 소셜미디어에서 직원들이 친구와 구인 정보를 공유하고 서로 소통하는 기능을 자사 소프트웨어에 집어넣었다.

이 대목에선 다른 기업들도 비슷한 양상을 보인다. 캘리포니아주에 본사를 둔 세일즈포스Salesforce가 Z세대 구직자들 사이에서 가장 인기 있는 기업 중 하나인 것은 그럴 만한 이유가 있다. 세일즈포스는 리크루트먼트 해피 아워Recruitment Happy Hours라는 특별 직원 추천 프로그램을 운영한다.[103] 직원들은 능력 있는 친구를 (기업 면접이라기보다는 격식 없는 모임에 가까운)해피 아워에 초대한다. 세일즈포스는 이렇게 친구를 추천한 직원들에게 수백만 달러의 보너스를 지급해왔다. 세일즈포스 홈페이지 소개 문구에 따르면 직원의 추천이 '최다 신규채용 경로'다. 세일즈포스는 결국 채용되지 않은 친구를 추천한 직원들에게도 보상하는 의미로 샌프란시스코 자이언츠 경기 티켓을 지급한다.

직원 추천은 외식업계에서도 각광받는 직원 채용 경로다. 앤티앤스, 카벨, 시나본, 잠바주스, 모스 사우스웨스트 그릴 등의 외식업 브랜드를 거느린 미국 기업, 포커스 브랜드Focus Brands의 사장이자 최고운영책임자, 캣 콜은 직원의 추천이 자사의 Z세대 직원 채용에서 큰 비중을 차지한다고 밝혔다.[104]

"새로운 직원을 소개할 최고의 리크루터는 기존 직원이라는 말이 있죠.

요새는 이 말이 너무도 잘 통합니다. 이제는 직원들에게 본인 직장이 일하기 나쁜 곳인지 좋은 곳인지 사람들에게 알릴 소셜미디어도 있으니까요."

직원 추천 제도에 적절히 보상할 방법을 궁리하라. 보상의 타이밍도 중요하다. 신입사원이 입사하고 1년이 지나야 소개한 직원에게 보너스를 지급하는 기업이 많다. 하지만 진짜로 Z세대에게 인센티브를 주려면, 더 빨리 소액의 보너스를 분할 지급하는 방안도 고민해볼 필요가 있다. 예를 들면, 신입사원이 첫 출근하는 날에 추천한 직원에게 보상을 제공하고, 6개월 뒤 또 다른 보상을 제공하고, 1년 뒤 나머지 보상을 제공하는 것이다. 이 방법은 추천인에게 즉각적 보상을 제공할 뿐 아니라 재직기간에 대한 인센티브와 연계된다. 이런 식으로 모든 직원이 시작부터 1년 뒤까지 연계된다!

활발한 직원 추천 프로그램과 더불어 기업의 사명, 가치, 문화, 스토리를 Z세대 구직자가 이해할 수 있게 쉽고 선명하게 만들어라.

Z세대가 일하는 기업에 친구가 들어가는 것에 관심을 보일 경우, Z세대는 어떤 반응을 보일까? 분명 그들은 기업에 관해 엄청나게 검색(구글링 또는 '구글튜브')할 것이다.

밀레니얼 세대와 대학생 연령대인 Z세대의 78퍼센트105는 근무 스케줄을 유연하게 조정할 수 있는 직장이라면 보너스가 없어도 즉시 출근하겠다고 답했다.

Z세대 소비자들이 브랜드에 관해 조사할 때 하는 모든 일들을 Z세대 구직자들도 똑같이 한다. 그들은 지원하려는 기업이 자신이 직장에 기대하는 바를 충족하는지 가늠하고자 유튜브와 소셜미디어에서 단서를 찾아다

닐 것이다. 지금까지 언급한 것 외에도, Z세대 구직자들은 다음과 같은 기대를 품는다.

- 제품이나 서비스를 넘어서는 무언가를 대표하는 기업에서 일하길 원한다. Z세대는 자신이 처리하는 업무가 더 큰 무언가에 기여하고 있다고 생각하고 싶어 한다.
- 자신이 기계의 톱니바퀴가 아님을 확인하고 싶어 한다. Z세대는 관리자들이 본인을 인간적으로 걱정해주고 더 잘 일할 수 있게 도와주는 기업에서 일하고 싶어 한다. 즉, Z세대는 신입사원 시절에도 본인이 전체 기업 활동에서 중요한 역할을 담당하고 있음을 기업이 보여주길 원한다.
- 다양성과 포용을 높이 평가하고, 일선직원부터 최고경영진까지 모든 임직원에게 다양성과 포용을 요구한다.
- 재미있는 직장과 유연한 근무 스케줄을 원한다. 조사에 따르면, Z세대는 고임금보다도 유연한 근무 스케줄을 더 중시하는 경향을 보였다!

브렌트 피어슨은 직원들이 첫 출근하기 전부터 기업과 의미 있는 인게이지먼트를 하도록 돕는 신입사원 교육 플랫폼, 엔보더Enboarder의 설립자다.[106] 엔보더는 갭, 노바티스, 맥도날드, 이벤트브라이트 같은 기업 고객들을 위해 Z세대에게 가장 효과적인 채용 방법과 신입사원 교육 과정을 정기적으로 연구한다. 브렌트 피어슨은 이렇게 설명한다.

"우리는 Z세대가 직원을 소중히 여기는 기업에서 가장 일하고 싶어 한다는 사실을 발견했습니다. 그들은 고임금을 주는 직장보다 그런 직장을 훨씬 더 선호합니다. 그들은 인생의 3분의 1을 직장에서 보내기에 직장에서 근무하는 경험을 즐기고 싶어 하고, 가치를 공유하는 기업에 들어가고 싶어 합니다."

우리가 만난 모든 리더와 채용 관리자들이 비슷한 이야기를 했다. 쿠키 배달업체, 티프스 트리츠Tiff's Treats의 설립자, 티파니 테일러는 미국 전역에 걸쳐 50곳이 넘는 제과점을 운영 중이고, 직원 상당수가 Z세대다. 티프스 트리츠는 인터넷으로 주문한 고객에게 곧바로 갓 구운 따끈따끈한 쿠키(그리고 우유!)를 배달해주는 비즈니스 모델을 개척했다. 전체 직원, 고객 중 Z세대가 차지하는 비중이 해마다 증가함에 따라, 티프스 트리츠는 젊은 직원들과 더 잘 이어지기 위해 채용 절차를 개선해나가고 있다. 티파니 테일러가 설명한다.[107]

"우리는 입사 지원자들에게 더 원활한 면접 경험을 제공하고자 열심히 연구했습니다. Z세대의 특징 중 하나는 절차가 빨리 진행되길 바라고, 독특한 근무 경험을 원한다는 것입니다.

우리는 면접을 빨리 진행하면서 지원자의 경험을 강화하고 우리의 스토리, 우리가 무엇을 제공하는지 알려주는 프로세스를 궁리했습니다(인사과 직원들이 입사 지원자들을 사무실에서 만나 즉석에서 면접을 봅니다). 우리는 그들을 안으로 불러서 티프스 트리츠를 Z세대 구직자들이 선호하는 다른 기업들과 차별화하는 모든 요소(이를테면 퀵서비스 식당)를 설명합니다. 한편 우리는 그들에게 다른 유형의 기업에 지원하는 구직자들과 무엇이 다른지 보여달라고 요구합니다.

우리는 직원들을 트럭 운전수나 제빵사가 아니라 브랜드 홍보대사로 인식한다는 사실을 강조하는 데 많은 시간을 들입니다. 우리는 모든 직급의 직원들이 자기 일에 자부심을 느끼길 바랍니다. 우리는 Z세대 구직자들이 믿을 만한 무언가가 있는 직장을 찾고 있다는 사실을 알게 됐습니다."

티파니 테일러는 티프스 트리츠에서 하는 일들이 다른 사람들을 어떻게 도울지를 중점적으로 홍보함에 따라 Z세대에게 큰 호응을 얻고 있다고 말했다.

"Z세대가 특히 공감하는 부분은 따뜻한 순간들을 고객에게 선사하려는 우리의 노력, 우리가 '배달하는 쿠키'가 사람들의 삶에 미치는 영향이 크다는 사실입니다. 우리는 쿠키를 넘어서는 목표를 가지고 있습니다. 그리고 Z세대들은 자신보다 큰 무언가의 일부가 되고 싶어 하고, 기업 이익 외에 더 큰 가치를 추구하는 기업에서 일하고 싶어 합니다.

우리는 사람들이 기분 좋게 하루를 보내게 하는 작은 순간들을 선사하는 기업입니다. 우리는 사람들이 사랑하는 이들에게 연락해서 사랑을 표현할 수 있도록 돕는 감사하기 운동의 일부가 되려 합니다. 우리가 하는 일에는 진심이 담겨 있고, 우리 직원들도 매일 그렇게 느낍니다."

이미 Z세대를 다수 고용 중인 티파니 테일러 같은 고용주들은 기업 사명과 기업 문화를 채용 절차에 녹여서 보여주는 것이 얼마나 중요한지 이해한다.

기업에서 일하기 시작한 20년 전과 비교해 직원 채용에서 무엇이 달라졌느냐는 질문을 받은 포커스 브랜드의 캣 콜 사장은 이렇게 말했다.[108]

"콘텐츠 전략이 달라졌고, 직원 채용 경로도 달라졌습니다. 20년 전 콘텐츠 전략이 '근무'에 초점을 맞췄다면, 지금은 직원 브랜딩, 소속, 사명, 문화에 초점을 맞춥니다. 20년 전 직원 채용 경로가 '기업 마케팅 메시지'였다면, 지금은 유튜브, 틱톡, 스냅챗을 통한 기존 직원들의 유기적 경험 공유입니다. 우리는 이러한 변화를 빨리 시작했는데, Z세대에게 구직 기회를 알리는 것은 이전 세대에게 알리는 것과 분명 차이가 있습니다."

(소셜미디어의 발전으로 사람들 간의 구전(口傳)이 활발하게 일어나고, 사람들이 본인의 취향과 정치사회적 신념을 솔직하게 표현하는 현상이 나타났다. 기업들은 이를 이용해 소비자에게 브랜드 내러티브를 각인하고 더 다가가고자 직원 브랜딩employee branding을 한다. 직원 브랜딩이란 직원이 브랜드 내러티브를 구성하는 중요한 요소임을 인지하고 그들을 통해 기업과 브랜드의 이미지를 구축하는 것을 말한다. 직원들이 애사심을 가질 수 있게 대우하고 기업 비전에 대한 공감대를 형성하면, 직원 자체가 브랜드의 채널이 되고, 직원들이 외부에 긍정적인 구전을 일으키게 된다. 소비자는 직원들에 대한 느낌으로 해당 기업의 이미지를 형성한다. 그렇기에 브랜드는 직원들의 행동으로 표현된다. - 옮긴이)

캣 콜 사장은 이전 세대에 비해 Z세대의 고용주에 대한 기대가 분명 달라졌다고 지적한다.

"Z세대는 본인의 개인적 신념, 사회, 환경, 정치 등 각종 이슈에 대한 본인 생각에 부합하는 직장을 원합니다. 이전 세대는 첫 출근 후 한동안 같은 일을 하길 기대했지만, Z세대는 빨리 새로운 것을 학습하고 다른 일을 하고 싶어 합니다."

지금까지 설명한 두 개의 핵심요소(직원 추천, 기업의 사명·가치·문화를 투명하게 보여주는 스토리)를 Z세대 채용 절차의 토대로 삼아야 한다. 이러한 토대를 마련한 기업은 창의적인 사회 활동도 시작할 수 있을 것이다.

하지만 주의해야 할 부분도 있다. 어떤 방식으로 기업 메시지를 접하고 싶은지 Z세대 구성원에게 묻지 않고서 Z세대에게 어필하려는 시도를 하지 말라. 영리한 소비재 브랜드들이 Z세대(또는 Z세대 연구자들)에게 Z세대는 어떠한 마케팅 활동을 좋아하는지 묻는 것처럼, Z세대 직원을 채용하려는 기업은 Z세대가 구직 정보를 어디서 접하고 싶은지 그들에게 먼저 물어보는 편이 현명하다. 이미 Z세대 구성원들을 채용 중이라면, 그들을 대화에 합류시켜라. 가장 이상적인 상황은 그들이 또래 청년들의 관심을 끌기에 적당한 콘텐츠(영상이나 소셜미디어 게시물)를 만드는 것이다. 자신들이 직업에 열정을 느끼게 하는 요소가 무엇인지, 구직 기회에 관한 정보를 어디서 듣고 싶은지, 어떤 기업 스토리텔링 방식이 신뢰가 가고 입사 지원서를 보내고 싶게 하는지 Z세대에게 물어보는 것이 관건이다. Z세대 구성원들에게 물어보면 답이 나올 것이다!

Z세대 신입사원을 모집하기 위해 콘텐츠를 제작하는 기업은 다음과 같은 핵심 전략을 명심하라.

1 자사 직원들이 어떤 경험을 하게 되는지, 어떤 유형의 교육훈련을 제공받는지, 지역공동체와 세계에 어떠한 긍정적인 영향을 미치는지 보여주는 영상을 유튜브와 소셜미디어 플랫폼에 올려야 한다.

SAP는 매년 7천 명 이상의 Z세대 구직자가 몰리는 독일 최대 소프트웨어 기업이다. SAP는 B2B 기업이기에, 입사 지원자들은 SAP가 무슨 일을 하는 기업인지 알지 못할 수도 있다. 그래서 SAP는 직원가치제안employee value proposition, EVP을 '모든 것을 쏟고, 목표하는 모든 것이 되어라'로 바꾸고, 소셜미디어 채널, 'SAP에서의 삶Life at SAP'을 운영했다. 이 채널에는 직원 입양 지원, 사무실 접근성부터 개별 직원의 이야기까지 직원들이 SAP 기업문화의 모든 측면을 공유하는 영상들이 올라갔다. 사무실 내부에 설치된 그네 같은 직원 특전을 포함해, 편하게 일할 수 있도록 배려한 업무 공간을 보여주는 영상들도 올라갔다.

2 Z세대 직원을 채용 과정이나 직원 브랜딩 영상에 참여시켜라. Z세대는 연령대, 민족, 젠더, 다양성, 교육, 과거 직업, 배경 면에서 본인과 유사성이 있는 직원들을 만나고 싶어 하고, 그들이 등장하는 영상에 흥미를 느낀다. Z세대가 개인적 스토리를 담은 영상들을 얼마나 활발히 공유하는지 알고 싶다면, 스타벅스 학위 취득 플랜 Starbucks College Achievement Plan을 검색해보라. 2014년 스타벅스는 직원들에게 애리조나 주립대학 학사 학위 과정 등록금을 전액 지원하는 학위 취득 플랜을 발족했고, 이 플랜 덕분에 본인의 삶과 지역공동체가 얼마나 바뀌었는지 설명하는 Z세대 직원의 영상들이 소셜미디어에 올라왔다.

3 기업 문화를 단적으로 보여주는 스냅사진들과 비하인드 사진들을 신입사원 모집 공고 페이지와 소셜미디어 채널에 올려라. Z세대에게 소셜미디어는 주로 사진들을 통해 연결되는 채널이다. 기업 문화를 말로 설명하지 말고, 자연스럽게 찍은 사진으로 보여줘라!

4 직원 모집 과정에서 Z세대가 기대하는 조건(우리가 실시한 조사에서 Z세대가 가장 우선시하는 직장 선택 기준이라고 답한, 탄력적인 근무 스케줄과 흥미로운 근로 환경)을 충족하는 직장임을 알리는 데 주력하라. SAP의 유튜브 채널은 이것을 잘 수행한 모범사례다.

5 자사에 입사 지원하는 절차가 간단하고 빠르게 진행된다는 점, 그리고 원하는 모바일 기기에서 진행할 수 있다는 점을 강조하라. 호텔 브랜드 메리어트는 메리어트 커리어 유튜브 채널에 자사에 입사 지원하는 방법을 소개하는(오프닝 부분에 Z세대가 등장하고 재미있는 그래픽이 가득한) 짧은 영상을 올렸다.

⊙ Z세대에게 적합한 입사 지원서 작성 과정

3장짜리 종이로 된 입사 지원서를 작성하던 시절을 기억하는가? 펜이나 연필을 소지하지 않아서 하나 구하려고 주변을 돌아다니던 시절, 회사 정문 근처에 앉아서 벽에 지원서를 대고 글자를 쓰던 시절을 기억하는가? Z세대에게는 그런 경험이 없다. 그들은 펜을 들고 다니고 않는다. 연필을 들고 다닌 적도 없다. 사실, 그들은 원하는 모바일 기기에서 입사 지원서를 작성할 수 있기를, 그리고 저장할 수 있기를 기대한다.

Z세대의 이러한 기대를 충족하는 것이 왜 중요할까? Z세대 구직자들이 입사 지원하도록 온갖 노력을 기울였어도 지원 과정이 너무 복잡하면 그들은 쉽게 포기하기 때문이다. 지원서를 저장할 수 있게 하는 것이 특히 중요하다. 청년들은 본인의 모든 정보를 한 번에 기입할 정도로 정보를 기억하고 있지 않아, 지원서를 작성하는 과정에서 정보를 찾아볼 필요가 있기 때문이다. 따라서 작성 도중 저장 기능을 만들고 이를 홍보하면, 더 많은 Z세대 구직자들이 지원서를 작성하고, 지원서를 제출하게 된다. (작성

도중 지원서를 저장하면, 기업이 연락처 정보를 얻게 되기에) 지원서 작성을 완료하지 않은 사람들, 지원서를 제출하지 않은 사람들에게 연락할 기회가 생기는 효과도 있다. 이를테면 다음과 같은 이메일이나 문자 메시지를 보내는 것이다. '안녕하세요, 사라 님. 입사 지원서 작성을 시작해줘서 고마워요. 사라 님이 우리 회사에 적합한 인재인지, 우리 회사가 사라 님에게 적합한 직장인지 알고 싶어요. 여기를 클릭해서 지원서 작성을 완료해주세요. 사라 님과 함께 일할 수 있을지 너무 궁금해요!'

입사 지원서 작성 절차를 알맞게 설계하지 않으면 Z세대가 지원서 작성을 시작하지도, 완료하지도 않을 것이다. 입사 지원서가 너무 길거나 여러 가지 자잘한 정보를 기입해야 한다면 Z세대는 즉시 포기할 것이다. 작성 도중 저장 기능도 없는 상황이라면 특히 더 그렇다. 노동시장에 공급이 부족한 상황이나 기업이 급성장 중이라 젊은 인재를 빨리 채용할 필요가 있는 상황이라면, 입사 지원서 작성을 시작하고 완료하기 쉽게 설계하는 것이 필요한 직원을 모두 모집하는 데 큰 영향을 미칠 수 있다.

그렇다면 Z세대가 기대하는 입사 지원서는 어떤 유형일까? 어떠한 요소들이 그들이 입사 지원서 작성을 완료하도록 유도할까? Z세대 구직자들이 구인 공고 페이지에 접속하고선 지원하지 않거나, 입사 지원서를 작성하다가 완료를 하지 않는 경우가 많다는 고객사들의 이야기를 들은 우리는 이 질문의 답을 탐구했다.

전국적인 조사를 통해 발견한 것은 입사 지원서 작성에 걸리는 실제 시간, 그리고 작성자가 느끼는 소요 시간이 Z세대의 입사 지원서 작성 시작과 완료, 제출에 큰 영향을 미친다는 사실이다. 작성자가 느끼는 소요 시간이 왜 중요할까? Z세대는 입사 지원서 페이지를 훑어본 다음, 작성 완료까지 시간이 오래 걸릴 것이라는 생각이 들면 포기하기 때문이다. 우리가 실시한 2018년 Z세대 현황 조사에서,[109] Z세대는 신속하고 용이한 온라인 입사 지원서 작성 절차가 첫 월급 정보보다 더 중요하다(58퍼센트)고 말했다.

일부 고용주들은 '책임감이 없거나' 꼭 취업해야 한다는 절실함이 부족한 지원자들을 미리 솎아내기 위해 일부러 입사 지원서 작성 절차를 길고 복잡하게 만들어놓는다. 하지만 다수의, 특히 소매업, 외식업, 서비스 산업, 판매업 기업들은 입사 지원자를 많이 받는 것이 우선순위다.

우리의 조사에 응한 미국 Z세대의 60퍼센트가 입사 지원서 작성에 최대 15분까지 투자할 의향이 있다고 답했다. 게다가 30퍼센트는 최대 10분까지 투자하겠다고, 10퍼센트는 5분 이하만 투자하겠다고 답했다! 티파니 테일러와 티프스 트리츠 인사팀은[110] 이 점을 염두에 두고 있다.

"속도와 접근 용이성은 Z세대 구직자를 모집하고 채용하는 데 있어 중요한 요소입니다. 우리의 입사 지원서 작성, 면접 스케줄, 신입사원 교육 절차는 모두 온라인으로 진행되며 매우 신속하고 쉽게 완료됩니다. 우리는 신입사원을 뽑아, 일할 수 있게 준비시키기까지의 과정에서 어떠한 방해 요소(보이스 메일 교환이나 서류 작업)도 바라지 않습니다."

긴 입사 지원서 작성을 포기하는 Z세대의 의지 부족을 비판하기 전에, 한발 물러서서 입사 지원서에 문제가 없는지 확인하고, Z세대가 지금까지 어떠한 구매 경험을 해왔는지 감안할 필요가 있다. Z세대 다수는 정식 입사 지원서를 다 작성해본 적이 없기에, 입사 지원서 형식이 복잡하든 단순하든, 부담스럽게 느껴질 수 있다. 지금까지 Z세대가 경험한 세계(온라인

은행 계좌 접속이든, 유튜브 영상 검색이든)는 효율적으로 설계돼, 최소한의 단계만 밟으면 모든 일을 처리할 수 있었다. 실제로 요새는 5분 안에 거액의 상품을 구매하는 절차를 완료하고, 때로는 클릭 한 번으로 당일배송까지 받을 수 있다. Z세대의 행태는 지금까지의 경험, 그리고 이에 입각한 기대수준을 반영한 것이다. Z세대는 '간단명료하게' 일을 처리하는 기업의 모습만 보면서 자라왔다.

Z세대가 입사 지원서의 작성을 완료하도록 유도하는 요소는 무엇일까? 쉽고 비용이 많이 들지 않는 해법 6개를 소개한다.

1 입사 지원서를 작성하고 제출하는 방법을 보여주는 짧은 영상을 올려라. 이 영상은 길이가 30초 미만이고, 에너지가 넘치고, 기업 문화를 반영하고, 입사 지원자를 환영하는 분위기를 드러내야 한다.

2 입사 지원서를 작성 도중에 저장할 수 있는 기능을 만들라. 이는 중요하다. Z세대 다수는 입사 지원서를 지원하려는 기업에 가서 작성하지 않고, 입사 지원서 작성에 필요한 정보를 찾아볼 수 있는 다른 장소에서 작성하기 때문이다.

3 입사 지원서 작성, 제출을 완료하지 않은 사람에게 연락할 수 있게 입사 지원자의 이름, 이메일 또는 전화번호부터 먼저 수집하라. 이것이 은근한 압박으로 작용해 입사 지원자가 지원서 작성을 완료하도록 유도할 수도 있다. 가끔은 다른 일로 바빠서 입사 지원서를 제출하지 않는 사람도 있지만, 그런 사람이 기업에 적합한 직원이 되지 말란 법은 없다. 입사 지원자가 문자 메시지나 이메일 수신을 동의할 경

우, 문자 메시지나 이메일로 정중하게 입사 지원서 제출을 부탁하면 효과를 거둘 것이다. Z세대는 본인에게 친숙한 기업에 지원하는 경향이 있기에 Z세대 구직자를 정중하게 대하는 것이 브랜드 이미지에도 좋다. 가능하면 이메일보다는 문자 메시지로 통보하라. 면접 시기와 위치를 통보할 때도 마찬가지다.

4 지원자 접수 과정에서 요구하는 온라인 지원서 형식을 간략화하라. 우리가 인터뷰한 다수의 인사 관리자들이 더 많은 지원자를 받기 위해, 최초에 제출해야 하는 온라인 지원서 양식을 최소화했다. 그들은 온라인 지원서를 제출한 사람들을 전화 면접이나 온라인 면접, 대면 면접한다. 자사에서 일하기에 적합하다는 판단이 드는 지원자에게 자사가 얼마나 일하기 좋은 곳인지 설명한다. 그런 다음에, 추가 정보를 제출케 한다. 한 파견업체 사장이 이렇게 설명한다.

"저는 온라인 지원서 양식을 최대한 간략하게 합니다. 더 많은 구직자를 끌어들여 우리 업체에서 일하는 것이 좋은 이유를 설명하기 위해서입니다. 지원서 양식이 복잡하면 Z세대 구직자에게 그런 이유를 설명할 기회가 줄어듭니다."

5 입사 지원자 모집 과정에 마케팅 요소들을 집어넣어라. 자사의 기업문화에서 어떤 부분이 특별한지 언급하라. 다른 기업과 차별화되는 수상경력, 역사적 성과를 소개하라. 기업과 직원들에게 무엇이 중요한지에 대한 메시지를 보내라. 그러면 기업도, 미래의 직원들도 밝은 미래를 맞이할 것이다.

6 입사 지원자에게 제공하는 임금과 직원 복지 등 통상적인 정보 외에도, 직원들이 수행하는 직무의 인간적인 측면을 보여주는 콘텐츠를 더하라. 기업에서 어떻게 일

하고 있는지 '직장에서의 하루 일과'를 묘사하는 직원들의 영상을 보여줘라.

직원 채용 소프트웨어 기업, iCIMS의 로널드 캐스너 사장에 의하면,[111] 문자 메시지로 입사 지원할 수 있게 하는 기업들의 지원자가 급증했다고 한다. 특히 소매업체와 식당들이 효과를 보았다. 소매업체와 식당들의 경우에는 매장에 온 손님들이 '신입사원 모집 중! 문자로 지원 바람'이라는 종이가 벽에 붙은 것을 보고 즉시 문자를 보낸다. 그 후에는 업체들(리크루터나 인공지능 챗봇)이 지원자의 질문에 답하고, 적당한 지원자를 선별하고, 면접을 실시한다.

핵심을 정리하자면 다음과 같다. 최초의 온라인 지원 절차를 최대한 쉽게 만들어라. 그러면 더 많은 지원자들이 몰릴 것이고, 그들에게 기업 스토리, 사명, 비전을 알려줄 기회를 얻게 될 것이다. 채용 절차의 각 단계는 직원으로 적당하지 않은 지원자를 걸러낸다. 하지만 최초 단계를 너무 복잡하게 함으로써, 잠재력이 있는 지원자까지 걸러내지는 말라.

Z세대의 지원 여부를 즉각 결정하는 요소는 무엇인가?[112]

- **임금** | 밀레니얼 세대, 대학생 연령대 Z세대 중 85퍼센트가 구인공고에 적힌 임금이 지원 여부를 즉시 결정하는 요소라고 답했다.
- **직원 복지** | 밀레니얼 세대, 대학생 연령대 Z세대 중 80퍼센트가 구인공고에 적힌 직원 복지 설명이 지원 여부를 즉시 결정하는 요소라고 답했다.
- **일상 업무 내용 설명** | 밀레니얼 세대, 대학생 연령대 Z세대 중 79퍼센트가 구인공고에 적힌 일상 업무 내용이 지원 여부를 즉시 결정하는 요소라고 답했다.

⦿ 면접과 채용

구식 면접은 모든 세대가 압박을 느끼고, 시간을 소모하는 문제다. Z세대를 채용하려는 고용주, 자신에게 맞는 직장에 취직하려는 Z세대라면 특히 더 그렇다. 고용주들은 종종 Z세대 지원자가 너무 어리고, 업무와 관련된 경험이 거의, 또는 전혀 없는 탓에 채용에 어려움을 느낀다. 그와 동시에 Z세대는 대면 면접, 전화 면접, 화상면접에도 경험이 거의 없다. 이 때문에 인사담당자가 지원자의 이력을 입증할 추천서, 직무 수행에 필요한 전문지식, 태도, 경험을 지원자가 갖췄음을 입증할 사례를 확인하기 어렵다.

설상가상으로, 무급 인턴십 기회의 감소로 Z세대 구직자가 직무 수행 능력을 입증하기가 더 어려워지고 있다. 무급 인턴십에 관한 논쟁이 많지만, 그것이 옳든 그르든 다수의 구직자에게 첫 직장에 취업하는 관문이 되는 것은 사실이다. 요새는 대다수 고용주가 인턴에게 임금을 지불해야 한다. 이로 인해 고용주들은 인턴 지원자에게도 이력을 따지게 됐다. 그 결과 근무 경험이 없는 구직자들이 기업에 첫발을 딛기가 더욱 어려워졌다. 아직 기업에서 일한 적이 없는 Z세대 구직자들이 넘어야 할 문턱이 더 높아진 셈이다.

텍사스주 오스틴에 위치한 우리 CGK 연구소는 이민 1세대 대학생들에게 유급 인턴십을 제공한다. 우리는 CGK의 인턴십 프로그램과 텍사스주 정부의 브레이크스루 센트럴 텍사스Breakthrough Central Texas 정책에 자부심을 느끼고, 적극 참여한다. 우리는 유급 인턴십 프로그램이 다음 세대와 지역 공동체를 돕는 훌륭한 해법이라고 생각한다. 하지만 모든 기업이 직무 경험이 거의 없는 17세 구직자에게 유급 인턴십을 제공하지는 못한다. 그렇기에 고용주와 관리자들은 더 '제대로' 면접하고, 면접 스킬과 경험이 부족해도 일단 뽑아주면 일을 제대로 할 Z세대 구직자를 찾아야 한다는 압박을 더 느끼게 된다.

Z세대가 나이가 들고 취업 경험이 쌓임에 따라 고용주와 구직자 사이의 이런 간극은 메워질 것이다. 하지만 지금 당장은, 고용주가 직무 경험이 많지 않은(어떤 복장으로 면접심사에 임해야 하는지도 모르는) Z세대 구성원을 면접하는 방법을 연구해야 한다.

고용주와 Z세대 구직자의 적절한 일자리 매치job match를 도울 3단계 접근법을 소개한다.

1 면접심사에 앞서, 지원자들에게 적절한 정보를 제공하라.

면접을 치르는 데 도움이 되는 정보를 담은 이메일이나 문자 메시지를 보내라. 그러면 Z세대 지원자들의 긴장감이 줄어들고 자신 있게 본인 능력을 보여주는 데 도움이 된다. 이를 통해 면접관은 더 효과적인 면접을 할 수 있다. 우선, 고용주는 Z세대뿐 아니라 모든 지원자에게 구직 면접에서 가장 스트레스 받는 요소지만 중요한 부분에 관한 정보(어떤 옷을 입어야 하는지, 몇 시에 도착해야 하는지, 어디에 주차해야 하는지, 무슨 준비물을 지참해야 하는지)를 문자로 보낼 수 있다. 회사에서 쓰는 용어들은 세대, 성별, 지역에 따라 다른 의미로 인지된다. 예를 들어 '비즈니스 캐주얼'이란 어떤 복장을 의미할까. 면접장에 '정시'에 도착하려면 몇 시까지 가야 할까. 면접장에 갈 때는 어떤 옷을 입어야 할까. 구직 면접에 적합한 복장이 무엇인가는 사람마다 의견이 분분하고, 직장 문화와 상사들의 포용력에 따라 다르다. 하지만 면접장에서 적합한 복장의 몇 가지 예를 보여주고, 입사 지원자가 선택하게 하는 편이 낫다.

그다음 필요한 조치는 추천서, 이력서 같은 준비물을 지참해야 하는지 알려주는 것이다. 직장에서 일한 경험이 없는 지원자라면 본인의 노동윤리와 성격을 말해주는 추천서를 제시할 것이다. 요새는 구직 면접에 추천서를 지참해야 한다는 사실을 모르는 청년도 많다. 구직 면접을 치르기 전에 어디서도 일한 적이 없거나, '실제 직장'에 취직하기 위해 무슨 준비가 필요한지 말해주는 사람이 없는 탓이다.

세 번째 조치는, 면접장에 언제 도착하고, 어디에 주차하고, 어디로 가서 출입명부를 작성해야 하는지 알려주는 것이다. 이런 작은 디테일이 전체 면접 과정의 부담스러움을 줄이고 보다 효과적으로 만든다. 이러한 사전 정보 제공은 Z세대 구직자가 준비된 상태로, 정시에 도착했고, 본인이 직무에 적합한 인재임을 면접관에게 보여줄 수 있다는 확신을 가지고 면접장에 들어가게 해준다.

면접에 임하는 Z세대 지원자들에게 어떻게 준비해야 하는지 알려주는 것이 응석을 받아주는 것이라 생각하는 사람들도 있지만, 우리의 의견은 다르다. 본인의 모든 능력을 보여줄 기회, 그러기 위해 준비할 기회를 구직자들에게 줘야 한다. 사람마다 문화, 세대, 연령 등의 차이가 있다. 이런 차이 때문에 경험 많은 면접관조차도 잠재력이 많은 지원자를 탈락시킬 수 있다. 면접 전에 어떻게 준비해야 하는지 알려주면 모든 지원자가 면접관들이 가장 확인하고 싶어 하는 부분, 즉 입사 후 어떻게 일할지 보여줄 기회를 동등하게 갖게 된다.

2 지원자가 스킬과 의지를 드러내는 답변을 할 수 있도록, 질문을 던져라.

근무 경험이 적은 지원자에게는 면접관이 주로 학교 성적, 경험, 봉사활동, 학교를 다니면서 시간을 들여 한 일에 관해 묻기 십상이다. 이제 막 고등학교를 졸업했거나 아직 대학을 졸업하지 않은 지원자에게 학교 관련 질문보다는 특정 문제, 난관, 시나리오를 어떻게 해결할지 물어보라. 이러한 질문은 Z세대 지원자에게 실제 기업에서 마주치는 문제를 해결할 방법을 어떻게 모색할지 보여줄(직장 경험은 없어도 창의성과 문제해결 스킬을 보여줄) 기회를 준다. 예를 들면, 회사 웹사이트 개선 방안이나 브랜드 인게이지먼트를 향상할 방안을 물어보라. 이런 질문의 진짜 의도는 지원자의 제안이나 전략을 보는 것이 아니라, 문제 접근 방식을 통해 그가 실제 일터에서 어떻게 문제를 해결할지, 조직에 적합한 인재인지 가늠하는 것이다.

3 구직 면접은 상호 마케팅 절차임을 명심하라.

면접은 면접관과 지원자의 쌍방향 의사소통이다. 즉, 면접관은 지원자를 채용하길 원한다는 점을 보여주고, 면접 지원자는 입사를 원한다는 점, 그리고 자신이 기업과 잘 맞는 인재라는 점을 보여줘야 한다. Z세대 구직자가 현장직무학습, 전문성 개발, 고용안정성, 직원 복지에 관심이 많다는 점을 감안하여, 신입사원에게 첫날, 첫 주부터 어떠한 유형의 학습과 전문성 개발 기회를 제공할지 면접 중에 이야기하라. 직무 능력 또는 리더십 같은 더 광범위한 능력 개발을 위해 기업이 어떤 훈련을 제공하는지 언급하는 것은 Z세대 구직자의 관심을 불러일으킨다. 거기에 더해, 얼마나 고용안정성이 높고, 좋은 직원 복지를 제공하고, 직원을 중시하는 기업문화를 갖춘 직장인지 이야기하는 것은 Z세대 구직자의 구미를 당길 것이다.

지원자에게 면접 결과를 신속히 통보하고, 어떤 소통 채널을 사용해 통보할지 신경 써라. 로널드 캐스너 iCIMS 사장이[113] 모바일 소통과 구직 면접에 관한 흥미로운 통찰을 우리에게 공유해줬다. iCIMS 연구팀이 수행한 조사에서, 대학 4학년생의 45퍼센트가 면접 후 1주일 이내에 진행 상황에 대한 답장을 받지 못한다면 다른 기업에 지원하는 것을 고려하겠다고 답했다.

"문자 메시지를 통한 소통은 중요합니다. 채용 절차 내내 Z세대 지원자와 신속하게 소통하고 관계를 맺는 데에는 문자 메시지가 요긴합니다."

iCIMS는 식당 체인, 하드록 인터내셔널과 도미노 피자의 미국 프랜차이즈 브랜드, RPM피자가 문자 메시지 소통으로 신속하게 직원을 모집하도록 도왔다. 하드록 인터내셔널이 이메일과 전화 소통을 문자 메시지 소통으로 바꾼 이후 지원자의 응답률이 50퍼센트에서 75퍼센트로 증가했다. RPM피자는 이메일을 보냈을 때는 오픈율이 7.3퍼센트, 응답률이 2.1퍼센트에 불과했는데, 문자 메시지를 보냈을 때는 오픈율이 무려 99퍼센트, 응답률이 91퍼센트를 기록했고, 문자 메시지를 보내고 1분 만에 답장을 받았다.

⊙ 화상면접

우리는 종종 고객사들로부터 '화상면접이 Z세대 지원자를 상대로 효과적인가'라는 질문을 받는다. 실제로도 실시간 화상면접 플랫폼과 기술이 많이 나와 있다. 고용주 입장에서 화상면접의 주요 혜택은 전화 면접과 달리 지원자를 직접 볼 수 있어 그들을 파악하고 상호작용하기 용이하고, 고용주와 지원자가 면접장까지 이동하는 데 드는 수고와 시간을 절약할 수 있다는 점이다. 우리가 지원자들로부터 자주 듣는 말이 있다. 본인들은 화상면접이 싫지만 기업들이 갈수록 화상면접에 더 많이 의존하다는 말이다. 심지어 요새는 실시간 화상면접 대신, 지원자가 질문에 대해 답변하는 모습을 녹화해 그 영상을 면접관에게 보내기도 한다.

향후를 전망해보자면, Z세대는 나이가 들면서 화상면접에 익숙해질 듯 보인다. Z세대는 영상채팅과 하우스파티부터 구글 행아웃과 페이스타임까지, 영상으로 온갖 일을 하면서 자란 세대다. 일부 Z세대 구성원에게는 전화로 말하는 것보다 영상 속 인물을 보며 이야기하는 것이 더 편하고 자연스러울 수 있다. 관건은 화상면접을 실시하는 기업이 앞서 언급한 것과 동일한 접근법을 영상 경험에 맞게 적용하는 것이다. 예를 들면, 서로 얼굴이 잘 보일 만큼 밝은 조명이 있는 조용한 장소에서 화상면접을 진행하는 게 좋다고 지원자에게 미리 알려줘라. 접속 시간, 화상면접을 위해 갖춰야 하는 최소한의 컴퓨터 기술 등, 지원자가 화상면접을 위해 준비해야 할 부분을 미리 알려줘라.

⊙ 근로계약서 작성 단계

대다수 Z세대 구성원은 고용된 적이 한 번도 없거나 근로 경험이 제한적이기에, 기업 취직과 관련한 모든 디테일, 예를 들어 현장직무학습, 직장에서 요구하는 전문성, 실수령액, 직원 복지 등을 알지 못한다. 그래서 면접 합격자에게 직업 설명, 급여, 보너스, 복리후생, 업무 시작 날짜 같은 기본사항이 적힌 근로계약서를 보내는 단계에 주의를 기울일 필요가 있다. Z세대는 각종 직원 복지뿐 아니라, 직원이 되면 어떤 책임을 져야 하는지 알고 싶어 하기 때문이다. (근로계약서 작성 절차는 다음과 같다. 구두 제안 단계에서는 사측이 구두로 급여를 제안한다. 회사가 제안한 급여가 마음에 들지 않으면 연봉협상을 한다. 정식 제안 단계에서는 회사가 근로계약서를 합격자에게 보낸다. 합격자가 근로계약서에 서명하고 회사에 보내면 모든 채용절차가 끝난다. - 옮긴이)

근로계약서는 보통 길이가 1페이지 이내로, 첫 출근일, 보상, 혜택, 근무일정 스케줄링 등 신입사원이 알아야 하는 핵심 정보를 간단하게 담고 있다. 이 중 특히 중요한 것은 근무일정 스케줄링이다. Z세대 지원자는 아직 학교에 재학 중이거나 다른 직업을 가지고 있을 가능성이 있기 때문이다. 신입사원에게 필요한 디테일한 정보를 정리해놓은 사규가 정리된 문서를 받는다는 사실을 미리 알려줘라. 그러면 면접 합격자들이 직업 설명, 급여, 보너스, 복리후생, 업무 시작 날짜 같은 기본사항이 적힌 근로계약서 외에도 정보를 얻을 방법이 있다는 사실을 알고 불안을 덜 것이다.

면접심사 합격자에게 보낼 근로계약서를 작성할 때 참고할 만한 베스트 프랙티스best practice(모범사례, 경영 목표를 지속적이고 효과적으로 달성하기 위한 가장 성공적인 해결책 - 옮긴이)를 소개한다.

- 글머리기호를 사용해 핵심 포인트를 표시하라. 이렇게 하면 읽기 쉬워진다.
- 근로계약서에 업무 시작 날짜를 적을 때, 업무 시작 시각뿐 아니라 첫 주의 근무 스케줄도 나열하라.
- 면접심사 합격 사실을 통보할 때, 건강검진, 운전면허증 제출 등 출근 전이나 출근

첫날에 필요한 절차도 통보하라.

근로계약서에 서명한 합격자에게는 환영 메시지를 보내라. 환영 메시지는 짧은 영상이나 문자 메시지인 경우가 많으며, 전일제 근로자들에게 공식 서한을 보내는 것과는 다르다. 환영 메시지를 보낸다는 것은 합격자가 이미 출근에 동의했다는 의미이며, 이제는 합격자가 어떤 준비를 하고 출근해야 하는지 알려줘야 할 단계이라는 뜻이다.

환영 메시지를 보낼 때는 다음 네 가지에 주의를 기울여야 한다.

1 함께 일하게 되어 기대된다는 점을 강조하라. 합격자는 입사 결정이 탁월한 선택이었고, 입사가 흥미로운 커리어와 학습의 문을 열 것이라는 말을 들어야 한다.

2 첫 출근 때 지참해야 할 것이나 첫 출근 전에 해야 할 일을 상기시켜라.

3 어디에 주차해야 하는지, 어떤 대중교통을 이용하는 것이 좋은지 알려라. 첫 출근하는 신입사원에게는 중요한 정보다.

4 회사에 처음 출근했을 때 누구에게 문의해야 하는지, 무슨 일을 하게 될지 미리 알려줘라. 면접관은 합격자가 출근 첫날에 만나는 트레이너, 상사, 직접적인 동료가 아닐 때가 많기 때문이다. 신입사원에게 필요한 정보를 알려줄 인물의 전화번호와 이메일 주소를 제공하는 것이 좋지만, 이는 기업 문화에 따라 달리 결정할 사안이다.

환영 메시지는 합격자들에게 조직 문화를 보여줄 기회가 된다.

적절한 환영 메시지 영상은 Z세대 신입사원에게 따뜻하게 환대 받고 있다는 느낌을 주며 새 직장에 빨리 출근하고 싶다는 기대감을 높인다. 이를 통해 신입사원들이 입사 초기에 성공적으로 적응할 수 있게 하며, 신입사원이 준비되지 않은 채 출근했을 때 관리자들이 직면하는 질문과 좌절을 줄인다. 그러한 환영 메시지 영상을 받은 신입사원은 곧바로 답장을 보내거나 친구들에게 자랑할 것이고, 이는 입사 지원자 증가로 이어진다. 빠듯한 노동시장 상황에서 이는 정말로 중요하다.

환영 메시지 영상에 얼마나 디테일한 정보를 넣어야 할지 모르겠다면, 신입사원이 패스워드를 입력하면 접속할 수 있는 FAQ 게시판을 만드는 것도 한 방법이다. FAQ 게시판은 출근하기 전 신입사원들이 가장 흔히 물어본 질문들에 대한 답변을 정리한 게시판으로, 온라인에서 셀프서비스로 문제를 해결하면서 자란 Z세대에게 쉬운 해법이 될 것이다. 또한, 신입사원들이 인사과와 관리자들에게 보내는 질문을 줄이는 효과를 거둔다.

지금까지 신입사원 모집에 필요한 기본 지침을 소개했다. 정말로 Z세대 신입사원에게 감명을 주고, 신입사원이 기업 문화에 적응하게 돕고 싶다면, 다음 단계인 환영 절차와 신입사원 교육 절차를 밟아야 한다. 이는 신입사원이 처음 출근하기 훨씬 전에 시작할 수 있다. 이에 관해서는 다음 장에서 자세히 다루겠다.

11장

Z세대 직원의 장기적 잠재력을 개방하는 법

"전 제 자신에게 엄격합니다. '넌 더 잘할 수 있어. 더 많은 일을 할 수 있어. 더 큰 존재가 될 수 있어'라고 자신에게 말하죠. 그래서 상사가 이메일이나 스카이프 문자를 보내는 대신, 시간을 내서 저를 만나 '어이, 자네는 잘하고 있어. 우린 자네가 정말 자랑스럽네', '자네가 우리 회사에 있어줘서 정말 다행이야. 우리는 자네를 높이 평가하네' 하고 말씀해주시는 것이 큰 힘이 됩니다."

_Z세대 직원

이사벨라는 지금 하늘을 나는 기분이다. 올봄부터 여러 취업박람회에 참여한 그녀는 디자인 어시스턴트 일자리에 지원했다. 그사이에 디자인 포트폴리오를 채우고자 프리랜서로 35개 이상의 일을 맡아서 처리했다. 그녀는 5월에 템플 대학교를 졸업하고 8월에 필라델피아에 위치한 디지털 마케팅 대행사에 취직했다. 2주 뒤에는 첫 출근이다.

하지만 동시에 겁도 난다. 이번이 첫 취업인 이사벨라는 지금까지 사무실에서 일한 적이 없다. 무슨 옷을 입고 출근해야 할까? 면접심사 때 면접관이 '크리에이티브 캐주얼'이 자사의 드레스 코드라고 말했지만, 그게 무슨 뜻인지 가늠이 되지 않았다. 하지만 입사 지원 전에 구글에서 찾아본 회사 홈페이지에서 모든 팀원들이 올린 본인에 관한 짧은 영상을 본 기억이 났다. 그래서 그녀는 직원들의 복장을 보기 위해 그 영상을 다시 보러 홈페이지에 들어갔다. 영상 속 사람들은 청바지를 입고 있기도 했고, 화려한 셔츠에 넥타이를 매고 있기도 했다. 어떤 여자는 90년대 빈티지 느낌이 나는 드레스를 입고 있었다. 보아하니 깨끗하고 단정한 복장이기만 하면 정장이 아니어도 괜찮은 듯 보였다. 복장 때문에 문제 될 일은 없을 것이란 생각이 든다.

하지만 상사, 케이시가 한 말 때문에 걱정도 든다. 면접관들은 이사벨라가 새로운 디자인 소프트웨어를 학습하고 프로젝트에 창의적 기여를 할 기회를 가지게 될 것이라고 말했다. 그런데 케이시는 자신이 9개의 고객사를 관리 중인데 이사벨라가 이 모든 고객사를 위해 캘린더와 물류를 관리해야 할 것이라 언급했다. 사무실에서 행정 업무 외의 일을 할 공간이 정말로 있을까?

각종 서류를 제출해야 하는 문제도 있다. 이사벨라는 프리랜서로 디자인 경험을 쌓았기에 실제로 회사에 고용된 적은 없었다. 그래서 어떻게 건강보험플랜을 선택하고, 401k 퇴직연금 계정을 만들어야 하는지에 대해 전혀 모른다.

두근거리기도 하고 걱정도 되는 가운데, 스마트폰이 울렸다. 문자 메시지가 온 것이다. 평소 연락하고 지내는 지인이 보낸 것은 아니다. 문자 메시지를 여니 영상이 있다. 영상을 탭하니 다음과 같은 내용의 영상이 재생된다.

"이사벨라 씨, 안녕하세요! 저는 케이시입니다. 곧 함께 일할 수 있게 돼 반갑습니다. 이번 주에 아침 식사를 함께 할 수 있을까요. 첫 출근 전에 같이 이야기를 나누고 싶습니다. 필라델피아 센터시티에 좋아하는 카페가 있나요?"

이사벨라는 깜짝 놀랐지만 안심도 됐다. 첫 출근까지 2주 남았지만, 그보다 훨씬 전에 케이시에게 일에 관해 물어볼 기회가 생겨서다. 그리고 좋아하는 카페에서 만나자는 케이시의 배려심에 감동을 받았다.

이후 이사벨라의 스마트폰이 몇 번 더 울렸다. 크리에이티브 디렉터가 문자 메시지로 의외의 질문을 던진다. '취미가 뭔가요? 좋아하는 음식은? 오후 3시에 기운을 차리기 위한 간식으로 뭘 먹고 싶은가요?' 이런 질문을 받으리라는 예상은 하지 못했지만, 이사벨라는 답변을 보낸다. '하이킹, 타코 요리, 감초사탕.'

이사벨라는 자신에게 필요한 서류 작업에 관한 문자 메시지도 받았다. 직장인 세금 원천징수 공제증명서류W4 form 작성과 관련한 질문지를 받고, 재무상담사를 소개하는 문자 메시지도 받았다. 재무상담사는 퇴직연금 옵션에 관한 간략한 설명을 보내주었다. 인사팀은 건강보험 가입과 각 보험 플랜의 차이를 설명하는 영상을 보냈다.

와. 이사벨라의 여러 가지 걱정이 눈 녹듯 사라졌다.

첫 출근까지 2주간 이사벨라는 건강보험과 퇴직연금에 가입할 준비를 하고, 케이시와 아침 식사를 하면서 향후 6개월간 어도비 일러스트레이터 프로그램을 배우겠다는 계획을 밝히기로 마음먹는다.

마지막으로 놀라운 문자 메시지는 첫 출근 1주일 전에 왔다. (회사 홈페이지에서 본) 직원 4명이 보낸 영상이었다.

"이사벨라 씨, 안녕하세요! 우리는 니키, 실리아, 이안, 조예요."

이안이 스마트폰 셀카 모드로 본인 얼굴을 찍는 동안, 다른 직원들이 화면 안쪽으로 얼굴을 들이밀고 말하는 영상이다. 그들이 번갈아가며 이야기한다.

"우리는 디자인 어시스턴트들이에요. 다음 주에 함께 일을 시작하기 전에 인사를 하고 싶었어요. 아, 그리고 다음 주 목요일 저녁에 시간 있으세요? 시내에 있는 멕시코 식당에서 마가리타 해피 아워 행사를 해요. 멕시코 요리를 좋아하신다고 들었는데 함께 식사할 수 있으면 좋겠어요."

실리아가 끼어든다.

"제가 이사벨라 씨의 버디가 되겠다고 자원했어요. 출근 첫날에 제가 주변을 소개시켜드릴게요. 직장에서 궁금한 점이 있으면 뭐든 물어보세요. 우리 회사의 직원 관리 시스템은 좀 후지지만, 사소한 문제를 넘기는 방법을 알려드릴게요. 눅눅한 빵 조각을 좋아하지 않으신다면, 사내 카페테리아에서 시저 샐러드는 먹지 마세요. 물론 카페테리아에서 다른 음식도 제공하죠. 그럼 다음 주에 이야기해요!"

와, 직원들이 너무도 친절한데. 아직 만난 적도 없는데 함께 식사하자고 초대하잖아! 이사벨라는 즉시 영상 답장을 보내기 위해 스마트폰을 셀카 모드로 전환한다.

"안녕하세요! 너무 감사해요! 저도 마가리타 해피 아워 식사를 하고 싶어요. 어서 만나고 싶군요. 거듭 감사해요. 다음 주 출근이 너무 기대돼요! 그리고 저는 눅눅한 빵 조각을 좋아하지 않아요. 알려줘서 고마워요."

첫 출근 날, 케이시가 로비에서 이사벨라를 맞이해 책상까지 안내한다.

우와. 이사벨라는 예상치 못한 광경을 본다.

이사벨라의 책상 위에는 온갖 종류의 감초사탕이 한 바구니 놓여 있다.

바구니에는 이런 쪽지가 붙어 있다. '한동안 오후 3시 간식거리가 부족하지 않길 바라요! ☺'

키보드에는 기프트 카드가 포스트잇 메모와 함께 놓여 있다. '입사를 환영합니다! 이걸로 하이킹 장비를 사세요!'

케이시는 이사벨라의 책상 옆에서 떠나기 전에, 이사벨라에게 팀원들과 함께 점심을 먹지 않겠냐고 묻는다. 회사 사람들이 신입사원 환영회를 위해 타코 식당을 예약해놓았다고 한다.

의자에 앉은 이사벨라의 기분은 좋다. 회사 사람들의 선물과 배려가 마음에 든다. 무엇보다도 신입사원 한 명 한 명을 챙겨주는 회사에서 일하게 돼서 마음이 놓인다. 이렇게까지 해줄 필요가 없는데도 배려해준 회사 사람들에게 이사벨라는 고마움을 느끼고 포용된 느낌을 받는다.

여기까지 읽은 독자라면 당혹스러우리라. 우리도 안다. X세대나 이전 세대들은 새 직장에 출근할 때 이사벨라 같은 경험을 한 적이 없다. 이사벨라의 이야기는 너무도 낯설어 웃음이 나올 지경이다. 우리가 새 직장에 출근했을 때는 큰 폴더에 담긴 신입사원 교육 자료를 인사과 오리엔테이션 자리에서 받았다. 신입사원 오리엔테이션이 없는 직장도 있었다. 위압적인 상사가 있으면 우리는 고개를 숙이고 묵묵히 일만 해야 했다. 책상 위에 놓인 선물? 유쾌한 환영 영상? 회사 적응을 돕는 버디? 상사와 아침 식사를 하면서 입사 후 배우고 싶은 내용을 말한다고? 이렇게 응석을 받아주는 회사는 상상도 못했다.

하지만 지금까지 열거한 일들은 많은 시간, 노력, 돈이 드는 일이 아니지만, 신입사원의 업무 적응에 큰 영향을 미친다. 〈하버드 비즈니스 리뷰〉

에 실린 연구에 따르면,[114] 기업 정체성과 기업의 필요보다는 신입사원의 개인 정체성에 초점을 맞추어 신입사원 교육을 진행한 경우, 신입사원이 입사 후 6개월 뒤까지 회사에 남아 있는 비율이 33퍼센트 증가했다.

게다가 이는 응석을 받아주는 것도 아니다. 우리는 고용주가 직원들을 아기처럼 대해야 한다고 생각하지 않는다. 고용주는 단지, 직원이 환대받고, 가치를 인정받고, 감사하다는 말을 듣고, 동료들과 인간적으로 이어지는 느낌을 받도록 배려하는 방법을 연구할 필요가 있다. 고용주가 직원들을 인간적으로 배려한다는 점을 보여주면, 직원들은 기업, 동료, 상사를 위해 더 분발할 것이다.

브렌트 피어슨이 만든 온보딩 플랫폼, 엔보더[115]는 기업들이 Z세대 신입사원들을 잘 포용해 성공을 거둘 수 있게 돕고자 신입사원 교육 경험을 설계한다.

"이전 세대 직원들이 차가운 신입사원 교육을 견뎌야 했다고 해서, 그것이 올바른 방식이라는 뜻은 아닙니다. 이전 세대의 경험이 요새도 잘 통하는 표준일 것이라 생각해선 안 됩니다."

브렌트 피어슨은 직원의 경험이 고객 경험으로 연결된다는 사실을 고려하지 않는 기업이 많다고 지적한다.

"훌륭한 직원 경험을 제공하지 않는 기업은 훌륭한 고객 경험을 제공하지 못합니다. 우리 모두 경험한 바 있습니다. 항공사 창구에 가보면 언짢은 표정의 직원이 앉아 있는 경우, 근무 태도에 성의가 없어서 기껏해야 진부한 고객 경험만 얻습니다. 반면, 직원 인게이지먼트와 직원 경험을 중시하는 사우스웨스트 항공 창구에 가보세요. 자기 일에 애착이 있는 직원이 고객을 반길 겁니다. 이러한 직원 태도는 고객 경험에 반영됩니다."

이는 Z세대 직원들에게도 똑같이 적용된다. 우리의 연구에 응한 Z세대 구성원들은 직원을 생각해주고, 멘토링해주고, 직원에게 재능 개발의 기회를 제공하는 기업에서 일하고 싶다는 뜻을 여러 차례 비쳤다. 이러한 인간중심적 접근법으로 직원을 대하는 기업은 직원들의 근속 비율이 높고, 더 나은 고객 경험을 제공할 수 있게 된다. 이는 궁극적으로 기업 실적 개선으로 이어진다. 갤럽 조사에 따르면,[116] 직원 인게이지먼트가 높은, 즉 직원들의 업무 몰입도와 조직 헌신도가 높은 기업의 실적은 경쟁사에 비교해 147퍼센트 높다. 이처럼 직원들이 몰입하고 헌신하면 모든 관계자가 이득을 본다.

장기근속직원으로서 Z세대의 잠재력을 모두 활용하기 위해서는 직원들의 기대를 계속해서 더욱 충족해줄 필요가 있다. 크고 작은 고객사들과 협업한 우리는 높은 직원 인게이지먼트가 직원 장기근속, 성과, 고객 만족으로 이어져 기업 이익률을 높인다는 사실을 알게 되었다. 즉, 직원 인게이지먼트를 높이는 데 투자하는 편이 낫다는 것이다. 2019년 Z세대 현황 조사에서[117] 미국 Z세대의 64퍼센트가 고용주들이 Z세대를 이해하지 못하고 있음을 느낀다고 답했다. 그러므로 직원 인게이지먼트를 높이는 방법을 연구하면 Z세대가 일하고 싶은 기업으로 두각을 나타낼 것이다.

불행히도 우리가 추천하는 Z세대 채용, 온보딩, 훈련, 인식 접근법으로 본인도 이익을 보리라 생각하는 직원은 별로 없을 것이다. 이전 세대 구성원들은 우리의 조언을 듣고 "그것 참 좋겠네요!" 하고 말하고는 이를 실천하지 않는다. 하지만 브렌트 피어슨의 지적처럼, 본인이 사회초년생 시절에 따뜻한 배려를 받지 못했다고 해서, 지금 새로 채용한 직원들에게 따뜻한 배려를 해줄 필요가 없다는 건 아니다. 사실, 이러한 조치들의 효과는 너무도 크기에 그런 조치를 취하는 리더도 직접적인 혜택을 받게 된다.

앞서 언급했듯, 현재 미국의 상황(긱 이코노미 일자리를 통한 소득 옵션, 소셜미디어를 통한 직장 투명성)을 감안하면, Z세대 직원들에게 보다 인간적인 접근법으로 다가갈 필요가 있다. 이는 곧 기업의 미래에 투자하는 것이기도 하다. 앞으로는 노동인구에서 Z세대가 차지하는 비율이 높아질 것이며, 그들이 장차 관리자, 임원, 리더가 될 것이기 때문이다.

이제부터 Z세대 직원이 현재 직장에서 근속하고 최선을 다해 일하게 하는 요소들이 무엇인지 더 깊이 살펴보도록 하겠다. 이 책에서 소개하는 방법을 현실에 적용할 때, 비슷한 방법으로 모든 세대의 직원들을 대하라. (비록 혼자 스마트폰으로 영상을 찍는 능력은 세대마다 다를지라도) 모든 세대의 직원들이 가치를 인정받고, 고맙다는 말을 듣고 싶어 하기 때문이다.

⊙ 근로계약서

Z세대 직원이 회사에서 능력을 펼치려면 먼저 근로계약서에 서명하고 회사에 출근해야 한다. 따라서 직원에게 근로계약서를 보내고 서명을 받아내는 과정은 매우 중요하다. Z세대 직원을 끌어들일 요소로 임금과 건강

보험만 생각하지 말라. 이는 Z세대에게도 중요한 기준이지만, 전부는 아니다. 여러 연구 결과에 따르면, 근로계약서 서명 단계에서 Z세대는 다음과 같은 기준으로 입사를 결정한다고 한다.

- **현장직무학습**On-the-job learning**과 재능개발**

  Z세대는 학습하고 본인의 재능을 개발하고 싶어 한다. 우리의 2018년 Z세대 현황 조사에서, Z세대 참여자 62퍼센트가[118] 입사 지원 결정에 가장 큰 영향을 미치는 요소로 유급 현장직무학습을 꼽았다. 다른 연구도 이 결과를 뒷받침한다. Z세대와 고용주를 이어주는 취업 정보 플랫폼, 리플매치가 2019년 대학졸업생[119] 1,100명에게 설문조사를 한 결과, 응답자의 59퍼센트가 근로계약서 서명에 가장 영향을 미치는 요소로 전문성 개발 기회를 꼽았다. 면접심사 합격자에게 근로계약서를 보낼 때는 출근 첫날부터 사내 직업 훈련, 멘토십 프로그램, 퇴근 후 강좌와 온라인 강좌 수강비 변제 등, 직원들의 성장에 얼마나 많이 투자하는 기업인지 강조하라.

- **유연한 근무 스케줄**

  글래스도어의 조사에 따르면[120] Z세대의 입사 지원 결정에 가장 큰 영향을 미치는 요소는 훌륭한 근무 환경이고, 그다음은 유연한 근무시간인 것으로 드러났다. 직원들이 스마트폰으로 직접 본인의 근무 스케줄을 변경할 수 있게 하고자, 핫스케줄스HotSchedules 등의 소프트웨어를 사용하는 기업들도 있다. 유연한 근무 스케줄은 아직 학교에 재학 중이라 수업, 숙제, 교외활동을 병행하는 직원이나 다른 부업을 병행하는 직원들에게 특히 중요하다.

18~24세 Z세대 구성원들의 근로계약서 서명에 가장 영향을 미치는 5대 요소

• **82%**	높은 급여
• **65%**	유연한 근무 스케줄
• **49%**	출근 용이성
• **45%**	보험과 퇴직연금 플랜 등의 직원 복지
• **41%**	향후 일자리에서 사용 가능한 스킬 습득

출처 | 2019년 Z세대 현황 조사

• 1년 내 임금 인상 가능성

우리가 조사한 바에 따르면, Z세대의 62퍼센트가 새 직장에 들어가고 9개월 이내에 임금 인상을 기대한다.[121] 이러한 기대를 충족하기 위해, 근로계약서 작성 단계에서 입사 후 임금 인상 가능성을 설명하라. 성과에 따른 임금 인상 약속은 면접심사 합격자의 기대를 충족시키며, 신뢰, 충성, 장기근속으로 이어지는 공유된 책무성을 낳는다.

• 승진 기회

근로계약서 작성 단계에서 입사자가 명확한 학습과 성과 기준을 달성할 경우 6개월, 1년, 2년 안에 어디까지 승진할 수 있는지 언급하라. 승진이나 부서 이동 가능성, 사내에서 다른 유형의 프로젝트와 문제해결에 착수할 기회를 언급하는 것은 임금 인상과 다른 차원의 이야기다. 다른 인간관계와 마찬가지로 직원은 본인이 노력을 기울여도 제자리걸음을 하는 느낌을 받고 싶어 하지 않는다. 필요한 노력을 기울이면 승진, 부서 이동 등이 가능함을 명확히 설명하라. 직원이 재능을 개발하고 커리어를 쌓아나가면 고용주도 혜택을 받게 될 것이다.

• **라이프스타일과 관련 있는 특전**

어느 고객사에서 Z세대 지원자에게 왜 청년들이 경쟁사의 입사 제안을 더 선호하는지 물어본 적이 있었다. 그러자 그는 경쟁사의 직원 혜택 중 헬스클럽 멤버십이 있기 때문이라고 답했다. 고객사는 경쟁사보다 3천 달러나 많은 임금을 제시했는데도 말이다! Z세대 구성원들을 조사한 바에 따르면, Z세대는 라이프스타일과 관련된 특전을 임금보다 높이 치는 경향이 있다. Z세대가 선호하는 직원 혜택의 예로는 헬스클럽, 실내 사이클링 훈련 강좌, 요가 학원 멤버십이 있다. 콘서트나 재미있는 이벤트 입장권을 무료로 제공하거나 또는 할인 제공하는 것, 반려동물 보험, 무료 세차 서비스, 지역 상점·식당·소매업체와 미리 협상하여 할인혜택을 제공하는 것(이 경우 지역 업체들도 매출이 늘어서 좋다), 넷플릭스나 초고속인터넷 요금 할인도 Z세대 직원들이 선호하는 직원 혜택이다. 일부 기업들은 일정 기간 이상 근속자나 고성과자에게 이러한 혜택을 준다. 예를 들어, 우리 CGK에서는 3년 근속자에게 '소원을 들어주는' 선물을 준다. 이는 결혼식이든 휴가든 가족여행이든 평소 직원이 꿈꾸던 활동에 3천 달러를 지원하는 제도다.

• **매칭형 퇴직연금 제도**

5장에서 언급했듯, Z세대 구성원 상당수는 이미 은퇴를 대비한 저축을 하고 있다. Z세대는 직원의 은퇴 대비를 도와주는 고용주를 높이 평가한다. 젊은 시절부터 소액이라도 꾸준히 퇴직연금 부담금을 납입하면 복리효과를 통해 얼마나 돈이 불어나는지, 그리고 그것이 은퇴 대비에 얼마나 도움이 되는지 설명하는 짧은 영상을 보여줘라. Z세대 구성원들은 본인이 은퇴할 무렵에는 정부부채가 너무 많아져서 사회보장혜택이나 노인복지혜택을 받지 못할 것이라 예상하지만, 은퇴 대비 저축의 효과를 알지 못하는 경우가 많다. 그저 은퇴를 대비해 저축할 필요가 있다고만 생각한다. 지금부터 적절한 은퇴 준비 단계를 밟아나가는 방법을 직원들에게 알려줘라. 그러면 직원들의 미래에 기여할 수 있고, 직원들 또한 감사해할 것이다. (미국의 대표적 퇴직연금 제도인 401k에 가입하면, 매달 직원이 적립하는 금액의 일정 비율을 회사가 추가적 기여금으로 적립해준다. - 옮긴이)

- **유급휴가**

직원들의 생일에 유급휴가를 줘라. 젊은 직원들은 생일날에 출근하지 않고 쉬는 것을 좋아하기에 이를 반가운 휴가로 여긴다. 따라서 직원들이 생일에 유급휴가를 받는다는 사실을 미리 알게 하라. 우리 CGK에서는 모든 직원들의 생일에 유급휴가를 주는데, 놀랍게도 나이 든 직원들도 이런 유급휴가를 정말로 좋아한다.

- **사무실 간식**

간식 등의 직원 특전은 재미있고 일하고 싶은 사무실 환경을 만든다. 또한 Z세대가 직장 선택 시 우선적으로 고려하는 요소이기도 하다. 고급 과자를 제공할 필요는 없지만, Z세대를 포함한 모든 직원들에게 무슨 과자를 가장 먹고 싶은지 묻는 것이 중요하다. 직원들이 실제로 먹고 싶어 하는 과자를 제공하면, 버려지는 과자를 줄이고 돈을 절약할 뿐 아니라, 직원 의견을 존중하고 직원을 아끼는 기업이라는 인상을 줄 수 있다.

- **일당 지급**

일용직gig의 특전은 출근 당일에 일당을 받을 수 있다는 점이다. 미국 내 적지 않은 고용주가 인스턴트 파이낸셜 같은 플랫폼을 통해 직원이 그날 번 임금을 50퍼센트까지 수수료 없이 받을 수 있게 한다. Z세대가 나이가 듦에 따라, 이러한 임금 지급 옵션은 표준이 될 것이다. 이미 소매업체, 숙박업체, 식당들이 이러한 임금 지급 옵션을 제공 중이고, 곧 헬스케어, 전문 서비스, 기술 기업들도 제공하리라 예상한다. 젊은 세대들은 이러한 옵션이 있는 직장에 취직하기 위해서라면 휴일 출근, 장시간 노동 등의 근무일정을 감수하는 경향이 있다. 인스턴트 파이낸셜의 창업자, 스티브 바하가 설명한다.[122]

"긱 이코노미 플랫폼의 폭발적 성장은 전통적 고용주에게 큰 부담으로 작용합니다. 기업들은 이제 근무일정이 없고 일당을 받는 일용직 일자리와 경쟁해야 합니다. 하지만 일반적으로 당일 임금을 받으려면 수수료를 내야 하는데, Z세대는 수수료를 민감하게 받아들입니다. 수수료 없이 일당을 즉시 지급하는 고용주들이 직원 채용에서 유리합니다. 수수료 없이 즉각 일당을 지급하는 고용주는 그만큼 직원의 처지를 배려한다는 점을 어필할 수 있고, 직원의 필요와 기대를 충족합니다."

기억하라. Z세대는 직원의 처지를 배려한다는 점을 보여주는 기업에서 일하고 싶어 한다. 지금까지 언급한 혜택을 제공하는 기업은 직원을 경제적으로 돕고자 책임을 진다는 점을 구직자들에게 보여줄 수 있다. Z세대가 근로계약서에 서명하도록 유도하는 요소들은 장기근속자들의 신뢰와 충성도를 높이는 길이기도 하다. 따라서 Z세대가 중시하는 조건을 충족하는 혜택을 제공하는 기업은 모든 직원들에게 약속을 이행하는 모습을 보임으로써 직원들의 충성과 신뢰를 얻는 이상적 토대를 마련하게 된다.

⊙ 오리엔테이션과 온보딩

처음 출근한 날 이사벨라는 직원들의 환대만 받은 것이 아니다. 케이시의 고객들을 상대하려면 직원 관리 시스템 사용법을 숙달해야 했고, 이를 위해 SAP사의 기업용 소프트웨어를 공부하느라 첫날이 훌쩍 지나갔다. 며칠 전 이사벨라는 인사과의 이메일을 받았다. SAP 소프트웨어를 처리해야 하는 모든 업무를 설명한 영상 라이브러리 접속 주소가 적힌 이메일이었다. 이사벨라는 영상을 하나씩 시청하기 시작했고, 출근 첫날에 IT부서 직원에게 소프트웨어 사용법을 교육받았다. 이후 실리아가 새 계약 정보를 시스템에 입력하는 이사벨라를 15분간 도왔다.

실리아가 맡은 일 중에는 이사벨라를 모든 회사 직원에게 소개시키는 것도 있었다. 점심시간이 될 때까지 이사벨라는 모든 회사 직원들과 만났고 계속 이야기했다. 오후에 케이시는 이사벨라를 사무실로 불러 자신이 관리해야 하는 고객사들의 특이사항을 설명했다. 실로 바쁜 하루였지만, 실리아, 케이시, 인사과는 이사벨라를 1주일간 어떻게 교육시킬지 계획을 세워놓았다. 그리고 이사벨라가 한 달간 언제든 걱정 없이 질문을 할 수 있게 하는 열린 문 정책open-door policy을 펴기로 했다.

이사벨라의 온보딩 경험은 별로 놀라울 게 없어 보일 수 있다. 하지만 여기에는 기업들이 명심해야 하는 중요한 개인적, 기술적 요소들이 포함되어 있다. 오리엔테이션과 온보딩은 동료 직원, 상사, 기업 문화에 적응하기 위한 훈련을 넘어서는 내용을 담아야 한다. 사실, 우리가 미국건설협회와 함께 진행한 연구[123]에 따르면, 신입사원에게 가장 중요한 일은 팀원들과 팀장을 만나는 것이다. 그리고 두 번째로 중요한 일은 직무 스킬과 리더십 개발을 위한 훈련 프로그램이다.

오리엔테이션과 온보딩을 마친 Z세대 신입사원은 본인이 맡은 역할을 성공적으로 수행하려면 어떻게 일해야 하는지 이해해야 한다. 즉, 문제를 해결하기 위해 어떻게 접근해야 하는지, 누구에게 언제 도움을 요청해야 하는지 알고, 직무 수행에 필요한 도구와 기술을 잘 다룰 수 있어야 한다.

신입사원에게는 이러한 일련의 과정이 벅찰 가능성이 크기에, 그들이 덜 어렵게 받아들이도록 배려해야 한다. 오리엔테이션과 수습기간 교육의 일부(이를테면 동료들과 첫 인사, 사무실 안내)는 1대1로 진행해야 한다. 이는 신입사원의 긴장감을 누그러트리고 몰입도를 높일 기회다. 팀 단위 아침 식사, 버디 프로그램, 첫 출근 전 일부 팀원들과 연락하고 지내기는 Z세대 신입사원에게 도움이 되는 옵션이다.

우리는 (직원 수가 5명이든 5만 명이든) 모든 규모의 기업에서 최고의 성과를 창출하는 오리엔테이션과 온보딩의 베스트 프랙티스를 찾았다. Z세대 직원들과 원활히 일하도록 수많은 기업과 리더를 컨설팅해온 우리가 발견한 6개의 모범 해법을 소개한다.

1 동료들에게 소개시켜라.

미국건설협회와 함께 진행한 연구에서,[124] 이것이 Z세대 신입사원이 팀의 일부가 됐다고 즉시 느끼게 하기 위해 팀장이 취할 수 있는 가장 중요한 조치임을 발견했다. 그다음으로 중요한 조치는 팀장이 휴대전화번호 같은 개인 연락처 정보를 제공하는 것이다.

2 신입사원을 맞이해서 기쁘고, 그들을 인간적으로 배려한다는 점을 보여주는 작은 제스처를 취하라.

신입사원의 개인 관심사와 관련 있는 작은 환영 선물(좋아하는 과자나 스포츠 팀 기념품)은 신입사원을 사무적 관계를 떠나 인간적으로 신경 쓴다는 메시지를 전달한다. 이는 신입사원의 말에 귀를 기울이고 있으며, 신입사원을 환영하고자 행동을 취했다는 점을 보여주는 것으로, 작은 투자로 큰 효과를 거둘 수 있다. 신입사원의 책상을 장식하거나, 소셜미디어를 통해 신입사원의 합류에 대한 소감을 밝히는 방법도 생각해볼 수 있다.

3 기업이 추구해야 할 북극성(사명이나 목적) **역할을 하는 가치와 문화를 설명하고, 신입사원이 처리하는 일이 어떻게 더 큰 사명에 기여하는지 설명하라.**

Z세대는 신입사원 위치에 있을지라도 본인이 기업 전체의 비전에 어떻게 기여하는지 알고 싶어 한다. Z세대는 기업 강령을 읽고 기업이 중시하는 가치가 뭔지 듣기보다는, 기업이 중시하는 가치와 기업 문화가 어떻게 구현되는지 볼 때 감명을 받는다. 본인이 하는 일이 어떻게 세상에 기여하는지 본 경험, 기업 문화가 본인 삶에 도움이 되는 정도를 기존 직원들이 증언하게 하라. 또는 고객들이 기업, 제품, 서비스가 얼마나 자신에게 도움이 됐는지 설명하는 영상을 찍게 하라.

4 짧은 영상 기반 훈련, 대면 강화학습을 함께 제공하라.

Z세대는 유튜브 덕분에 1년 365일 24시간 영상을 보고 배우고 훈련하며 성장했다. 직장에 출근한 Z세대 직원에게 훈련 내용이 담긴 서류 바인더를 주는 것이 얼마나 어색할지 상상해보았는가? Z세대는 대학 시절 내내 손으로 글씨를 쓴 과제물

을 제출한 적이 없는 세대인데, 1994년에 만든 서류 바인더로 학습하라고? 심지어 그들은 1994년에 태어나지도 않았다…….

다소 과장을 섞어 설명했지만, 아주 틀린 말도 아니다. 신입사원 훈련과 온보딩에 대한 기업의 헌신과 접근법에 따라, 신입사원은 서류 바인더로 공부하거나, '남이 하는 걸 그대로 따라 하라'는 학교 스타일 학습을 하거나, 스마트폰 기반 훈련을 하게 된다. 기억하라. Z세대는 슬라임 만들기부터 나눗셈까지 모든 것을 유튜브 영상을 보고 배우며 자란 세대다. 하지만 그들은 1대1 멘토십도 중시한다. 그들의 취향을 감안해 직무에 필요한 스킬을 교육하는 영상들을 제공해 스마트폰으로 원할 때마다 볼 수 있게 하라. 그리고 동료와 짝을 이루어 학습내용을 연습케 하라. 가장 좋은 방법은 짧은 영상을 보여주고, 다른 사람과 토론하거나 다른 사람 앞에서 시연하게 한 다음, 다시 영상을 보여주는 것이다. 이는 훈련의 일관성과 확장성을 보장하고, 즉각적 피드백을 받는 대면 테스트도 가능하게 한다.

5 입사 후 첫 1개월에서 3개월간 잘 적응하기 위해 알 필요가 있는 최소한의 지식부터 신입사원에게 가르쳐줘라.

이후에는 직무를 계속 수행해나가면서, 그리고 추가적인 훈련을 통해 더 배울 것이다. 따라서 지금 당장은 신입사원이 일을 시작하고, 동료 직원들의 일처리 속도를 늦추지 않게 하는 것이 우선적인 목표다. 처음에는 몇 달간 일하는 데 필요한 지식만 알면 된다. 몇 달간 일하면서 일의 맥락을 알게 된 다음에는 장기적 스킬과 식견을 얻기 쉬워지고, 그것이 유의미해진다. 신입사원에게는 우선 하루하루 일을 이어나가는 데 필요한 지식을 집중 교육하라.

6 온보딩 경험을 게임화하라.

이것을 할 수 있다면, Z세대 신입사원에게 효과가 클 것이다. 게임화의 예로는 학습이나 강의 내용 완수에 온라인 배지를 달아주거나, 직장 건물 중 어디에 무슨 사무실이 있고, 어디가 무슨 일을 하는 공간인지 알 수 있도록, 지정된 물건을 찾아서 가져오는 게임을 하는 것이다. (신입사원을 여러 명 뽑았으면 경쟁 형식, 1명만 뽑았으면 목표 완수 형식으로) 신입사원 교육을 게임화할 경우, 신입사원이 성취감을 얻을 수 있고 학습한 내용이 쉽게 기억에 남는다.

뉴저지주에 위치한 이글스 랜딩 데이 캠프의 소유주, 루스 앤 와이스[125]는 Z세대의 학습 취향에 맞게 카운슬러 오리엔테이션 프로그램을 완전히 바꾸었다고 말한다. 오리엔테이션을 1대1 경험 전수에 가깝게 하고자, 대그룹 단위로 진행하던 훈련 세션을 5명 이하의 소그룹 단위로 진행했다. 와이스는 〈코치 카터〉라는 영화의 한 장면같이 재미있는 영상 클립도 훈련 세션에 집어넣었다.

"이 장면은 팀원 1명이 부진할 때 나머지 팀원들이 힘을 합쳐 돕는 것이 얼마나 중요한지, 팀워크에 관해 말합니다. 카운슬러들이 늘 공감할 만한 내용이죠."

오리엔테이션은 강연자의 말을 한 번 듣고 끝나는 원타임 세션이라기보다는 지속적인 경험에 가깝게 변했다. 카운슬러들은 매주 시니어 스태프를 만나 질문을 하고 고민을 털어놓는다.

"우리가 카운슬러들의 모든 문제를 해결해줄 수는 없습니다. 캠프에 온 5살 꼬마가 액티비티 도중에 화장실에 자주 가서 고민이라는 카운슬러에게 무슨 해법을 제시할까요. 하지만 카운슬러들의 고민을 들어주는 것은 중요합니다. 우리가 문제를 해결해주지는 못해도, 누군가에게 마음 놓고 고민을 털어놓을 수 있다는 것이 고민 극복에 도움이 됩니다."

기억하라. 오리엔테이션과 온보딩은 신입사원이 기업 문화에 적응하고, 본인이 어떻게 일하도록 기대 받고 있는지 이해하는 과정이자, 직무에 필요한 스킬을 배우는 과정이다. 오리엔테이션과 온보딩을 더 개인적으로 진행하라. 신입사원이 동료들과 인간관계를 맺도록 도와라. 신입사원이 무슨 조직에 속해 있는지 알고, 본인이 동료 직원들의 도움을 받을 수 있음을 알게 하라. 그와 동시에, 당장 일을 시작하고 가치를 창출하기 위해 알아야 하는 핵심 지식을 학습하게 하라.

강력하고 반복 가능한 오리엔테이션과 온보딩 시스템을 만드는 데 약간의 시간을 투자하자. 이는 모든 업종의 기업이 착수할 수 있는, 가장 투자수익률이 높은 활동이다. 오리엔테이션과 온보딩은 신입사원의 성과를 개선하고, 인간관계와 신뢰를 구축할 뿐 아니라, 신입사원의 장기근속을 유도한다. 앞으로는 Z세대의 스킬이 더 귀중해질 것이다. 그리고 Z세대가 노동인구에서 차지하는 비중이 높아지고, 관리직으로 승진함에 따라, 이들이 오래 근무하도록 유도하는 것이 기업 입장에서 중요해질 것이다.

⊙ 멘토

"저는 은행에서 일해요. 그래서 돈을 많이 다루죠. 저는 돈을 가지고 장난치지 않아요. 평소에는 돈이 무섭죠. 저는 늘 멘토에게 연락하는 제 모습을 발견하게 돼요."

_ Z세대 직원

CGK와 미국건설협회가 전국의 청년 직원들을 조사한 바에 따르면,[126] 신입사원들에게 그들이 기업의 소중한 일부라는 느낌을 받을 수 있게 하는 가장 좋은 방법은 그들에게 멘토나 버디를 배정하는 것이다. 멘토는 오리엔테이션, 온보딩 프로그램처럼 구체적인 훈련이나 지식을 전달하지는 않더라도, 신입사원이 믿고 질문하고 정보를 얻을 수 있는 인간관계를 제공한다. 멘토는 보통 신입사원이 출근한 첫날에 소개받는다. 신입사원은 멘토와 함께 커피를 마시거나 점심 식사를 하거나 멘토의 사무실에서 15분간 킥오프 미팅kick-off meeting을 할 수도 있다.

신입사원이 보고 그대로 따라하도록 멘토가 시범을 보여주는 기업들도 있지만, 보통은 멘토가 문자 메시지, 전화 통화, 인스턴트 메시지를 통해, 또는 잠깐 와서 질문에 답하는 선에서 그친다. 멘토는 오리엔테이션이나 온보딩 과정을 끝냈지만 여전히 회사의 불문율이나 (주차장에서 어디에 주차해야 하는지를 포함한!)규범을 다 알지 못하는 신입사원에게 동지애와 안전망을 제공한다. 멘토는 회사의 변호인이자 문화 전도사로서 신입사원이 환대 받는다는 느낌을 받게 하고 회사에 잘 적응하게끔 유도한다.

신입사원에게 멘토는 얼마나 중요할까? CGK가 미국 전국의 청년 직원들을 조사한 바에 따르면, 첫 출근 전에 받는 모든 구체적 정보, 출근 첫날 지참하는 준비물, 회사 시설 안내나 환영 선물보다도 신입사원에게 중요한 것이 바로 출근 첫날 소개받는 멘토라고 한다! 그러니 신입사원과 모든 관계자에게 중요하고 혜택을 주는 선물인 멘토를 신입사원에게 선사하라.

⊙ 신속한 소통

"지난여름, 꽤 큰 회사에서 인턴을 했습니다. 팀장님들은 회사 건물 내에 있지 않고 다른 도시들에 있었는데, 가끔 우리에게 와서 상황을 체크하고는 '자네들에게 정말 감사하네. 자네들은 큰 도움이 되고 있어'라고 말씀하셨습니다. 그것이 우리에게는 정말로 귀중한 경험이었습니다."

_ **Z세대 대학생**

세대별로 소통 스타일이 다르다는 사실은 이미 설명했다. 기성세대가 전화를 하면 신세대는 문자로 답장을 보낸다. 기성세대가 이메일을 보내면 신세대는 구글 행아웃으로 답한다. 이런 소통 수단의 선호도 차이가 직장 내에서 충돌해, 경험 많은 관리자와 리더들도 소통상의 문제에 직면하고 좌절을 느끼거나 기회를 엿볼 수 있다.

식당, 동네, 집에서 만나는 Z세대들을 보면 알 수 있지만, 이들은 거의 항상 스마트폰을 사용하고 소셜미디어에 연결되어 있다. Z세대는 인스타그램 셀카에 좋아요를 누르거나 스냅챗 스트리크에 질문을 올리는 등, 짧은 피드백 루프로 소통한다. 그리고 이는 직장에서도 마찬가지다. Z세대는 오늘날 직장에서 다른 세대보다 높은 빈도의 소통을 원한다. 그들은 더 빠르고 잦은 소통을 원할 뿐 아니라 그것을 직장에 계속 남아 있기 위해 필요한 조건으로 중시한다!

그렇다면 얼마나 중시할까? 2018년 Z세대 현황 조사에서,[127] Z세대 응답자의 3분의 2가 최소한 몇 주에 1번은 팀장에게 피드백을 받아야 직장에 계속 남을 것이라고 답했다. 반면 몇 주에 1번은 팀장에게 피드백을 받아야 직장에 계속 남을 것이라고 답한 밀레니얼 세대는 절반도 안 됐다. 데이터를 더 깊이 살펴보자면, Z세대 5명 중 1명은 매일 또는 하루에도 여러 차례(!) 피드백을 받아야 직장에 계속 남겠다고 답했다. 이는 Z세대 직원들을 관리하는 직책을 맡을 가능성이 가장 높은 밀레니얼 세대에게 골칫거리가 될 수 있다. 이미 기업에 취직한 Z세대 직원들은 밀레니얼 세대보다 더 빈번한 소통을 원하고 있다. 밀레니얼 세대가 빈번한 피드백을 요구한다는 말을 이전 세대들에게 들은 것도 그리 오래전 일이 아닌데 말이다. Z세대의 피드백 요구는 차원이 다르다. 그들은 늘 신속한 피드백을 받으며 자랐기 때문이다.

Z세대 직원들이 주고받는 문자 내용은 업무에 관한 피드백일 수도 있고, 출근 뒤 하는 간단한 인사일 수도 있고, '수고했다'는 짧은 문자일 수도 있고, 직장에 관한 사소한 잡담일 수도 있다. 이처럼 잦은 소통과 피드백을 바라는 Z세대의 성향에는 두 가지 긍정적인 면이 숨어 있다.

첫째, Z세대 직원의 재능을 빨리 개발하기 위한 피드백, 인풋, 훈련, 신속한 교정을 제공할 기회의 증가다. Z세대 직원들은 직장에서 필요한 스킬, 사고방식, 태도를 갖추도록 도움 받을 기회가 급증함에 따라, 최고의 업무 성과를 내서 팀장과 팀원들에게 도움이 되고, 본인의 경력도 쌓을 수 있다.

Z세대 직원들을 대상으로 한 질적 연구를 통해 알게 된 것은, 그들이 더 높은 빈도의 피드백을 바란다고 해서 더 많은 양의 피드백을 바란다는 뜻은 아니라는 사실이다. 그들은 자신이 어떻게 일할지, 어디를 개선할지, 어디에 초점을 맞춰 일할지 알고 싶어 하지만, 관리자, 동료들과 상호작용하는 데 들이는 시간은 극히 짧다. IT기기를 사용한 소통에 들이는 시간은 1분 미만이다. 즉, Z세대 직원들은 기업에 더 큰 가치를 전달하는 방법을 파악하기 위해 꾸준한 상호작용과 소통을 바란다.

Z세대는 잦은 소통 욕구를 가지고 있지만 소통에 들이는 시간은 많지 않다. 이는 빨리 업무에 적응해 관리자의 근심을 덜고, 관리자의 시간을 크게 절약하는 결과로 이어질 수 있다. 특히 관리자가 Z세대 직원을 여러 명 관리해야 하는 경우, 매주 2분간 대화하는 것이 매달 1시간 회의하는 것보다 관리자와 직원들의 시간을 절약하는 효과가 커 유익할 수 있다.

Z세대 직원에게 1주일에 최소 1회, 신속한 상호작용 피드백을 제공하라. 그 피드백은 1분간의 대화나 짧은 문자 메시지일 수도, "프레젠테이션을 잘 들었다"는 언급일 수도 있다. 이러한 피드백은 소통의 속도와 질을 높일 뿐 아니라 직원들의 근속기간을 늘리는 효과를 거둘 것이다. 그로 인해 Z세대 직원, 관리자, 고용주 모두가 큰 혜택을 보게 될 것이다.

⊙ 동기 유발 요소

우리는 연구를 통해, Z세대의 막대한 잠재력을 해방하기 위해 관리자와 리더들이 즉시 이용 가능한 여러 가지 동기부여방법을 알아냈다. Z세대가 식당의 말단 직원이든, 컨설팅사에서 커리어를 시작하는 위치에 있든, 기업이나 업계에서 경력을 쌓기 위해 시간제 근로자로 일하고 있든 마찬가지다.

Z세대 직원들에게 가장 강력하게 작용하는 동기 유발 요소로는 얼라인먼트alignment, 기업의 임팩트impact(세상에 미치는 긍정적인 영향), 지속적 경력개발ongoing progress, 이렇게 3가지를 꼽을 수 있다.

첫째, 얼라인먼트란 직원이 기업과 같은 방향을 바라보는 것, 직원이 열정을 느끼는 일을 하는 것이다. Z세대는 자신이 열정을 느끼는 직업이나 직장에 있을 때 가장 동기부여가 된다. 2017년 Z세대 현황 조사에서,[128] Z세대의 44퍼센트가 본인이 열정을 느끼는 분야에서 커리어를 쌓는 것이 가장 큰 성공 지표라고 답했다. 36퍼센트는 자신이 차이를 만들어내고 있다는 사실을 아는 것이 가장 큰 성공 지표라고 답했다.

모든 일자리가 직원의 개인적 열정을 불러일으키지는 않는다. 하지만 각자가 어떤 일자리에 열정을 느낄지는 가끔 쉽게 보인다. 제빵을 좋아하는 사람이라면 컵케이크 가게에서 일할 때, 아이들에게 조언하길 좋아하는 사람이라면 여름 캠프에서 일할 때 열정을 느낄 것이다.

그 밖의 경우에 얼라인먼트는 기업의 임팩트와 관련이 깊다. 이 주제는 이 책의 거의 모든 장에서 언급했다. Z세대는 세상에 변화를 일으키려는 목표를 가진 기업과 같은 곳을 바라보고 싶어 한다. 모든 기업은 자신들의 활동이 다른 사람들의 삶을 어떻게 돕는지 명확히 밝혀야 한다. 앞서 언급했듯, 그것은 Z세대 고객과 입사 지원자를 끌어들이는 데 있어 중요한 작업이다. Z세대 직원이 기업에 계속 남아서 더 큰 성과를 내도록 동기부여하기 위해서도 이런 작업이 필요하다.

가끔은 기업의 임팩트가 명확한 경우도 있다. 그런 예로는 개발도상국 사람들에게 식수를 공급하고자 성금을 모금하는 비영리단체 채리티워터Charity: Water, 신발을 살 돈이 없는 지역 주민들에게 신발을 기부하는 탐스슈즈가 있다. 그 밖의 경우에는 기업이 세상에 미치는 영향이 명확하지 않지만, 그래도 있긴 있다. 예를 들면, 소매업체 직원에게는 해당 업체가 일자리를 만들고, 가족들을 돕고, 지역공동체 개선에 이바지하고 있음을 보여줄 수 있다. 회계법인 직원에게는 그가 하는 일이 어떻게 지역 소상공인들이 번영하고 더 많은 사람을 고용할 수 있게끔 돕는지 설명할 수 있다. 자선단체 직원에게는 동료들이 한 일로 다른 사람들이 어떤 도움을 받았는지, 기업 직원에게는 해당 기업이 얼마나 지역공동체에 봉사했는지, 세상을 어떻게 더 나은 곳으로 만들었는지 설명하면 된다.

기업의 임팩트는 제품 개발과 공급사슬관리부터 배송 방법까지 기업 활동의 모든 과정과 연결되어 있다. 식당 주인이라면 생각해보라. 지속가능한 농법으로 재배된 농산물로 음식을 만들고 있는가? 어려운 사람들을 위해 음식을 제공하는가? 지역 공급업자를 지원하거나 수익의 일정 부분을 지역공동체에 기부하고 있는가? 제조업체 사장이라면 생각해보라. 공장 노동자들에게 동일 임금을 지급하고 안전한 작업 환경을 조성하고 있는가? 기업이 세상에 미치는 영향은 업종, 지역에 따라 매우 다를 수 있지만, 소비자들처럼 직원들도 기업이 세상에 미치는 영향을 (조금이라도) 신경 쓸 것이다. 기업 이익 외의 사회적 대의를 위한 헌신은 직원들에게 큰 동기부여 요소가 될 수 있나. 본인의 일상 업무가 세상에 긍정적 영향을 미친다고 생각하게 되기 때문이다.

그중 가장 효과가 있다고 생각하는 베스트 프랙티스는 Z세대 직원의 행동, 또는 특정 직무가 기업의 다른 모든 직무와 미션에 어떻게 영향을 미치는지 지도처럼 정리해서 보여주는 것이다. 말단 직원이나 이제 막 경력을 쌓기 시작한 직원들은 본인이 어떻게 사람들과 공동체에 영향을 미치고 가치를 창출하는 더 큰 그림의 일부인지 보지 못하는 경우가 많다. 가장 어린 말단 직원들조차도 고객, 문화, 프로세스, 경험에 영향을 미친다. 이런 사실을 그들에게 보여주면 그들은 큰 힘을 받고, 동기가 부여되며, 행동과 결과에 대한 책임감을 느끼게 된다.

⊙ 돈은 적절한 상황에서 동기를 유발한다

"제가 회사를 떠난 주요 이유 중 하나는 저의 노력이 전혀 인정을 받지 못했다는 점입니다. 저는 직무 수행에 많은 노력을 쏟고 암벽등반, 파티 호스트, 서비스 엑스포 등 여러 부서에서 일했고, 회사에서 필요하다고 부르면 늘 달려갔습니다. 하지만 제 임금은 오르지 않았죠."

_ Z세대 여성

보너스, 인센티브, 기프트 카드와 같은 재무적 보상 등 돈을 통해 동기를 부여하고 직원들의 노력을 이끌어내는 고전적인 접근법은 효과적이지만, Z세대 직원의 동기를 부여하는 유일한 접근법은 아니다. 금전적 인센티브는 직원들이 다 예상하는 바다. 그 외의 보상이 추가되지 않으면 (특히 금전적 인센티브가 구체적이고 측정 가능한 결과와 연계되지 않은 경우에는) 직원들이 최선을 다하지 않을지도 모른다. 목표를 달성할 수 없다고 느끼거나 더 나은 성과를 내는 직원이 모든 인센티브를 받을 것이라는 생각이 들면, 금전적 인센티브의 동기부여 효과가 떨어진다. 이러한 문제들은 모든 세대에게 해당되지만, Z세대가 비금전적 보상에도 동기부여가 될 수 있다는 사실을 알면 인센티브의 효과를 더 크고 지속적이게 만들 수 있다.

사실, Z세대 입장에서는 단지 돈을 위해 일한다고 생각하는 것보다 본인이 좋아하는 일을 하고 있다고 느끼는 편이 훨씬 강력한 동기부여가 된다. 얼마나 강력할까? 2017년 Z세대 현황 조사에서,[129] Z세대의 63퍼센트가 '좋아하는 일을 하는 것'이 직장 선택 시 가장 중요한 고려 사항이라고 답했고, 16퍼센트만이 '돈을 벌기 위해 일한다'고 답했다. 물론, Z세대의 노동관(열정적인 꿈을 꾸며 세상에 영향을 미치기 위해 일할지, 돈을 벌기 위해 일할지)은 세월이 흘러 더 개인적이고 재무적인 문제에 직면함에 따라 바뀔 것이다. 하지만 지금 당장은 Z세대가 직업의 비재무적 측면에 영감을 받는 듯 보인다. 이러한 점을 염두에 두고, 경험이나 임팩트와 관련 있는 비금전적 보상과 인센티브를 제공하는 방안을 고려하라. 이를테면, 무료 콘서트 티켓 증정, 헬리콥터 탑승 기회, 어느 자선단체가 추가로 기부금을 받을지 결정하는 제비뽑기 등을 고려해볼 수 있다. 이는 아마존 기프트 카드 지급보다 더 노력을 기울여야 하지만, 장기적으로 보면 고용주가 Z세대 직원들에게 원하는 관계와 감정적 반응을 이끌어내는 듯 보인다.

하지만 최저시급을 받는 말단 직원들의 경우에는 잦은 임금 인상이 장기근속을 유도하는 효과가 있다. 2018년 Z세대 현황 조사에서,[130] Z세대의 69퍼센트가 첫 출근 후 9개월 이내에 임금이 인상되길 기대한다고 답했다. 흥미롭게도 Z세대 남성의 절반, 여성의 40퍼센트가 6개월 이내 임금 인상을 기대한다고 답했다.

이제 Z세대의 3번째 동기 유발 요소인 '지속적 경력개발'을 설명할 차례다. Z세대는 본인이 직장에서 한 단계씩 앞으로 나아가고 있다고 느끼고 싶어 한다. Z세대 직원에게 언제 승진을 할 수 있을지, 그리고 (설령 이것이 임금이 조금 인상되거나 새로운 직무를 맡게 되는 승진일지라도)승진하려면 어떤 성과를 달성해야 하는지 알려라. 승진에 필요한 조건을 최대한 쉽게 접근 가능한 장소에 명시해놓는 것도 효과적이다. Z세대는 지속적인 피드백을 원한다는 사실을 항상 염두에 두어야 한다. 직무 수행 방법을 고치거나 개선할 필요가 있어 보이는 직원에게 직무 수행에 대한 평가를 계속 게시하라. 가끔은 직원의 직무수행능력 향상에 대한 언급을 중단하는 것만으로도, 직원에게 현재 자신이 기울이는 노력이 헛수고가 아니고 본인의 미래를 위해 투자하려면 현재 업무 처리 방식을 개선해야겠다는 경각심을 줄 수 있다. 적절한 피드백이 없으면 본인이 속한 직종에서 어느 정도로 인정받을 만한 경력을 쌓아가고 있는지 알 수 없다. 이런 이유만으로 유능한 Z세대 직원이 회사를 관둘 수 있다.

⊙ 훈련과 재능 개발

여기까지 읽은 독자라면 Z세대가 학습하려는 의지가 강하다는 사실을 알 것이다. 기억하라. Z세대의 주요 직장 선택 기준 중 하나는 재능 개발 기회와 직무간 훈련on-the-job training에 대한 약속이다. 이것은 Z세대 직원이 직장에 계속 남는 이유이기도 하다. 따라서 오리엔테이션과 온보딩에 그치지 말고, 해마다 직원들에게 전략적으로 재능을 개발할 수 있는 기회를 제공하라. 이는 직원의 가치를 높일 뿐 아니라 직원이 고용주에게 기여하는 가치도 늘린다.

이상적인 해법은 직원들의 학습을 계속 지원하는 프로그램을 운영하는 것이다. '딜로이트 대학교'를 설립한 딜로이트 회계법인처럼 대규모 학습 시설을 만들든지, 직원들이 1대1로 배울 수 있는 멘토십 프로그램을 운영하든지 말이다. 아직 그런 프로그램을 운영하지 않는 기업이라면 Z세대 직원을 받아들이기 위해 투자할 때 함께 시작할 좋은 기회다. 직원 재능 개발 프로그램은 고급 시설에서 거창하게 진행할 필요가 없다. 직원들이 직장에서 경력을 쌓는 단계에서 필요한 훈련과 자원을 제공해주기만 하면 된다. 3개월마다 1번 고위 임원과 점심 식사를 하면서 비즈니스 문제와 잠재적 해법을 논의할 기회든, 인터넷으로 TED 강연 영상을 시청하고 얻은 통찰을 어떻게 본인의 직무 수행에 활용할 수 있을지 탐구하는 것이든 말이다.

Z세대와 이메일

CGK에서 인턴으로 일하는 크리스티안(20세)은 우리에게 이메일 작성법에 관해 아래와 같이 물었다.

- '헤이'라는 말로 이메일을 시작할 수 있나요?
- 소셜미디어에서처럼 이모티콘을 써도 되나요?
- '하하하'라는 의성어를 써도 되나요?

하루 종일 사무실에서 이메일을 쓰며 근무하는 사람들은 이런 질문을 충격적이라고 느낄 것이다. 어떻게 이메일 쓰는 법을 모를 수가 있지?! 하지만 Z세대는 어릴 적부터 이메일을 주요 소통 수단으로 삼지 않은 세대임을 기억하라. Z세대는 이메일 대신 문자 메시지로 주로 소통한다. 이메일이 주요 소통 채널인 업종에 있는 기업은 Z세대 직원을 다수 채용할 경우, 이메일 에티켓 교육을 포함한 직원 훈련 프로그램을 운용하는 편이 좋을 것이다.

흥미롭게도, Z세대 직원이 성과 증진을 위해 배우고 개발하고 싶은 능력이 무엇인지는 이전 세대들이 잘 모를 수 있다. 직장에서 성공하기 위해 가장 중요한 스킬이 뭐라고 생각하는지 묻자, Z세대가 가장 많이 내놓은 답변은 다음과 같다.

소통 (57%)

문제해결 (49%)

학습 (32%)

※전체 퍼센티지가 100을 넘는 것은 Z세대 참여자들이 답변을 2개씩 선택했기 때문이다.

하지만 우리가 동일한 Z세대 집단에게 다른 질문을 던지자, 답변 결과가 약간 달라졌다. '본인이 어떤 스킬에 능통하면 직장이나 학교에서 성공을 거두기 유리하리라 생각합니까?'라고 물었을 때 가장 많이 나온 답변은 다음과 같다.

연설 (50%)
소통 (45%)
문제해결 (29%)

희소식은, Z세대 직원들이 개발하고 싶어 하는 스킬과 고용주가 Z세대 직원에게서 가장 바라는 스킬의 일치도가 높다는 사실이다. 고용주들은 직원들이 문제해결과 소통 능력을 더 기르길 바란다고 끊임없이 말한다.

Z세대는 본인이 직장에서 성공하려면 도움이 필요하다는 사실을 알고 있고, 진정으로 이런 도움을 원한다. 그들은 또한, 본인이 배워야 할 스킬이 무엇인지도 잘 알고 있다. 앞의 두 질문에서 그들이 우선시한 기술은 소통과 문제해결이라고 요약할 수 있다. 둘 다 온보딩, 훈련, 재능 개발 프로그램을 통해 얻을 수 있는 기술이다.

소통 스킬은 전문직, 실무직을 따지지 않고 대다수 신입사원 훈련 프로그램에서 핵심 내용인 반면, 문제해결 스킬은 자주 간과된다. 아이러니하게도 우리가 질적 연구 과정에서 고용주들에게 비슷한 질문을 던지면, 고용주들은 Z세대에게 가장 부족한 스킬로 거의 항상 문제해결 스킬을 꼽고, 그다음으로 부족한 스킬로 대내적·대외적 소통 스킬을 꼽는다. 이 두

난제는 인재개발을 통해 (Z세대 직원의 재능을 개발하고, 직장에서 직면하는 난제를 해결함으로써) 해결할 수 있다. 이는 (고객을 포함한!) 모든 관계자들에게 혜택을 준다.

사람들이 직장에서 성공하기 위해 필요한 스킬

소통	57%
문제해결	49%
학습	32%
독해	13%
연설	11%
재무관리	10%
가르치기	10%

내가 직장에서 성공하기 위해 개선할 필요가 있는 스킬

연설	50%
소통	45%
문제해결	29%
재무관리	26%
작문	26%
가르치기	25%
듣기	23%

이 대목을 더 생생하게 설명하기 위해 텍사스주 오스틴에 위치한 유명 패스트푸드 체인의 채용관리자, 셰릴과 나눈 대화를 소개한다. 우리는 Z세대가 노동인구에서 차지하는 비율이 높아짐에 따라 Z세대의 기여와 Z세대가 제기하는 난제가 있으리라 생각했다. 9년간 두 유명 지역 체인에서 채용관리자로 일한 셰릴은 Z세대를 상대하면서 겪은 경험과 발견한 트렌드를 설명했다. 셰릴은 Z세대가 정보통신기술을 영리하게 활용하고, 학습 속도가 빠르고, 붙임성이 좋은 경향이 있다고 말했다. 게다가 Z세대는 성과가 측정되고, 끊임없는 피드백을 받는 경쟁적 환경에서도 잘해나가는 경우가 많다. 하지만 그들은 직무 구조를 너무 곧이곧대로 따라가는 탓

에 새로운 과제를 예상하거나 문제를 해결하는 능력이 제한된다. 상사에게 구체적 지시를 받지 않으면 직무 외의 일을 하지 않는 경우가 많다. 또, 셰릴은 Z세대 직원들이 대체로 회복력이 약하다고 말했다. Z세대는 자신이 빨리 상황을 파악하거나, 개념을 파악하거나, 기대를 충족하지 못할 경우에는 이전 세대들보다 빨리 좌절하고 포기하는 경향이 있다.

Z세대와 문제해결 | 직장에서 고객 서비스 분쟁 대처하기

최근 퀵서비스 식당 매니저가 된 브리트니(19세)는 유통기한이 지난 간장 소스를 배달받고 화가 난 고객이 항의 전화를 걸었을 때, 본인이 보인 반응을 소개했다. 고객이 화풀이를 하자, 브리트니는 짜증이 나서 전화를 끊어버렸다! 브리트니는 왜 그랬을까? 이유를 분석 하면 다음과 같았다.

- 무슨 말을 해야 할지 몰랐다.
- 본인에게 어떤 대응 옵션이 있었는지 몰랐다(고객 서비스 훈련을 받지 않았다).
- 적절하게 사과하는 방법을 몰랐다.
- 문자 메시지를 통해 또래 집단의 불평을 처리하면서 자란지라, 전화로 불평을 듣는 것이 익숙하지 않았다.

직원들이 직장에서 마주치는 흔한 문제들을 롤플레이해보라. 이전 세대 직원들은 해법을 직관적으로 쉽게 발견할 수도 있다. 하지만 Z세대 구성원 다수는 아직 적절한 대응에 필요한 현실 경험이나 직무 경험이 없다는 사실을 염두에 둬야 한다.

지금까지 언급한 내용을 종합하면, 적절한 훈련과 재능 개발 프로그램이 Z세대 직원들의 부족한 소통 스킬과 문제해결 스킬을 향상시킬 해법이

될 것이다. 하나의 명확한 정답이 없는 상태에서 여러 옵션을 저울질해 최선의 옵션을 선택하거나, 자신들에게 적합한 해법을 만들도록 Z세대 직원들을 훈련시키는 편이 낫다. 이러한 접근법은 Z세대 직원들에게 문제해결 방법을 가르칠 뿐 아니라 제약과 장벽을 발견하는 방법을 가르치고, 직원들이 더 많은 문제를 해결할 수 있음을(또는 관리자들에게 문제를 보고하기보다는 잠재적 해법을 건의할 수 있음을) 인식하게 한다. 이러한 접근법은 Z세대 직원들의 잠재력을 더 빨리 이끌어내고, 그들을 더 가치 있고 민첩한 팀원으로 만들어준다.

많은 Z세대가 소통 스킬, 문제해결 스킬뿐 아니라 근로 경험도 부족하다. 이는 아직 어린 나이와 이전 세대의 동일 연령대 취업률에 비해 낮은 취업률에 기인한다. 이는 Z세대 신입사원 교육과 재능 개발 과정에서 회사에서 근무하기 위해 필요한 기초적인 내용을 가르쳐야 한다는 뜻이다. 회사에서 선호하는 소통 수단(심지어 이메일) 사용법, 임금명세내역을 요청하거나 확인하는 방법, 직무 수행 시 가장 자주 필요한 기술을 쓰는 방법 등이 이에 포함된다. 이러한 스킬 훈련은 대부분 하루 만에 끝날 수 있고, 첫 출근 후 한 달 사이에 강화된다. 신입사원들에게 훈련을 제공하면 그들은 더 빨리 학습할 수 있게 된다. 이를 통해 고용주도 막대한 시간을 절약하게 되고, 또 향후 그들에게 책임을 물을 수도 있다. 훈련 받지 않은 직원에게 책임을 물을 순 없는 노릇이다.

문제해결 기술과 소통 기술은 분기 훈련이나 다른 학습 세션을 통해 배울 수 있다. 대기업에서는 현재 기술 수준을 평가하는 것이 온보딩과 재능 개발 훈련을 관리할 뿐 아니라 기업 규모를 키우기 위해서라도 꼭 필요하

나. 중소기업의 경우, 새로운 기술을 한 부서에 가르치는 1시간짜리 월간 모임이 비용과 시간을 절감할 수 있는 효과적인 접근법이다. 이 모임에서는 TED 강연을 시청하고 핵심 메시지를 토론하거나, 개인 또는 그룹 단위로 연습을 할 수 있다. 산업 협회는 종종 동종 기업들을 위한 온라인 훈련 강좌를 제공하고, 직원 학습 플랫폼 기업 스쿡스Schoox를 비롯한 전문기업들도 온라인 강좌를 제공한다.

접근법이라는 측면에서 오리엔테이션과 온보딩에 추천하는 접근법을 지속적 직원 훈련에도 활용하는 것을 추천한다. Z세대는 대면수업과 스스로 찾아볼 수 있는 유튜브 스타일 영상의 조합으로, 구조화된 재능·경력 개발 과정의 입문 교육이 진행되길 기대한다. 그들은 새로운 스킬을 강사가 직접 가르쳐주길 바라기도 하고, 새로운 스킬이 본인의 근로환경과 기업문화에 맞는다면 그것을 빠르게 파악하기 위한 강의 영상이 제공되길 바라기도 한다. 그렇기에 이 두 가지를 적절히 제공할 필요가 있다. 예를 들어, 금융 서비스 판매 기술을 배워야 하는 직원은 영상 기반 훈련 다음에 롤플레이와 실습을 한다. 한편, 카페, 호텔, 스포츠 경기장에서 일하는, 흔히 비사무직이라 불리는 직원은 언제라도 손님을 맞을 준비를 해야 하고 움직여야 하기에 PC나 노트북으로 강의 영상을 시청할 시간이나 여력이 부족하다. 이런 직원에게는 현장에 강사가 찾아가 가르쳐주거나, 업무 시간 도중 남는 시간이 있을 때 시청할 수 있는 영상 링크를 알려주는 것이 효과적이다.

하지만 만일 가능하다면 (교실이나 본인 책상에 있을 때나, 스마트폰으로) 화면에 나오는 영상을 시청하는 것도 궁금했던 점의 해소와 직무 간 지속적 학습에 좋다. 사실, 우리가 조사한 바에 따르면, 미국 Z세대의 85퍼센트가[131] 뭔가를 배우기 위해 매주 최소 1번은 온라인 영상을 시청한다고 답했다. 와우, 1주일에 1번이라니!

영상 학습과 직무의 통합이라는 측면에서 보면, 최고의 교육 영상은 강의 주제를 도입부에서 미리 말하고, 스킬을 쓰는 단계를 명확히 보여주고, 영상 말미에 요점을 정리해서 교육 내용을 상기시키는 영상이다. 이러한 영상은 보기에 지루하지 않고 재밌고 짧아야 한다. 그리고 강의 영상의 핵심 내용은 화면에 문자로 표시되어야 직원들이 기억하고 학습하기 쉽다. 특히 강의 내용을 듣기 어려운 시끄러운 근로 환경이나 상황에 있는 직원들에게는 이러한 요소가 큰 도움이 된다. 화상훈련 도중 직원이 궁금한 점을 질문하고 강사가 답해주는 것도 중요하다.

비드리치VidREACH는 영상, 이메일, 모바일 기기를 통한 개인화, 자동화를 기반으로 하는 판매, 고객, 직원 인게이지먼트 플랫폼이다. 비드리치의 CEO, 션 고든[132]은 20에서 30초짜리 학습 영상들을 모아놓은 영상 라이브러리를 제공해, Z세대를 포함한 대리점 직원들을 성공적으로 훈련시킨 경험을 우리에게 들려줬다. 훈련생들은 원하는 모바일 기기에서 본인 페이스대로 학습 영상을 시청할 수 있다. 비드리치가 최근에 맡은 Z세대 신입사원 교육의 경우, 전통적 훈련법으로는 3주에서 6개월이 걸리는 수준의 판매 스킬을 화상훈련 1주일 만에 익힌 바 있다.

비드리치는 자사의 직원들이 판매 스킬을 시연하는 짧은 영상들을 제작해 라이브러리를 구성했다. 훈련생들은 영상 라이브러리에 들어가서 여러 가지 주제와 문제들에 관한 짧은 영상들을 시청하고, 다양한 인물과 성공적 판매 전략을 보게 된다. 이때 훈련생들은 자신에게 가장 맞는다고 느껴지는 영상을 볼 수 있다. 션 고든은 자사의 영상 훈련 접근법이 여러 가지 측면에서(훈련과 학습 시간을 절약하는 것부터 신입 판매직원들의 의욕을 높이고, 자신들의 목소리를 내고 더 큰 조직에 가려는 판매직원들의 커뮤니티를 만드는 것까지) 모든 관계자들에게 유익하다고 말한다. 션 고든은 이에 대해 이렇게 설명한다.

"20초에서 30초짜리 영상들을 제공하는 우리의 훈련 방식은 온보딩과 훈련 시간을 거의 70퍼센트까지 절감할 뿐 아니라, 훈련생들에게 큰 서류 바인더를 나눠주고 2주 뒤에 시험을 보는 예전 훈련 방식보다 훨씬 더 효과적입니다.

대리점에 들어간 신입사원들은 기존 직원들의 행동을 모방하기 시작하는데, 기존 직원과 본인의 성격이 달라 과연 본인이 따라 할 수 있을지 의심하는 일이 많습니다. '나는 저 사람처럼 될 수 없어. 만약 나 보고 저렇게 하라고 한다면, 나는 여기 맞는 직원이 아닐지도 몰라.' 이렇게 생각하는 신입사원은 관둡니다. 반면, 다양한 유형의 판매직원들이 찍은 영상들을 모아놓은 라이브러리를 제공하면, 훈련생들이 30초짜리 영상들을 보고 자신이 따라 할 수 있는 접근법과 인물을 빠르게 발견할 수 있습니다."

비드리치의 훈련 프로그램은 신입사원들이 새 판매기법을 학습하는 과정에서 영상을 찍게 한다. 그런 다음 이 영상을 트레이너, 관리자, 멘토에게 보내고, 그들이 개선점을 조언한다. 이처럼 즉각적 피드백 루프가 일어나는 것이다.

대리점 판매직원을 채용하지 않는 경영자라도 영상 활용 방안을 고민해볼 필요가 있다. 영상을 찍어놓으면 신입사원이 들어올 때마다 같은 영상을 공유해 시간과 돈을 절약할 수 있다. 또한 직원들은 본인이 원하는 장소에서 원하는 기기로 반복 학습할 수 있게 된다. 영상 학습은 더 많은 직원을 책임질 수 있는 직원으로 성장시킬 뿐 아니라, 조직의 집단 경험, 지혜, 베스트 프랙티스를 공유하는 방법이다.

⊙ 직원들의 전문성 개발을 위한 훈련

적지 않은 기업들이 직원 훈련, 재능 개발, 전문성 개발에 상당한 투자를 하고 있다. 딜로이트 회계법인은 텍사스 주 웨스트레이크에 위치한 딜로이트 대학교에 3억 달러를 투자했다.[133] 딜로이트 대학교는 리더십, 전문 스킬, 업종 스킬, 기술적 스킬을 개발하는 직원들에게 몰입교육 경험을 제공하기 위해 만든 교육시설이다. 딜로이트 대학교는 실제 대학교 스타일의 캠퍼스에 기숙사, 피트니스 시설, 30개의 교실이 있다. 딜로이트 대학교에서 교육받는 직원들은 헬스를 하고, 자전거를 타고, 무료 스타벅스 음료를 마시고, 실외장소에서 모닥불과 음악 엔터테인먼트를 즐긴다.

2019년 〈포브스〉가 대졸자들이 가장 일하고 싶은 기업 중 하나로 선정한[134] 어도비는 지속적인 직원 전문성 개발 기회 제공으로 Z세대 대학생들 사이에서 선망 받는 기업이다. 도나 모리스는 〈포브스〉 인터뷰에서 이렇게 말했다,

"우리는 자신보다 큰 무언가의 일부가 될 기회, 그런 경험, 그러기 위한 학습을 직원들에게 제공합니다."

도나 모리스는 어도비의 고객·직원 경험 부문 부사장이다. 이 직책은 훌륭한 직원 경험이 훌륭한 고객 경험으로 이어진다는 어도비 경영진의 신념을 보여주는 예다. 대졸신입사원 채용에 관해 도나 모리스가 설명했다.

"우리에게 있어 중요한 일은 본인의 성장을 도모하고 경력을 개발할 경로가 우리 회사에 있다는 사실을 알게 하는 것입니다."

어도비는 신입사원들이 성공적으로 경력을 쌓도록 돕고자 어도비 대학교 재능 팀이 설계한 '액셀러레이트 어도비 라이프Accelerate Adobe Life'라는 2년짜리 직원 훈련 프로그램을 운영한다. 어도비는 이 훈련 프로그램을 통해 직원들에게 CEO 질의응답 기회, 라이브 가상 토론, 온디맨드 리더십 개발 강좌, 연간 1만 달러의 교육비 변제 혜택을 제공한다.

앞서 말했듯, 예산이 부족한 기업이 막대한 비용을 투자해 대규모 훈련 프로그램을 운영할 필요는 없다. 하지만 Z세대 직원들에게 평생학습 기회를 제공하는 방안을 생각해보라. 그것은 수십 년간의 근무 경험을 가진 중년 직원들을 포함한 모든 직원에게 혜택을 줄 것이다. Z세대는 본인의 경력 개발에 투자해주는 기업을 아주 높이 평가한다. 이는 Z세대 직원에게 동기를 부여하고, Z세대 직원의 이직을 막기 위한 열쇠가 된다. 예산이 덜 드는 직원 훈련 프로그램의 예로는 온라인 강좌 수강료 변제, 부서간 멘토링 프로그램, 직원들의 경력·직무·목표와 관련 있는 자격증 취득 지원을 들 수 있다.

⊙ 근속

"저는 첫 직장에 들어간 지 한 달도 안돼 나왔어요. 회사 사람들이 저를 개인으로 존중해주지 않고 제가 가진 잠재력을 인정해주지 않았기 때문이죠. 게다가 회사 동료들도 마음에 들지 않았어요. 그들은 팀이 아니었어요. 그저 자신만을 위해 일했죠."

_ Z세대 직원, 숀

"만약 새 일자리를 구한다면, 근무시간을 유연하게 선택할 수 있는지를 먼저 볼 겁니다. 제가 직장에서 성장할 수 있는지도 보고요. 이것이 제가 이전 직장을 관둔 이유이기도 하죠. 이전 직장에서는 제가 2년 근무해도 월급이 오를 것 같지 않았어요. 저는 사람들을 훈련시켰고 작은 워크숍을 이끌었지만, 아무런 보상을 받지 못했습니다. 제가 성장할 수 있고 유연성이 있는 곳에서 일하고 싶어요."

_ Z세대 직원

Z세대 직원들의 이직을 연구하는 과정에서 발견한 것은, 정기적이고 지속적인 소통이 그들의 직장 경험에 큰 영향을 미치며 이것이야말로 그들의 이직을 막는 열쇠라는 사실이다. 그들은 자신이 직장에서 진전하고 있고, 새로운 스킬을 배우고 있고, 본인이 점점 더 조직에 기여하고 모멘텀을 만들면서 '작은 승리'를 계속 거두고 있음을 확인하고 싶어 한다. Z세대 직원들은 직장에 들어간 다음에는 임금 인상을 기대만큼 자주 경험하지 못하리란 점을 알고 있다. 그렇기에 이것이 특히 더 중요한 대목이다.

앞서 언급했듯, Z세대는 첫 출근 후 9개월 이내에 임금이 인상되길 기대한다(현재 밀레니얼 세대는 새 직장에 출근하고 12개월 이내에 임금이 인상되길 기대한다). Z세대의 근로 경험이 몇 년 더 쌓이고 전일제 근로자로 취업하는 경우가 증가함에 따라, Z세대의 임금 인상 기대가 조금 낮아질 듯 보이지만, 현재로서는 임금 인상 기대가 강하다. 본인의 임금이 당연히 인상되어야 한다고 생각하고 기다리는 Z세대 직원들에게 그들의 근무 성과가 어떤지, 그들이 일을 잘하고 있는지, 또는 그들이 어떻게 해야 조직의 비전에 맞게 일할 수 있는지 알려줘라.

잦은 소통, 임금 인상 외에 Z세대 직원들의 이직을 방지하는 행동적 동인은 그들이 새로 배운 스킬을 인정해주고, 그들이 거둔 작은 승리를 1대1로 만나서 축하해주고, 그들의 팀원들 앞에서도 축하해주는 것이다. 작은 승리의 예로는 직원 개인의 서비스·품질·판매 목표 또는 주문을 받아 고객에게 (정확히!) 전달하기까지 걸리는 시간을 매장 역사상 최단시간으로 단축하자는 팀 목표의 달성 등이 있다.

Z세대 직원들은 본인의 성과를 온라인, 디지털 플랫폼을 통해 인정받기보다는 상사를 만났을 때 인정해주는 말을 듣길 원한다. 그들은 팀원들 앞에서 칭찬을 듣는 것보다도 상사와 1대1로 만났을 때 칭찬을 듣는 쪽을 선호한다. 하지만 팀장이 팀원들 앞에서 성과를 인정해줄 때 직원이 느끼는 효과는 모든 회사 직원들 앞에서 인정받을 때 느끼는 효과와 비슷하다. 후자가 훨씬 더 어렵고 드문데도 말이다. 따라서 Z세대 직원의 성과를 인정해줄 때는 1대1로 만나서, 또는 팀원들 앞에서 인정해주는 게 가장 효율적이다.

Z세대 직원들의 근속을 이끌어내는 또 다른 방법은 Z세대의 행복에 대

한 관점에 있다. 여기서도 같은 경향이 발견된다. 2018년 Z세대 현황 조사에서,[135] Z세대의 55퍼센트가 1주일에 최소 1회는 상사에게 긍정적인 격려나 강화를 받아야 직장에 만족을 느낀다고 답했다. 30퍼센트는 긍정적인 격려를 매일 받아야 직장에 만족을 느낀다고 답했다! 이는 Z세대가 밟고 있는 인생단계의 특징 때문일 수도 있지만, 상사에게 신속한 피드백을 받고, 본인이 일을 잘하고 있다는, 또는 못하고 있다는 사실을 확인받는 것은 Z세대 직원들의 직장 만족도에 큰 영향을 미친다.

Z세대 직원의 근속에 영향을 미치는 또 다른 요소는 유연한 근무 스케줄이다. 이 부분은 앞에서 근무 특전으로 언급한 바 있다. 직원이 마음대로 근무 스케줄을 조정할 수 있다는 점은 어느 특전 못지않게 직원의 근속을 유도하는 요소다.

물론, 일부 기업의 경우 직무와 업종의 특성, 직무 수행에 필요한 조건 때문에 근무 스케줄 조정이 어려울 수 있지만, 가능하면 허용하는 것이 좋다. 근무 스케줄의 유연한 조정을 직원에게 허용하는 것이 Z세대 직원의 근속을 크게 증진시키기 때문이다. 근무유연성의 예로는 연차를 한꺼번에 몰아서 유급휴가나 무급휴가를 길게 보내게 하거나, 경조사 휴가를 즉시 부여하거나, 1년 동안 직장에서 떠나 있을 수 있게 하는 것이 있다. 유급휴가를 받을 가능성이 없는 시간제 근로자에게 근무유연성은 이직과 관련해서 확실히 큰 동기 유발 요소로 작용한다. 현재 노동연령대(15~64세)에 있는 Z세대 구성원은 대부분 고등학생이나 대학생이다(Z세대는 현재 대부분 이 연령대 근처에 분포해 있다). 그들은 일과 학업을 병행하고 있고, 어른으로서 책임을 져야 할 일이 더 많아지고 있다. 근무유연성이 있는 직장에서 일해야 학업도 병행하고, 어른으로서 책임도 질 수 있다.

만약 경조사 휴가를 부여하지 않거나 신입사원에게 휴가를 주지 않는 기업이라면 직원들이 다른 팀원과 근무시간을 쉽게 바꿀 수 있게 허용하는 방안이라도 고려해보라. 요새는 직원들이 스마트폰으로 근무일정 조정이나 휴가를 신청하면 관리자가 즉시 허가(또는 불허)할 수 있게 하는 앱이 여러 개 있다. 이런 근무일정 관리 앱을 활용하면 이메일, 문자(그리고 직원 휴게실의 근무일정 달력에 붙이는 포스트잇 메모지!), 대화를 주고받으며 서로 근무일정을 조율하지 않아도 된다. 근무일정 조율 작업이 자동적으로 진행되고, 누가 요청했는지, 누가 수락했는지, 누가 승인했는지에 대한 기록이 앱에 남기 때문이다.

직원들이 하루를 통째로 쉬거나 근무시간을 쉽게 바꾸는 것이 어려운 소기업들도 있다. 이 경우, Z세대 상근자에게 금요일 오후 일찍 퇴근하게 하는 방안을 고려해볼 수 있다. 이러한 보너스는 퇴근 후 여러 가지 활동을 하거나 아직 학교를 다니고 있는 Z세대 직원들에게 큰 메리트가 된다. 금요일 오후에는 고객사나 동료 직원들의 업무가 한산해질 때가 많기에 Z세대 직원이 일찍 퇴근해도 회사 전체 운영에 미치는 타격은 적다. 또는 직원들에게 언제든지 근무유연성을 제공하고자, 근무일정 조정 업무를 전담하는 직원을 한 명 채용한 고용주들도 있다. 이 경우 추가 채용한 직원에게 임금을 지불해야 하지만, 이 직원이 직원들에게 병가, 경조사 휴가를 부여하거나 평소보다 일손이 더 필요한 날에 직원들을 배치하는 작업을 한다. 이는 기업에게 큰 투자수익을 제공한다.

⊙ Z세대는 훌륭한 직원이 될 수 있다

고용주가 적절한 방법으로 채용하고 관리할 경우, Z세대는 전도유망하고 잠재력이 큰 직원이 될 수 있음을 이미 증명했다. 모든 기업과 관리자가 Z세대 직원의 잠재력을 활용하기 위해 Z세대에게 적응하는 방법을 연구하고 선택해야 할 것이다. 하지만 고용주가 Z세대 직원들에게 받을 혜택은 명확하고 즉각적이다. 그리고 이는 세월이 흐름에 따라 계속 커질 것이다. Z세대에게 가장 먼저 적응하는 기업이 직원 채용, 직원 훈련부터 업무 성과와 장기근속까지, 직원 라이프사이클의 각 단계에서 가장 먼저 이익을 볼 것이다.

향후 전망

세상을 바꿀 10대 트렌드

현재 가속화되고 있는 변화와 획기적 기술 돌파 양상을 보건대, Z세대가 향후 50여 년간 성인으로서 살아갈 미래는 이전 세대가 경험한 현실과 완전히 다를 것이다. Z세대는 궁극적으로 하늘을 나는 자동차를 일상적 풍경으로 여기게 될 것이고, 나이가 듦에 따라 맞춤형 인공장기를 쓰는 것을 자연스럽게 생각할 것이며, 우주여행을 공상과학소설 속 이야기가 아닌, 현실에서 돈을 모으면 할 수 있는 일로 인식하게 될 것이다.

기술발전과 기술혁명은 다른 세대들이 상상할 수 없는 기회, 리스크, 상호작용을 낳을 것이다. 인구구조 변화, 지구 환경 리스크는 일상생활, 운동, 자원에 새로운 압박을 가할 것이다. 그리고 누가 알겠는가? 우주여행이 봄방학처럼 흔해질지(그때까지 대학교가 남아 있다면 말이다). 지금 성인이 되는 젊은이들은 얼마나 기대가 될까!

Z세대는 맞춤의학personalized medicine, 자율주행차부터 업무자동화, 인공지능 비서까지 온갖 분야의 혁신에 둘러싸인 채 성장하고 있다. 향후 20년에서 30년 정도를 전망했을 때 Z세대에게 영향을 미칠 것으로 보이는 트렌드, 획기적 기술 돌파, 난제, 혁신은 다음과 같다.

⊙ 세상을 바꿀 10대 트렌드

1. 자동차와 교통 혁명

지난 20여년 사이에 GPS, 팟캐스트 스트리밍 기술부터 반자율주행, 장거리 전기차까지 다양한 신기술이 자동차와 결합하는 양상을 보였다. 그와 동시에, 우버, 리프트, 승차 공유 경제로 인해 (소셜미디어와 새로운 법은 말할 것도 없고) Z세대가 빨리 운전면허증을 취득해야 할 필요성이 줄어들었다. 과거의 젊은이들이 열렬히 고대하던 순간(어떤 자동차를 살지 기대와 걱정을 안은 채 자동차 대리점에 가는 것)을 Z세대는 종종 연기한다.

사실 향후 20년간, Z세대는 운전면허증이 아예 필요 없을지도 모른다. 운전을 하지 않을 것이기 때문이다. 진정한 자율주행차가 대중화되고, 하늘을 나는 자동차도 개발되고, 자율주행 또는 반자율주행 트럭이 보급돼 막대한 교통정체와 교통사고 위험을 줄일 것이다. Z세대의 운전 행태 변화는 (운전을 하지 않거나 매우 제한된 거리만 운전한다면) 자동차 보험부터 교통사고율, 주차장 수요, 자동차 산업 총수요까지 모든 것을 직접적으로 바꿀 것이다. 이러한 자동차 기술 변화 속에서 Z세대가 언젠가 운전면허증을 취득하고 운전대를 잡더라도, 나중에는 자율주행 기술이 알아서 자동차를 운전하도록 내버려두고 본인은 자동차 안에서 다른 일을 하게 될 것이다.

모건 스탠리와 보스턴 컨설팅 그룹[136]의 2016년 연구에 따르면, 젊은 소비자들은 이미 승차 공유 서비스와 새로운 모빌리티 옵션을 자주 사용하고 있다. 18~24세 소비자들은 승차 공유 서비스를 매달 이용하거나 한 달에 여러 차례 이용하는 것으로 나왔다. 게다가 그들 중 28퍼센트는 승차 공유 서비스를 매일 또는 매주 이용한다고 한다! 자율주행차와 더 저렴하고 더 믿을 수 있는 교통수단(전기 자전거)이 보다 대중화됨에 따라 이러한 수치는 더 증가할 것이다. 주유소와 주유소 편의점의 시대는 이제 황혼기에 접어들었다.

Z세대는 자동차를 소유 또는 운전하지 않는 혁명을 이끌 가능성이 있다.

2. 가상현실과 증강현실

지금까지 Z세대와 자동차의 미래에 관한 글은 많이 나왔지만, 가상현실 기술과 증강현실 기술이 대중화되면 Z세대는 자동차를 탈 필요가 없을지도 모른다. 가상현실과 증강현실은 마치 본인이 그 자리에 있는 것처럼 다양한 일(산과 들 위를 날거나, 강사가 옆에서 새로운 스킬을 보여주는 것)을 생생하게 경험하게 해준다. 감각기관을 자극하는 요소(냄새, 산들바람)가 추가된 가상현실 기술은 몰입감 높은 경험을 제공한다. 미래에는 감촉 등 감각기관을 자극하는 요소를 더 추가해 완전한 몰입감을 선사할 수 있을 것이다. 이러한 기술 발달로 인해 세계여행 수요가 줄어들 수도 있다. 비용과 불편함, 사고 위험을 감수해가며 비행기를 타지 않아도, 외국의 풍경, 소리, 냄새를 경험할 수 있게 되기 때문이다. 한편 Z세대는 우주선 조종이나 화산 속 탐사처럼 실제로 경험할 수 없는 일을 경험하기 위해 가상현실 기술을 사용할지 모른다.

가상현실 기술은 비즈니스 여행(가상현실 속 회의가 대면회의만큼 효과적일 수 있으니), 레저 여행, 교육 등 다방면에 영향을 미칠 수 있다. 엔터테인먼트, 콘텐츠 제작, 인간관계(실제처럼 보이는 가상현실 속 관계!) 등은 말할 것도 없다. 집에서 가상현실 기술을 사용하면 콘서트장 매점에서 바가지를 쓸 위험을 겪지 않고도 5만 명의 관객이 있는 콘서트장에 실제로 가 있는 듯한 경험을 할 수 있다.

Z세대의 절반 이상(52퍼센트)[137]이 가까운 미래에 영상을 재생하거나, 온라인 게임을 하거나, 게임 플레이 영상을 시청하는 주요 수단으로 가상현실 기술을 사용하고 싶다고 답했다.

그리고 Z세대의 60퍼센트[138](이 중 63퍼센트는 18세 이하)는 가까운 미래에 가상현실 게임을 플레이하고, 가상현실 게임 영상, 방송 프로그램, 영화를 시청할 가능성이 있다.

빠르게 현실화되고 있는 증강현실 기술도 가까운 미래에 더 흥미롭고, 재미있고, 예상치 못한 방식으로 일상을 바꿀 가능성이 있다. 증강현실 기술은 사람들이 지금 보고 있는 모습에 이미지를 덧붙여서, 실제 모습인 것처럼 보이게 한다. 예를 들어, 증강현실 속에서 탁자 위의 꽃병에 가려져 있는 책이 있으면 현실에서처럼 탁자 반대편으로 가서 책을 다 볼 수 있다. 증강현실은 마케팅, 판매, 훈련, 교육에 영향을 미칠 수 있는 새로운 몰입의 세상을 열 것이다. 증강현실의 발달로 지금은 없는 새로운 방식(소비자의 집에서 보이는 제품 진열대와 광고판부터 소비자가 구독하는 증강현실 서비스까지)으로 메시지, 비주얼, 경험이 전달될 것이다.

가상현실 기술은 비행기 착륙처럼 위험한 업무 수행 스킬을 훈련하거나, 복잡한 문제를 해결하는 데 활용되어, 직장에 변화를 몰고 올 수 있다.

사람들의 능력을 보강하는 거대한 기술발전의 흐름 속에서 가상현실 기술과 증강현실 기술의 조합으로 인해 우리가 사는 세상, 우리가 세상을 보고 경험하는 방식에 기술이 더 깊숙이 통합될 것이다. 공룡과 함께 걷는 것도 가능해지고, 하버드대 강의실 앞자리에 앉아서 수업을 듣는 것도 가능해지고, 누군가에게 청혼하는 연습을 하는 것도 가능해질 것이다.

물론, 이 새로운 세상에도 부작용이 있을 수 있다. 이미 Z세대는 스마트폰이 수중에 없거나 즉각 답변을 받지 못하면 초조감을 느낀다. 그들은 특히 직장에서 대면 소통을 해야 할 때도 압박감을 받는다. 가상현실 기술로 완전히 몰입된 경험이 가능해지는 20년 뒤, Z세대는 어떤 느낌을 받을까? 그것은 그때가 되면 알게 될 것이다.

3. 고령화와 세대교체

미국에서 대략 1946년에서 1964년 사이에 출생한 베이비붐 세대는 예상보다 길어지는 평균수명으로 인해 문제를 겪을 것이다. 나이가 들어 근로능력이 떨어지고, 노인에게 연금과 건강보험을 지원해주는 정부 프로그램도 얼마나 유지될지 모르는 상황에서 그동안 저축한 돈, 은퇴자금으로

버틸 수 있는 기간보다 더 오래 살 것으로 보이는 베이비붐 세대 구성원이 많다. 다수의 베이비붐 세대 구성원들이 노령화로 어려움을 겪게 될 것이다. 이는 가족과 정부에 압박을 가할 것이며, 이에 따라 노인 후생 개선 방안을 논의할 필요성이 커질 것이다. 베이비붐 세대 구성원 중 상당수는 은퇴하길 원하지 않고, 다수는 재무적 요인 때문에 은퇴할 수 없다. 그렇기에 그들은 육체적 능력이 남아 있는 한 최대한 늦은 나이까지 노동시장에 머물 것이다.

여러 가지 의미에서, 세계 각국은 베이비붐 세대의 노령화에 대비되어 있지 않다. 이 점은 베이비붐 세대에게 영향을 미치는 것은 물론, 그 이후 세대들에게도 영향을 미칠 것이다. 이후 세대들은 가족, 이웃, 동료 시민으로서 베이비붐 세대를 돕기 위한 재무적·물리적 책임을 지게 될 것이다.

미국에서 1965년에서 1976년 사이에 출생한 X세대는 중장년 세대로서 Z세대 자녀뿐 아니라 부모, 손자손녀도 돕게 될 것이다. 이전 세대인 베이비붐 세대보다 상당히 수가 적은 X세대는 위아래 세대를 돕는 막대한 책임을 떠안고, 직장에서는 관리자나 임원으로 일할 것이다. X세대는 기업 리더, 정치 리더, 유권자, 열심히 활동하는 노동인구이자 정치·경제 양 방면으로 가장 경험이 많고 활발히 영향을 미치는 세대로서 중요한 시기로 접어들 것이다. X세대는 Z세대의 부모, 공동체, 가족, 고용주를 돕는 세대이기에 밀레니얼 세대보다 Z세대에게 훨씬 존경받을 것이다.

미국에서 1977년에서 1995년 사이에 출생한 밀레니얼 세대는 향후 20년에 걸쳐 '유행을 선도하는 세대'에서 점점 멀어지고 또 다른 중장년 세대로 변할 것이다. 밀레니얼 세대는 직원으로서 전통적 책임을 더 많이 지고, 노동인구와 소비인구 중 가장 비중이 높은 세대로 계속 남을 것이다. 하지만 그들도 (그리고 Z세대 자녀들도) 나이가 들어감에 따라 언젠가 은퇴하거나 근로시간을 줄이고 싶다는 생각이 강해질 것이다.

세월이 흐르면서 힘의 중심이 베이비붐 세대에서 X세대로, 그리고 궁극적으로 밀레니얼 세대로 이동할 것이다. 미국에서 1996년에서 2012년 사이에 출생한 Z세대는 이 모든 과정을 지켜보고 변화와 새로운 정치 비전, 정부 규제가 자신(그리고 본인의 자녀!)에게 어떤 영향을 미칠지 알고 싶어할 것이다. 처음에는 Z세대가 단순히 다수결의 원칙에 따라 정책을 정하고 정치인을 선출하는 과정에서 다른 세대들의 흐름에 동참할 것이다. 하지만 세월이 흐르면서 Z세대는 본인들의 우선순위와 사회적 대의에 따라 담론을 이끌어나가는 세력으로 부상할 것이다.

4. 인공지능, 사물인터넷, 커넥티드 디바이스, 소비자 기술

인공지능은 이미 세상, 습관, 뉴스, 콘텐츠, 투자를 바꾸고 있다. 지금은 Z세대의 일생 동안 계속 진행될 인공지능 혁명의 시작일 뿐이다. 인공지능은 다이어트, 헬스, 데이트, 쇼핑, 광고, 추천 상품 목록 등, 사람들이 하고, 소유하고, 관심을 가지는 모든 것에 끼어들어가 있을 것이다. 언제나 인터넷에 연결돼 있는 커넥티드 디바이스와 사물인터넷은 인공지능 기술 발전에 힘을 실어준다. 점점 더 많은 기기들이 인터넷과 클라우드에 연결됨에 따라 더 많은 데이터가 수집·분석되고, 그 결과 더 정확한 추천 상품 목록이 작성될 것이다. 이러한 기술발전은 Z세대의 삶을 모든 면에서 바꿀 것이다. 커넥티드 홈 기술로 집이 훨씬 더 효율적으로 관리되고, 헬스케어 기술 발전으로 평소 각자의 건강상태가 기록될 것이며, 상상할 수 있는 모든 기기가 스마트폰, 또는 미래에 개발될 개인통신기기에 연결될 것이다. 인공지능이 인간이 지배하는 세상의 종말을 고할지, 더 나은 음식, 삶의 질, 평화를 사람들에게 선사할 기술 혁명이 될지는 의견이 분분하다. 인공지능이 어떤 결과를 낳든, Z세대는 집에 있는 모든 기기(세탁기, 드라이어, 전자레인지, 커피메이커, 침대, TV, 냉장고, 조명, 스프링클러 등)와 자동차, 직장, 생활이 연결되고, 추적되고 분석되고, 최적화되고, 완전히 통합되는 현상을 일상으로 생각하는 첫 세대가 될 것이다.

그렇다면 Z세대는 인공지능을 어떻게 생각할까.[139]

- Z세대의 61퍼센트는 인공지능이 사회에 긍정적인 영향을 미친다고 생각한다.
- Z세대의 43퍼센트는 인공지능이 본인 생활에 긍정적인 영향을 미친다고 생각한다.

Z세대는 스마트기기를 어떻게 생각할까.[140]

- Z세대의 80퍼센트는 가까운 미래에 본인이 스마트기기, 제품, 서비스를 지금보다 더 많이 소유하고 사용할 것으로 예상한다.
- Z세대의 80퍼센트는 스마트기기, 제품, 서비스가 가까운 미래에 본인의 삶을 훨씬 편하게 할 것이라고 예상한다.
- Z세대의 55퍼센트는 가까운 미래에 본인의 삶을 훨씬 편하게 해줄 스마트기기, 제품, 서비스에 더 많은 돈을 지불할 용의가 있다.

인공지능 외에도 양자컴퓨터 같은 새로운 기술혁신은 연산능력과 결정능력을 극적으로 증대시킬 것이다. 이는 다수가 상상할 수 없는(그리고 일부는 상상하고 싶지 않은) 결과로 이어질 것이다. Z세대는 데이터, 알고리즘, 삶이 융합되는 시대를 살게 될 것이다. 이러한 추세 때문에 모든 개인, 제조업체, 기술기업, 정부가 데이터 프라이버시와 보안을 지켜야 한다는 막대한 압박을 받게 될 것이다.

인공지능, 사물인터넷, 커넥티드 디바이스 같은 소프트웨어와 코드에 기반을 둔 광범위한 기술발전 외에도 다양한 분야에서 거대한 변화가 Z세대를 기다리고 있다. 그러한 변화의 예로는, 운동화부터 주택까지 모든 것을 온디맨드로 제작하는 3D 프린터, 뇌-컴퓨터 인터페이스로 작동하는 로봇, 언젠가 상용화돼 소비자 제품에 기본적으로 쓰이게 될 나노 기술, 소유보다 사용에 중점을 두는 소비 패턴(승차 공유 서비스와 가상현실·증강현실 기술이 대중화되면 누가 자동차를 소유할 필요가 있겠는가)을 들 수 있다. 지금까지 소비자 기술은 앞으로 무엇이 가능한지 예고편을 보여줬을 뿐이다. 장난감이나 선글라스 같은 단순한 제품에까지 더 많은 기술이 통합됨에 따라, 소비자 기술이 빠르게 발전할 것이다.

5. 사무 자동화

자동화, 인공지능, 로봇, 사물인터넷 기술이 계속 발전함에 따라 잠재적 일자리가 사라질 수 있다는 문제가 많이 논의되고 있다. 단순한 기술만 필요하고 반복 업무를 하는 일자리만 사라질 것이라고 가정하는 이가 많지만, 현실은 다르다. 급속한 기술 발전으로 인해 회계, 금융 같은 화이트칼라 일자리도 사라질 위기에 처해 있다. 이러한 자동화로 인한 실직 위험은 근로자들의 커리어는 물론 커리어를 쌓기 위한 학습 경로인 대학에까지 충격을 미칠 수 있다. 또한, 재취업이 어려울 것이라 판단한 직원들이 (가능하면) 직장에 계속 남아 있으려 할 수 있다.

직원들의 성과, 수요, 강점을 추적하고 기록하는 기술이 발전해, 각 직원이 개발할 필요가 있는 분야를 적기에 훈련시키고, 각 직원을 감독하고, 목표 달성 정도에 따라 승진시키는 소프트웨어가 등장한다면, 중간관리자들조차 마치 공룡처럼 역사의 뒤안길로 사라질지 모른다. Z세대는 사람보다는 소프트웨어에게 관리 받는 최초의 세대가 될지도 모른다. 중간관리자 역할을 수행하는 소프트웨어는 모든 세대 직원들의 성과를 높일 뿐 아니라 기업 구조, 운영 계획, 커리어에 막대한 변화를 일으킬 수 있다.

자동화의 위험에 관한 논쟁에서 대립하는 한쪽 진영은 업무 자동화가 대량의 영구적 일자리 소멸을 유발할 것이고, 정부는 실직자들이 남는 시간에 무엇을 할지 (이는 직업이 아닐 수도 있다) 찾도록 도와줘야 한다고 믿는다. 또 다른 진영은 업무 자동화와 기술 진보가 실직과 이직을 유발하지만, 새로운 종류의 일자리를 대거 창출할 것이고, 실직자들은 이런 일자리에 취업해 더 나은 삶의 질을 누리게 될 것이라 믿는다.

Z세대의 48퍼센트는[141] 인공지능이 직장에서 자신들에게 긍정적인 영향을 미칠 것이라고 예상한다. Z세대의 49퍼센트는 직장에서 인공지능 사용이 본인의 업무 처리 속도를 높이고, 커리어와 직무에 대한 본인의 기분이 어떤지, 무엇을 필요로 하는지 고용주가 더 잘 이해하도록 해, 업무에 도움이 되리라 예상한다. Z세대의 절반 이상(59퍼센트)이 기업의 인공지

능 활용에서 가장 걱정되는 부분은 인공지능이 본인의 일자리를 대체할 가능성이라고 답했다.

어쨌든 간에 업무 자동화, 클라우드, 인공지능 소프트웨어 등의 기술 발전은 노동, 직무교육, 직장에서 성공하기 위해 필요한 스킬의 본질을 바꿀 것이다. Z세대는, 그들의 현재 연령과 업무 자동화 기술 발전 속도를 감안하면 이러한 변화의 최전선에 있을 가능성이 높다. 다시 말해, Z세대 구성원 다수는 지금은 존재하지 않는 새로운 일자리와 커리어를 얻고, 본인의 부모가 거친 직업은 더 이상 보지 못할지도 모른다.

6. 획기적 의료기술

Z세대는 30년 전부터 의료계에서 일어나고 있는 급격한 기술 발전의 혜택을 완벽히 보는 첫 세대가 될 가능성이 있다. 특히 Z세대는 아직 나이가 어리기에, 크리스퍼CRISPR 기술이라 불리는 유전자 편집 기술, 맞춤의학 같은 최근의 생명공학기술 발전의 혜택을 충분히 입을 것이다. Z세대에게 혜택을 줄 건강, 웰빙, 의료 관련 기술의 예로는 맞춤형 인공장기, 암 표적 치료제 등이 있고, 이러한 기술발전 덕분에 평균수명이 크게 연장될 것이다(이는 완전히 새로운 이슈를 낳는다).

암, 알츠하이머 같은 무서운 질병을 치료해줄 것이라는 맞춤의학 기술의 가능성은 매우 흥미진진하다. 하지만 맞춤의학, 특히 유전체 편집은 Z세대가 부모가 되면서 직면할 윤리적, 철학적 문제를 낳는다. 원격의료 기술도 유망하다. 원격의료 기기가 질병 진단에서 큰 역할을 수행하고, Z세대가 어디에 있든 즉각적인 온디맨드 의료 서비스를 제공함에 따라, 여러 Z세대 구성원이 병원까지 가지 않아도 의료 서비스를 받을 수 있을 것이다.

맞춤의학과 표적치료제를 포함한 여러 가지 의료기술 발전으로 인한 대폭적인 평균수명 연장은 건강보험과 가족부터 시작해 정부 구조까지 모든 부분에 압력을 가할 것이다. Z세대는 현대 의료기술 발전의 진정한 수혜자다. Z세대의 자녀가 태어나기도 전, 머지않은 미래에 대부분의 의학적 문제들이 해결될 수도 있다.

7. 우주여행

그렇다. 일반인들도 우주여행이 가능한 시대가 오고 있다. 일론 머스크, 리처드 브랜슨, 제프 베조스 같은 기업가들과 여러 전문가들이 누구나 무중력을 체험할 수 있는 우주여행 상업화 시대를 열고자 밤낮으로 노력 중이다. (엔터테인먼트에서 시작해 궁극적으로는 광물 채굴 등 상업적 목적을 수행할)저비용 우주여행 대중화는 Z세대의 자녀나 손자·손녀가 다른 행성을 방문하거나 다른 행성에서 사는 것을 포함한 무한한 가능성의 문을 열 것이다. 50년 전 사람들은 흑백텔레비전 앞에 모여 인간이 달에 착륙하는 모습을 지켜봤다. 이제 Z세대의 자녀와 손자·손녀들은 직접 달에 가볼 수 있을지 모른다.

8. 지구적 문제

매우 민감하고 논쟁적인 주제지만, Z세대는 지구적 문제들을 매주 또는 매일 이야기하게 될 것이다. 지구의 인구는 계속 증가해 정부, 지리, 자원, 서비스(주택, 식량, 식수, 교통)에 점점 더 큰 압박을 가할 것이다. 그와 동시에, 다른 세대들보다 Z세대에게 특히 더 크게 다가갈 지구적 문제는 바로 기후변화다. 가장 어린 Z세대는 기후변화로 인한 온갖 문제를 다른 세대들보다 더 오래 경험할 것이기 때문이다. 이러한 문제에는 주요 대도시를 위협할 해수면 상승부터 자연재해 등이 포함된다. 그렇기에 Z세대는 기후변화 등 인류를 위협할 지구적 문제를 대처하는 변화를 이끌어야 하는 세대다.

9. 블록체인

Z세대는 블록체인과 분산원장distributed ledger 기술이 개인 금융과 법률 계약부터 의료 혁신과 부동산 거래 기록까지 삶의 여러 영역에서 활용되는 시대를 살게 될 것이다.

Z세대에게 돈이란 현찰이나 신용카드가 아니라 클라우드에 저장된 정보다. 앞으로 돈이란 단지 디지털 서명, 분산 네트워크에서 가치를 언락unlock하는 특정 숫자의 나열일 뿐인 시대가 올 수도 있다.

지금도 Z세대 청소년들은 벤모 같은 앱을 사용해 은행을 거치지 않고 송금할 수 있고, 디지털 지갑을 가지고 있기에 은행계좌나 신용카드가 필요 없다. 블록체인은 (지금 같은 형태의)은행들을 도태시킬 잠재력을 가지고 있다. 블록체인 기술을 쓰면 은행계좌로 돈을 주고받을 때보다 더 싸고 안전하게, 지구 어디에서든 순식간에 돈을 주고받을 수 있기 때문이다.

블록체인 기술이 소비와 투자 전반에 활용될 경우, Z세대는 엄청난 변화를 경험할 것이다. 블록체인 기술에 신속하게 적응하지 못한 은행들은 Z세대의 선택을 받지 못할 수 있다. 심한 변동성과 투명성 결여로 인해 주식이 Z세대에게 외면 받을 수 있다. Z세대는 주식시장보다 더 안전하고 투명하게 돈을 다루길 원할지 모른다. 그 대신 그들은 비트코인(블록체인 기술에 기반을 둔 디지털 자산) 같은 암호화폐 투자자가 되고, 주식을 사는 대신 기업에 직접 투자할지도 모른다.

Z세대 구성원 중 막내는 암호화폐가 일상적으로 쓰이지 않던 시절을 기억하지 못할 것이다. 기성세대 다수가 현금인출기가 없던 시절을 기억하지 못하듯, Z세대는 비트코인이 없던 시절을 기억하지 못할 것이다. 암호화 자산과 암호화 경제를 MBA 교육 과정에서 가르치는 날이 올지도 모른다. 블록체인 기술은 사람들이 돈, 은행, 법률 계약, 의료 기록, 투자를 바라보는 방식을 근본적으로 바꿀 것이다.

10. 대학의 변화

지난 200여 년간, 대학은 학습과 자기개발의 공간이자 직업세계로 진입하는 경로였다. 하지만 증강현실과 가상현실 기술의 발전, 모바일 학습의 대중화, 직장에서 필요한 스킬의 변화로 인해 대학의 효용성이 크게 떨어질 가능성이 있다. 아니면 클라우드 기반 학습, 학점과 표준화된 시험 이외의 스킬 측정법으로 대학 그 자체가 대체될지 모른다. Z세대 구성원 중 막내는 이러한 변화의 일부를 볼 것이다. Z세대의 자녀들은 고등교육의 효용, 플랫폼, 교수법을 재고하고 편익-비용 비율을 높이도록 고등교육기관을 압박하는 파괴자 집단이 될 가능성이 있다.

• • •

지금까지 논의한 내용은 Z세대를 둘러싼 현실에 비하면 빙산의 일각일 뿐이다. 우리는 코로나19 팬데믹과 그 여파가 Z세대의 학습, 일, 미래를 생각하는 방식에 심대한 영향을 미칠 것이라 믿는다. 코로나19 사태가 Z세대에게 중대한 영향을 미치리라는 점은 확실하다.

이 모든(그리고 아직 알려지지 않았거나 이름이 붙지 않았지만 이후 등장할) 트렌드, 획기적 기술, 문제, 혁신이 Z세대의 믿음과 기대를 형성하고 극적으로 바꿀 것이다. 이러한 변화는 PC가 X세대를 바꾸고, 스마트폰이 밀레니얼 세대를 연결하고, 인터넷이 (소셜미디어로) 세계 각국을 즉시 연결했을 때보다 훨씬 더 심대하고 신속하고 통합된 방식으로 일어날 것이다. 이러한 트렌드들과 Z세대의 만남은, Z세대의 근로 경로부터 기대수명, 인간관계, 여행, 건강, 믿음, 다른 세대들에 대한 시각까지 모든 것을 바꿔놓을 것이다.

맺음말

Z세대는 이제 시작일 뿐이다

이 책을 집필하기 시작했을 때, 우리는 우리가 무엇을 발견할지, 그것이 삶에 어떤 영향을 미칠지 몰랐다. 이 책의 여정에 합류한 독자들이 Z세대의 부상이 수반하는 흥분, 경이, 휴머니티에 마음을 움직이고, 우리가 소개한 (직원, 팀원, 혁신자, 소비자, 미래 리더로서 Z세대의 잠재력을 개방할)해법과 전략에 관심을 기울여주기 바란다.

Z세대를 연구하고 학습하고, Z세대에 관해 연설하고, Z세대 아이를 키우는 부모로서, 우리는 Z세대가 사람들에게 어떤 의미로 다가갈지 기대된다. Z세대는 변화, 불확실성, 불안, 확신, 획기적 기술 돌파를 만들어내는 새로운 일상을 가져올 것이다. 한 세대가 출현하는 중대한 시점에 해당 세대를 탐구하는 작업은 가슴을 뛰게 하지만, 때로는 그로 인해 현기증이 나기도 한다. 그들과 함께 다가오고 있는 미래를 예상하는 작업도 그러하다.

Z세대와 대화하면서 발견한 한 가지 확실한 점은 Z세대가 모든 사람에게서 최선의 능력을 이끌어낼 수 있는 새로운 세계관, 재능, 에너지를 지니고 있다는 사실이다. 그렇다. Z세대는 다르다. 하지만 이 차이는 Z세대를 이해하려고 시간을 들일 경우 엄청난 가능성을 선사한다. Z세대를 더 많이 알아갈수록, 그들이 본인의 재능을 펼치게 할 방법을, 그리고 미래를 대비하는 리더들이 잠재력을 발휘하도록 도울 수 있는 방법을 더 많이 알게 될 것이다.

우리가 여기서 공유한 통찰, 스토리, 통계, 포괄적 조사는 독자와 독자의 조직이 앞으로 나아가야 할 길을 개척하고 긍정적인 영향과 유산을 남기는 데 도움이 될 것이다.

Z세대는 자신이 직면하는 문제와 기회에 (지금 위치에서 이 책에서 소개한 모든 정보와 해법을 활용하여) 잘 대처하도록 도와주는 기업들을 원한다. Z세대가 기업들로부터 도움을 받는 것만큼이나, 기업들은 현재와 미래에 Z세대로부터 혜택을 받을 것이다.

Z세대가 향후 수십 년뿐 아니라 다음 세기까지 이어질 변화를 만들어가는 데 막대한 역할을 수행하리란 점은 부정하기 어렵다. 오늘날의 기업 리더들이 직원들의 스킬과 마인드를 개발하기 위해 취하는 조치는 Z세대의 잠재력, 희망, 꿈, 공포, 아이디어, 회복력과 직접적인 관련이 있다. 유의미한 고객 경험 창출부터, 이 책에서 소개한 (직원, 동료, 미래의 기업가로서 Z세대의 재능을 활용하기 위한)방안을 실행하는 것까지 모든 것이 그러하다.

즉, Z세대에게는 기업이 필요하고, 기업에게는 Z세대가 필요하다. 그리고 Z세대가 기업에게 혜택을 받는 것만큼(또는 그 이상으로!) 기업은 Z세대에게 혜택을 받을 것이다.

기업들에게 관건은, 기업 고유의 강점과 전문지식과 더불어 이 책에서 소개한 전략들을 실천해 Z세대에게 도달하는 것이다. 기업 리더들과 기존 임직원들이 Z세대와 하나가 되면 Z세대 경제, 즉 '제트코노미Zconomy'를 건설하고 세상을 바꿀 새로운 아이디어와 잠재력을 방출할 수 있다.

⊙ 지금 할 수 있는 일

아직 Z세대에게 적응하기 위한 방안에 착수하지 않은 기업일지라도 기회가 있다! 지금 Z세대는 인생, 교육, 커리어 단계에서 기업에게 도움을 받고 스킬을 익히기에 가장 이상적인 시점에 있기 때문이다. 그렇다. Z세대는 IT와 요식업부터 화장품 산업까지 모든 산업에 영향을 미치기 시작했다. 그들은 매일 진화 중이다. Z세대의 소비 지출은 급증하고 있고 이들이 노동인구에서 차지하는 비중 또한 급격히 높아지고 있다. 그들의 세계관과 트렌드세팅 능력은 최근에 영향력을 발휘하기 시작했고, 바이럴 영상처럼 퍼지고 있다. 그들은 아직 어리기에, 기업이 바로 지금부터 행동을 취한다면 인게이지먼트하기에 늦지 않은 시점이다.

연구 결과를 통해 알 수 있는 한 가지 확실한 사실은, 기업이 더 빨리 조치를 취할수록, 더 빨리 결과를 보게 되리란 점이다. 그 반대도 마찬가지다. Z세대에게 적응하는 작업이 늦어질수록, 이후에 Z세대와 인게이지먼트하기가 훨씬 어려워질 것이다. Z세대에게 도달하기 위한 적기는 바로 지금이다.

어디서부터 시작해야 할지 모르겠다면, 앞에서 소개한 도구, 사례, 아이디어를 활용할 때 다음에 소개하는 통찰을 염두에 두기 바란다.

● **Z세대를 고객이나 직원으로서 인게이지먼트하려면**

- Z세대의 눈으로 본 세상이 어떻게 보이는지 고려하라. 이렇게 해야 Z세대가 어떠한 맥락에서 세상을 보는지 파악할 수 있고, Z세대를 이해하고 신뢰하고 Z세대에게 공감하고 영향을 미칠 여지가 생긴다. Z세대는 세상에 긍정적인 영향을 미치려는 리더, 기업들과 같은 방향을 바라보고 싶어 한다는 점을 앞에서 언급했다. 기업의 DNA에 사회적 대의가 깊이 박혀 있지 않아도 괜찮다. Z세대는 단지 기업이 지역공동체와 팀에 차이를 만들어내기 위해 일상적으로 노력하고 있는지 확인하고 싶을 뿐이다. 세상과 그들에게 긍정적인 영향을 미치겠다는 의지를 그들에게 보여줘라.

- Z세대에게 직원이나 고객으로서 경험한 바를 물어보라. 본인이 속한 기업이 Z세대에게 잘하고 있는지, 또는 어디서부터 개선해야 하는지 모르겠다면, 그냥 Z세대에게 물어보라. Z세대는 질문을 받고 경험을 공유하고 싶어 한다. 그리고 Z세대에게 물어볼 때는 트위터나 인스타그램, 스냅챗 등에서 묻는 것보다 직접 만나서 묻는 것이 언제나 낫다. Z세대 소비자들과 이어지고 싶다면, Z세대 구성원들을 마케팅 팀이나 혁신 팀에 채용하는 것을 고려하라. 또는 기업의 리더십을 어떻게 봤는지 말할 수 있도록 Z세대 구성원들을 토론회에 참여시켜라. 이미 Z세대 직원들을

고용 중이라면, 그들에게 경영진이 어떻게 다른 조치를 취해주길 바라는지 물어보라. 경영진이 들을 자세가 되어 있다면 그들은 기꺼이 대답할 것이다. 많은 경우, 매우 적은 비용이 드는 상호작용을 반복해 모든 사람이 이익을 볼 수 있도록 하는 것이 직원들의 경험에 가장 긍정적인 영향을 미치는, 그리고 경영진의 리더십 경험을 더 수월하게 하는 방법이다.

- Z세대가 있는 곳에 도달하라. 전통적인 광고 캠페인은 잊어라. 전통적인 광고 캠페인은 모든 사람을 대상으로 말하지만, 그 과정에서 아무에게도 영향을 미치지 못할 수 있다. 틈새시장에서 영향력을 발휘하는 인플루언서들을 유튜브, 틱톡, 인스타그램 등 Z세대가 자주 찾는 디지털 플랫폼에서 찾고, 그들과 협업해 제품, 서비스, 브랜드에 관한 입소문을 퍼트릴 방법을 모색하라. 이러한 플랫폼과 인플루언서들은 (브랜드들의 예산 집행에 당장 필요한)측정 가능한 인게이지먼트와 투자수익률을 제공할 수 있다.

  그와 동시에, Z세대 고객들의 인게이지먼트를 이끌어낼 창의적 방안들을 궁리하라. 슈퍼볼 광고에 수백만 달러를 쓰는 대신 슈퍼볼 광고가 나오는 시기에만 작동하는 상호작용적 가상현실 게임을 만든 얼라이 파이낸셜의 사례를 기억하라. 얼라이 파이낸셜은 광고 캠페인에 돈을 쓰지 않고, 게임을 플레이한 사람들에게 수십만 달러를 지급했다. 그 과정에서 얼라이 파이낸셜은 그들에게 저축 목적을 물음으로써 고객들의 성향을 알게 됐다.

  비전통적 접근법의 또 다른 예로는 베일러 대학교가 있다. 베일러 대학교는 유튜브 인플루언서들과 과감히 협업해, 학교 인기와 학교에 대한 기대감을 폭발적으로 끌어올렸을 뿐 아니라, 전에는 몰랐던 Z세대 구성원들에게 학교를 소개하는 효과를 거뒀다. 그 덕분에 전에는 베일러 대학교 진학을 고려하지 않던 학생들이 지금은 베일러 대학교에 지원할 계획이다!

● **Z세대 고객의 마음을 얻으려면**

- 의미 있는 가치와 인게이지먼트를 우선시하라. Z세대는 본인의 지출에서 최대의 가치를 얻고 싶어 한다. 그들은 쉬운 절차를 거쳐 괜찮은 제품을 '싸게' 사고 싶어 한다. 그와 동시에 최고 품질의 제품을 사서 소셜미디어로 친구들에게 자랑하고 싶어 하는 마음도 있다. 기억하라. Z세대는 생일 선물로 돈을 받고는, 부모에게 가서 물건을 살 돈을 달라고 말했을 정도로 돈을 아끼는 세대다. 그들은 어른이 된 다음에도 같은 모습을 보인다. Z세대는 그것이 청바지든 헤드폰이든, 언제나 품질이 좋고 오래가는 브랜드를 찾는다.

- 브랜드와 기업의 휴머니티를 Z세대에 연결시켜라. Z세대는 브랜드 뒤에서 일하는 직원들이 소비자 개개인을 소중히 여긴다는 점을 보고 싶어 한다. 여성용 면도기 브랜드 빌리는 자사 제품이 몸에 난 털을 흠집 없이 깎아준다고 홍보하지 않는다. 오히려 여러 신체 부위를 제모하지 않은 여성 모델들이 출연한 광고를 내보낸다. 모든 여성의 제모 수요는 제각각 다르고, 빌리는 모든 여성을 위한 면도기라는 메시지를 보냄으로써 고객들에게 이어지는 것이다. 여성용 속옷 브랜드 에어리는 청소년들에게 자사 제품을 착용하면 잡지 광고에 흔히 나오는 날씬한 모델처럼 보일 것이라고 말하지 않는다. 그 대신 다양한 체형의 여성 모델들이 등장하는 광고로, 여성들에게 자신의 몸을 있는 그대로 사랑하라는 메시지를 보낸다.

- 학습 욕구에 부응하라. 그리고 영상을 사랑하는 취향에도 부응해야 한다. 화장품 브랜드들은 어린 고객들을 대상으로 한 피부 관리법, 화장품 바르는 법 등의 내용을 담은 영상을 유튜브에 올린다. 스포츠 장비 제조업체라면 커브볼 던지는 법, 평영으로 헤엄치는 법을 가르쳐주는 영상들을 유튜브 채널에 올려라. 배관공이라면 막힌 변기를 뚫는 법, 배수구를 청소하는 법, 지하실 벽에서 물이 새는 지점을 파악하는 법을 사람들에게 가르쳐줘라. 이렇게 하더라도 고객을 잃기는커녕, 고객들이 가장 먼저 연락하는 사람이 될 것이다. Z세대가 은퇴 대비 계좌를 온라인으로 처음 개설할 때든, 자동차 운전법을 배우려 할 때든 말이다. 블레이크 개럿이 창업한 운전 교육 플랫폼, 에이서블이 좋은 예다.

● Z세대 직원의 재능을 활용하려면

- 입소문을 내라. 이전의 밀레니얼 세대와 달리, Z세대는 일자리를 구할 때 구인란을 보고 즉시 회사에 연락하지 않는다. Z세대는 먼저 친구와 가족들에게 회사의 평판을 물어본다. 소셜미디어를 통해 당신의 회사에서 현재 일하는 직원들이 회사가 직원을 채용 중이라는 소문을 퍼트리게 하라. 직원들이 신뢰하는 친구에게 회사를 소개하도록, 구미가 당기는 인센티브(콘서트 티켓, 스포츠 경기 입장권, 여행, 현금 보너스)를 몇 달간 기다릴 필요 없이 즉각 제공하라.

- 구직자들이 쉽게 지원할 수 있게 하고, 연락을 유지하라. 모바일 기기로 입사 지원서를 쉽게 작성하고, 작성 도중에 저장할 수 있게 하라. 입사 지원서 작성을 완료하지 않은 이들에게는 입사 지원서 작성 페이지 링크와 함께 입사 지원서 작성을 완료해달라는 문자 메시지를 보내라. 그리고 기업이 그들에게 관심이 있음을 알려줘

라. 자신에 관해 알고 싶어 하는 기업에 Z세대는 흥미를 느끼고 해당 기업을 더 알고 싶어 할 것이다. 이는 직원을 구하기 힘든 빠듯한 노동시장에서 특히 중요한 대목이다. 실제로 이러한 조치를 취하는 기업에 더 많은 입사 지원자가 몰리는 현상이 일어났다.

- 출근 첫날부터 재능 개발 기회를 제공하라. Z세대 구성원들을 방과 후 시간제 근로자로 채용하든, 전일제 근로자로 채용하든, 그들의 재능 개발을 지원하는 기업이라는 점을 보여주면 그들의 관심을 끌고, 그들을 채용하고, 근속시키는 데 유리해질 것이다. 여러 조사에 따르면, Z세대는 다른 곳에서도 쓸 수 있는 스킬을 학습할 기회와 멘토십을 제공하는 직장을 임금을 더 많이 주지만 그런 종류의 멘토십을 제공하지 않는 직장보다 선호하는 경향이 있다. 채용공고, 채용심사, 온보딩 과정에서 신입사원의 재능 개발을 지원한다는 점을 명확히 알려주면 Z세대 직원의 근로 의욕이 강해질 것이다.

- 온디맨드 직원 훈련을 계속 제공하라. 오리엔테이션 시간에 묵직한 서류 바인더를 나눠주면 Z세대 신입사원들은 눈알을 굴릴 것이다. 단순한 직무 교육이든, 고급 과정이든, 기술 훈련이든, 직원 훈련은 짧고 흥미롭고 상호작용적이어야 한다. 신입사원들이 최대한 빨리 훈련을 시작할 수 있게 온보딩이나 오리엔테이션 기간에 기초 지식을 먼저 가르치고, 그다음에는 훈련 영상, FAQ 영상을 비롯한 온디맨드 학습 자료에 접근할 수 있게 하라. 이렇게 하면 기업이 다수의 신입사원을 쉽게 교육시킬 수 있고, 신입사원들이 본인 직무에 가장 시급히 필요한 분야를 집중 학습할 수 있게 한다. 그동안 조사한 바에 따르면, Z세대는 직장에서 차이를 만들어내는

데 기여하고 싶다는 의욕이 높지만, 그와 동시에 본인의 실수에서 교훈을 얻는 것을 포함해 본인에게 필요한 스킬을 배울 기회를 원한다.

⊙ 향후 전망

지금까지 수행한 Z세대에 관한 조사, 대화, 포커스 그룹 인터뷰, 데이터 분석 과정에서 앞으로 Z세대와 함께 놀라운 변화가 닥치게 되리란 점을 분명히 내다볼 수 있다. 그것은 우리에게도, Z세대에게도 흥미롭고, 독자 여러분에게도 흥미로운 변화일 것이다.

Z세대는 리더와 조직들에게 성장하고 강해지고 혁신하고 성과를 높일 커다란 기회를 제공한다. 물론 리더들이 Z세대에게 적응할 의지가 있다면 말이다.

Z세대가 제공할 모든 가능성의 문을 열 준비가 되었는가? 우리는 그러한 여정을 여러분과 함께하게 되어 가슴이 두근거린다.

주석

1 The Center for Generational Kinetics, "The State of Gen Z 2019," 2019, GenHQ.com.

2 Carter Wilkerson, https://nuggsforcarter.com/making-a-difference, accessed November 25, 2019.

3 H. B. Duran, "#NuggsForCarter Means over $7 Million Earned Media Value for Wendy's," AList Daily, May 11, 2017, https://www.alistdaily.com/social/how-nuggsforcarter-became-an-emv-win-for-wendys/.

4 Brent Blonkvist, 저자 인터뷰, 2019년 8월.

5 The Center for Generational Kinetics, "The State of Gen Z 2018," 2018, GenHQ.com.

6 Common Sense Media, "Social Media, Social Life: Teens Reveal Their Experiences, 2018," https://www.commonsensemedia.org/sites/default/files/uploads/research/2018_cs_socialmediasociallife_fullreport-final-release_2_lowres.pdf.

7 U.S. Office of Federal Student Aid, "Federal Student Loan Portfolio by Borrower Age and Debt Size," September 30, 2019, https://studentaid.ed.gov/sa/sites/default/files/fsawg/datacenter/library/Portfolio-by-Age-Debt-Size.xls.

8 The Center for Generational Kinetics, "The State of Gen Z 2018," 2018, GenHQ.com.

9 Richard Fry and Kim Parker, "Early Benchmarks Show 'Post-Millennials' on Track to Be Most Diverse, BestEducated Generation Yet," Pew Research Center, November 15, 2018, https://www.pewsocialtrends.org/wp-content/uploads/sites/3/2018/11/Post-Millennials-

Report_final-11.13pm.pdf.

10 The Center for Generational Kinetics, "The State of Gen Z 2016," 2016, GenHQ.com.

11 We are Flint, "Social Media Demographics 2018, USA & UK, February 2018," https://costfromclay.co.uk/main-findings-social-media-demographics-uk-usa-2018.

12 Salman Aslam, "YouTube by the Numbers: Stats, Demographics & Fun Facts," Omnicore, January 13, 2020, https://www.omnicoreagency.com/youtube-statistics/.

13 The Center for Generational Kinetics, "The State of Gen Z 2019," 2019, GenHQ.com.

14 Madeline Berg, "How This 7-Year-Old Made $22 Million Playing with Toys," Forbes, December 3, 2018, https://www.forbes.com/sites/maddieberg/2018/12/03/how-this-seven-year-old-made-22-million-playing-with-toys-2/#128a34e94459.

15 The Center for Generational Kinetics, "iGen Tech Disruption," 2016.

16 The Center for Generational Kinetics, "The State of Gen Z 2019," 2019, GenHQ.com.

17 Jean M. Twenge, et al.,"Age, Period, and Cohort Trends in Mood Disorder Indicators and Suicide-Related Outcomes in a Nationally Representative Dataset, 2005–2017," Journal of Abnormal Psychology, 2019, vol. 128, no. 3, 185–99, https://doi.org/10.1037/abn0000410.

18 The Center for Generational Kinetics, "The State of Gen Z 2019," 2019, GenHQ.com.

19 The Center for Generational Kinetics, "The State of Gen Z 2019," 2019, GenHQ.com.

20 The Center for Generational Kinetics, "The State of Gen Z 2018," 2018, GenHQ.com.

21 The Center for Generational Kinetics, "The State of Gen Z 2016," 2016, GenHQ.com.

22 The Center for Generational Kinetics, "The State of Gen Z 2018," 2018, GenHQ.com.

23 The Center for Generational Kinetics, "The State of Gen Z 2018," 2018, GenHQ.com.

24 The Center for Generational Kinetics, "The State of Gen Z 2019," 2019, GenHQ.com.

25 Blake Garrett, 저자 인터뷰, 2019년 8월.

26 Ariana Marsh, "This 19-Year-Old's Designs Have Been Worn by Kylie Jenner and Sofia Richie," Teen Vogue, December 1, 2016, https://www.teenvogue.com/gallery/this-19-year-olds-designs-have-been-worn-by-kylie-jenner-and-sofia-richie. Shelby Le Duc, "Local Fashion Designer in with Celebs," Green Bay Press Gazette, June 28, 2016, https://www.greenbaypressgazette.com/story/life/2016/06/28/de-pere-fashion-designer-celebs/86245256/.

27 The Center for Generational Kinetics, "The State of Gen Z 2019," 2019, GenHQ.com.

28 The Center for Generational Kinetics, "The State of Gen Z 2018," 2018, GenHQ.com.

29 Mathias Bärtl, "YouTube Channels, Uploads and Views: A Statistical Analysis of the Past 10 Years," Convergence: The International Journal of Research into New Media Technologies, 2018, vol. 24, no. 1, 16–32, https://doi.org/10.1177/1354856517736979.

30 "Doing It Their Way: Gen Z and Entrepreneurship," Online Schools Center, accessed November 23, 2019, https://www.onlineschoolscenter.com/gen-z-entrepreneurship/.

31 J. Clement, "Venmo's Total Payment Volume from 1st Quarter 2017 to 4th quarter 2019 (in billion U.S. dollars)," Statista, January 30, 2020, https://www.statista.com/statistics/763617/venmo-total-payment-volume/.

32 Global Cash Card and The Center for Generational Kinetics, "Paycards: Generational Trends Shaping the Future of Worker Pay," 2017, The Center for Generational Kinetics.

33 The Center for Generational Kinetics, "The State of Gen Z 2019," 2019, GenHQ.com.

34 Scott Gordon, 저자 인터뷰, 2019년 8월

35 Larry Talley, 저자 인터뷰, 2019년 8월

36 The Center for Generational Kinetics, "The State of Gen Z 2018," 2018, GenHQ.com.

37 Marjorie Valbrun, "Discount Rates Hit Record Highs," Inside Higher Ed, May 10, 2019, https://www.insidehighered.com/news/2019/05/10/nacubo-report-shows-tuition-discounting-trend-continuing-unabated.

38 The Center for Generational Kinetics, "The State of Gen Z 2018," 2018, GenHQ.com.

39 The Center for Generational Kinetics, "The State of Gen Z 2017," 2017, GenHQ.com.

40 The Center for Generational Kinetics, "The State of Gen Z 2017," 2017, GenHQ.com.

41 Matt Komos, "Consumer Credit Origination, Balance and Delinquency Trends: Q2 2019," Transunion, August 23, 2019, https://www.transunion.com/blog/iir-consumer-credit-origination-q2-2019.

42 The Center for Generational Kinetics, "The State of Gen Z 2019," 2019, GenHQ.com.

43 The Center for Generational Kinetics, "The State of Gen Z 2017," 2017, GenHQ.com.

44 The Center for Generational Kinetics, "The State of Gen Z 2019," 2019, GenHQ.com.

45 The Center for Generational Kinetics, "The State of Gen Z 2017," 2017, GenHQ.com.

46 Bloomberg, "Nike's Big Bet on Colin Kaepernick Campaign Continues to Pay Off," Fortune, December 21, 2018, https://fortune.com/2018/12/21/nike-stock-colin-kaepernick/.

47 Angelica LaVito, "Nike's Colin Kaepernick Ads Created $163.5 Million in Buzz Since It Began—and It's Not All Bad," CNBC, September 6, 2018, https://www.cnbc.com/2018/09/06/nikes-colin-kaepernick-ad-created-163point5-million-in-media-exposure.html.
48 E. J. Schultz and Adrianne Pasquarelli, "Assessing the Fallout—Good and Bad—from Nike's Kaepernick Ad," Ad Age, September 4, 2018, https://adage.com/article/cmo-strategy/assessing-fallout-good-bad-nike-s-kaepernick-ad/314809.
49 YPulse, "How Do Gen Z & Millennials Really Feel About Nike's Kaepernick Ad?" September 12, 2018, https://www.ypulse.com/article/2018/09/12/how-gen-z-millennials-really-feel-about-nikes-kaepernick-ad/.
50 Brent Blonkvist, 저자 인터뷰, 2019년 8월
51 thredUP, "2019 Resale Report," 2019, https://www.thredup.com/resale.
52 The Center for Generational Kinetics, "The State of Gen Z 2019," 2019, GenHQ.com.
53 WP Engine and The Center for Generational Kinetics, "Reality Bytes: The digital experience is the human experience," 2018, https://wpengine.com/blog/reality-bytes-second-annual-generational-study-reveals-how-gen-z-behaves-buys-builds-online.
54 Mary Ellen Dugan, 저자 인터뷰, 2019년 9월
55 Lisa Utzschneider, 저자 인터뷰, 2019년 9월
56 Maggie Fitzgerald, "The CEOs of Nearly 200 Companies Just Said Shareholder Value Is No Longer Their Main Objective," CNBC, August 19, 2019, https://www.cnbc.com/2019/08/19/the-ceos-of-nearly-two-hundred-companies-say-shareholder-value-is-no-longer-their-main-objective.html.
57 Lisa Utzschneider, 저자 인터뷰, 2019년 9월
58 Arlo Gilbert, 저자 인터뷰, 2019년 8월
59 Sophie Alexander, et al.,"Victoria's Secret Has More Than a Jeffrey Epstein Problem," Bloomberg, July 29, 2019, https://www.bloomberg.com/news/articles/2019-07-29/victoria-s-secret-has-more-than-a-jeffrey-epstein-problem.
60 Whistle, "From Nerdy to Norm: Gen-Z Connects Via Gaming," 2018, https://www.whistlesports.com/report-from-nerdy-to-normal.
61 The Center for Generational Kinetics, "The State of Gen Z 2018," 2018, GenHQ.com.
62 Nielsen, "Millennials on Millennials: Gaming Media Consumption," 2019, https://www.nielsen.com/wp-content/uploads/sites/3/2019/06/millennials-on-millennials-gaming-

media-consumption-report.pdf.
63 Andrea Brimmer, 저자 인터뷰, 2019년 9월.
64 Eileen Brown, "Millennials Are Twice as Likely to Use Unapproved Collaboration Apps in the Workplace," ZDNet, August 14, 2019, https://www.zdnet.com/article/millennials-are-twice-as-likely-to-use-unapproved-collaboration-apps-in-the-workplace.
65 Martin Barnes, "The Past, Present & Future of Advertising Within Video Games," Trendjackers, February 25, 2019, https://trendjackers.com/the-past-present-future-of-advertising-within-video-games/.
66 Packaged Facts, "Gen Z and Millennials as Pet Market Consumers: Dogs, Cats, Other Pets," February 16, 2018, https://www.packagedfacts.com/Millennials-Gen-Pet-Consumers-Dogs-Cats-Pets-11268949/.
67 Andrea Brimmer, 저자 인터뷰, 2019년 9월
68 Adrienne Roberts, "Driving? The Kids Are So Over It," Wall Street Journal, April 20, 2019, https://www.wsj.com/articles/driving-the-kids-are-so-over-it-11555732810.
69 "Decoding Gen Z the Car Buyer," Automotive News, June 17, 2019, https://www.autonews.com/sponsored/decoding-gen-z-car-buyer.
70 John Fitzpatrick, 저자 인터뷰, 2019년 12월
71 The Center for Generational Kinetics, "The State of Gen Z 2019," 2019, GenHQ.com.
72 Ben Lane, "Forget Waiting on Millennials, Gen Z Is Starting to Buy Homes," Housing Wire, August 15, 2019, https://www.housingwire.com/articles/49863-forget-waiting-on-millennials-gen-z-is-starting-to-buy-homes.
73 Lisa Prevost, "Forget Tanning Beds. College Students Today Want Uber Parking," June 25, 2019, https://www.nytimes.com/2019/06/25/business/college-dorm-uber-amenities.html.
74 WP Engine and The Center for Generational Kinetics, "Future of the Internet," 2018.
75 WP Engine and The Center for Generational Kinetics, "The Future of Digital Experiences: How Gen Z Is Changing Everything," 2017, WPengine.com.
76 The Center for Generational Kinetics, "The State of Gen Z 2017," 2017, GenHQ.com.
77 Sprint, "Sprint Returns to Net Operating Revenue Growth, Near-Record Operating Income, and Positive Adjusted Free Cash Flow with Fiscal Year 2016 Results," May 3, 2017, https://s21.q4cdn.com/487940486/files/doc_financials/quarterly/2016/Q4/1-

Fiscal-4Q16-Earnings-Release-FINAL.pdf.

78 miversen33, "How Sprint Leveraged Gen Z to Pivot Their Brand," Reddit, August 25, 2017, https://www.reddit.com/r/Sprint/comments/6vz22l/how_sprint_leveraged_gen_z_to_pivot_their_brand/.

79 Sprint, "Sprint Delivers Best Financial Results in Company History with Highest Ever Net Income and Operating Income in Fiscal Year 2017," May 2, 2018, https://s21.q4cdn.com/487940486/files/doc_financials/quarterly/2017/q4/Fiscal-4Q17-Earnings-Release-FINAL.pdf.

80 Mary Ellen Dugan, 저자 인터뷰, 2019년 9월

81 Love Your Melon, accessed November 25, 2019, https://loveyourmelon.com/pages/giving. Leigh Buchanan, "How These 2 Millennial Founders Rallied 13,000 College Students to Help Kids Battling Cancer," October 8, 2018, https://www.inc.com/leigh-buchanan/2018-inc5000-love-your-melon.html.

82 Narvar, "The State of Returns: What Today's Shoppers Expect," 2018, https://see.narvar.com/rs/249-TEC-877/images/Consumer-Report-Returns-2018-4.3.pdf.

83 Jason Cook, 저자 인터뷰, 2019년 8월.

84 The Center for Generational Kinetics, "The State of Gen Z 2018," 2018, GenHQ.com.

85 The Center for Generational Kinetics, "The State of Gen Z 2019," 2019, GenHQ.com.

86 Mary Ellen Dugan, 저자 인터뷰, 2019년 11월.

87 eHotelier Editor, "Make Your Hotel Instagram-Friendly with These Redesign Tips," eHotelier, June 24, 2015, https://insights.ehotelier.com/insights/2015/06/24/make-your-hotel-instagram-friendly-with-these-redesign-tips/. IKEA Hotell, accessed November 25, 2019, https://ikeahotell.se/en/story/.

88 The Center for Generational Kinetics, "The State of Gen Z 2018," 2018, GenHQ.com.

89 The Center for Generational Kinetics, "The State of Gen Z 2017," 2017, GenHQ.com.

90 Karen Gilchrist, "Employees Keep 'Ghosting' Their Job Offers—and Gen Zs Are Leading the Charge," CNBC, April 24, 2019, https://www.cnbc.com/2019/04/24/employees-are-ghosting-their-job-offers-gen-z-is-leading-the-charge.html.

91 "Civilian Labor Force Participation Rate by Age, Sex, Race, and Ethnicity," U.S. Bureau of Labor Statistics, accessed November 25, 2019, https://www.bls.gov/emp/tables/civilian-labor-force-participation-rate.htm.

92 The Center for Generational Kinetics, "The State of Gen Z 2018," 2018, GenHQ.com.
93 Instant, national study on generational work behaviors, 2017, https://www.instant.co/.
94 Convergys and The Center for Generational Kinetics, "Attracting and Retaining Millennials in Contact Center Careers," 2017, https://genhq.com/wp-content/uploads/2018/12/Convergys_White-Paper2.pdf.
95 PLRB and The Center for Generational Kinetics, "Insurance Claims as a Millennial Career: An Unexpectedly Great Fit for the Next Generation of Employees," 2016, https://www.plrb.org/distlearn/plrb/webinars_tutorials/handouts/PLRBMillennialWhitePaper.pdf.
96 The Center for Generational Kinetics, "The State of Gen Z 2018," 2018, GenHQ.com.
97 The Center for Generational Kinetics, "Gen Z and Work," 2018, GenHQ.com.
98 "From the 8th Annual Shorty Awards: Goldman Sachs & Snapchat," Shorty Awards, accessed November 25, 2019, https://shortyawards.com/8th/goldman-sachs-snapchat.
99 Jennifer Calfas, "McDonald's Is Using a New Method to Recruit Young Employees—Snapchat," Fortune, June 13, 2017, https://fortune.com/2017/06/13/mcdonalds-snapchat-jobs-2/.
100 Lorraine Mirabella, "Get Ready for Gen Z, Employers. First Hint: They're Not Millennials," Seattle Times, June 4, 2019, https://www.seattletimes.com/explore/careers/get-ready-for-gen-z-employers-first-hint-theyre-not-millennials/.
101 The Center for Generational Kinetics, "Gen Z and Work," 2018, GenHQ.com.
102 Ronald Kasner, 저자 인터뷰, 2019년 9월.
103 Neelie Verlinden, "7 Brilliant Employee Referral Programs Examples," Academy to Innovate HR (AIHR), accessed November 25, 2019, https://www.digitalhrtech.com/employee-referral-programs-examples/. Sarah Boutin, "Behind the Scenes at Salesforce: Our #1 Recruiting Secret," Salesforce blog, January 14, 2015, https://www.salesforce.com/blog/2015/01/behind-scenes-salesforce-our-1-recruiting-secret.html.
104 Kat Cole, 저자 인터뷰, 2019년 9월.
105 PLRB and The Center for Generational Kinetics, "Turning Millennial and Gen Z Job Seekers Into Job Applicants," 2016.
106 Brent Pearson, 저자 인터뷰, 2019 8월.
107 Tiffany Taylor, 저자 인터뷰, 2019년 9월.
108 Kat Cole, 저자 인터뷰, 2019년 9월.

109 The Center for Generational Kinetics, "The State of Gen Z 2018," 2018, GenHQ.com.
110 Tiffany Taylor, 저자 인터뷰, 2019년 9월.
111 Ronald Kasner, 저자 인터뷰, 2019년 9월.
112 PLRB and The Center for Generational Kinetics, "Turning Millennial and Gen Z Job Seekers Into Job Applicants," 2016.
113 Ronald Kasner, 저자 인터뷰, 2019년 9월.
114 Dan Cable, Francesca Gino, and Bradley Staats, "The Powerful Way Onboarding Can Encourage Authenticity," Harvard Business Review, November 26, 2015, https://hbr.org/2015/11/the-powerful-way-onboarding-can-encourage-authenticity.
115 Brent Pearson, 저자 인터뷰, 2019년 8월.
116 Susan Sorenson, "How Employee Engagement Drives Growth," Gallup, June 20, 2013, https://www.gallup.com/workplace/236927/employee-engagement-drives-growth.aspx.
117 The Center for Generational Kinetics, "The State of Gen Z 2019," 2019, GenHQ.com.
118 The Center for Generational Kinetics, "The State of Gen Z 2018," 2018, GenHQ.com.
119 Ripplematch, "The State of the Gen Z Job Search," 2019, https://info.ripplematch.com/the-state-of-the-gen-z-job-search/.
120 Amanda Stansell, "The Next Generation of Talent: Where Gen Z Wants to Work," Gallup, February 20, 2019, https://www.glassdoor.com/research/studies/gen-z-workers/.
121 The Center for Generational Kinetics, "The State of Gen Z 2018," 2018, GenHQ.com.
122 Steve Barha, 저자 인터뷰, 2019년 8월.
123 Distribution Contractors Association and The Center for Generational Kinetics, "Gen Z and Millennial Employee Take-Action Playbook," 2019, dcaweb.org.
124 Distribution Contractors Association and The Center for Generational Kinetics, "Gen Z and Millennial Employee Take-Action Playbook," 2019, dcaweb.org.
125 Ruth Ann Weiss, 저자 인터뷰, 2019년 8월.
126 Distribution Contractors Association and The Center for Generational Kinetics, "Gen Z and Millennial Employee Take-Action Playbook," 2019, dcaweb.org.
127 The Center for Generational Kinetics, "The State of Gen Z 2018," 2018, GenHQ.com.
128 The Center for Generational Kinetics, "The State of Gen Z 2017," 2017, GenHQ.com.
129 The Center for Generational Kinetics, "The State of Gen Z 2017," 2017, GenHQ.com.
130 The Center for Generational Kinetics, "The State of Gen Z 2018," 2018, GenHQ.com.

131 The Center for Generational Kinetics, "The State of Gen Z 2018," 2018, GenHQ.com.

132 Sean Gordon, 저자 인터뷰, 2019년 8월.

133 Dan Gingiss, "How Deloitte's $300 Million Investment in Employee Experience Is Paying Off," Forbes, April 30, 2019, https://www.forbes.com/sites/dangingiss/2019/04/30/how-deloittes-300-million-investment-in-employee-experience-is-paying-off/#174e1ce6ecc1.

134 Vicky Valet, "America's Best Employers for New Graduates 2018," Forbes, September 5, 2018, https://www.forbes.com/sites/vickyvalet/2018/09/05/americas-best-employers-for-new-graduates-2018/#4554a7cc2894. Adobe Sales Academy, accessed November 25, 2019, https://blogs.adobe.com/adobelife/adobe-sales-academy/asa-learning-experience/.

135 The Center for Generational Kinetics, "The State of Gen Z 2018," 2018, GenHQ.com.

136 "Shared Mobility on the Road of the Future," Morgan Stanley Research, 2016, www.morganstanley.com/ideas/car-of-future-is-autonomous-electric-shared-mobility.

137 Cognizant and The Center for Generational Kinetics, "Gen Z: The World by the Thumbs," 2019, https://www.cognizant.com/gen-z.

138 Cognizant and The Center for Generational Kinetics, "Gen Z: The World by the Thumbs," 2019, https://www.cognizant.com/gen-z.

139 Ultimate Software and The Center for Generational Kinetics, "National Research Study," 2018.

140 Cognizant and The Center for Generational Kinetics, "Gen Z: The World by the Thumbs," 2019, https://www.cognizant.com/gen-z.

141 Ultimate Software and The Center for Generational Kinetics, "National Research Study," 2018.

옮긴이 윤 태 경

중앙대학교를 졸업하고 번역가 모임인 바른번역에서 경제·경영 및 인문·사회 전문 번역가로 활동 중이다.

옮긴 책으로는 《공동체 경제학》, 《미쉐린 타이어는 왜 레스토랑에 별점을 매겼을까?》, 《블랙 에지》, 《창의성을 지휘하라》, 《메이커스》, 《규모와 민첩성을 연결하라》, 《하지만 우리가 틀렸다면》, 《마켓바스켓 이야기》, 《혁신의 대가들》, 《기업의 경제학》, 《죽은 경제학자들의 만찬》, 《무엇이 가격을 결정하는가?》, 《중국 없는 세계》, 《미각의 지배》, 《우리는 도시에서 행복한가》 등 다수가 있다.

제트코노미

초판1쇄 인쇄 2020년 12월 28일
초판1쇄 발행 2021년 1월 11일

지은이 제이슨 도시, 데니스 빌라
옮긴이 윤태경

발행인 신상철
편집장 신수경
편집 정혜리 김혜연
디자인 디자인 봄에
마케팅 안영배 신지애
제작 주진만

발행처 (주)서울문화사
등록일 1988년 12월 16일 | 등록번호 제2-484호
주소 서울시 용산구 한강대로43길 5 (우)04376
편집문의 02-799-9346
구입문의 02-791-0762
팩시밀리 02-749-4079
이메일 book@seoulmedia.co.kr

ISBN 979-11-6438-958-2 (03320)

• 책값은 뒤표지에 있습니다.
• 잘못된 책은 구입처에서 교환해 드립니다.